Bei den Texten und Aufgaben siehst du verschiedene Symbole:

Du sollst an dieser Stelle das Internet nutzen.

Es handelt sich um eine Projektaufgabe.

Der QR-Code führt dich zu einem Hörtext.

Der QR-Code führt dich zu Erklärungen der im Text durch Pünktchen markierten Wörter.

Der QR-Code führt dich zu digitalem Zusatzmaterial.

Hinter dem QR-Code liegt ein Link.

Verweise:

An einigen Stellen siehst du Pfeile. Folgt nur eine Seitenzahl (z. B. ▸ S. 12), dann ist dein Schulbuch selbst gemeint. Steht neben der Seitenzahl die Abkürzung „AH“, handelt es sich um einen Verweis auf das Arbeitsheft zu deinem Schulbuch.

Anhang:

Im Anhang findest du Deklinations- und Konjugationstabellen, wenn du etwas zur Grammatik nachschlagen möchtest.

Kombi Buch Deutsch

9

Neue Ausgabe Luxemburg

Bearbeitet von einer Arbeitsgruppe
des SCRIPT/MENJE: Sophie Engel,
Christiane Hamen, Muriel Meyers, Jérôme Schaul
und Liliane Staus in Zusammenarbeit mit dem
Ministerium für Bildung, Kinder und Jugend Luxemburg
und unter Verwendung von Beiträgen aus den Werken
Kombi-Buch Deutsch Luxemburg und
D.U. DeutschUnterricht

C.C.Buchner

KombiBuch Deutsch

Neue Ausgabe Luxemburg
Lese- und Sprachbuch für den Sekundarunterricht
Band 9

Bearbeitet von einer Arbeitsgruppe des SCRIPT/MENJE: Sophie Engel, Christiane Hamen, Muriel Meyers, Jérôme Schaul und Liliane Staus in Zusammenarbeit mit dem Ministerium für Bildung, Kinder und Jugend Luxemburg und unter Verwendung von Beiträgen aus den Werken Kombi-Buch Deutsch Luxemburg und D.U. DeutschUnterricht

Zu diesem Lehrwerk sind erhältlich:
- **Arbeitsheft 9**, ISBN 978-3-661-13679-0
- Digitales Lehrermaterial **click & teach**
- Digitale Ausgabe **click & study**

1. Auflage, 1. Druck 2026

Alle Drucke dieser Auflage sind, weil untereinander unverändert, nebeneinander benutzbar.

Dieses Werk folgt der reformierten Rechtschreibung und Zeichensetzung. Ausnahmen bilden Texte, bei denen künstlerische, philologische oder lizenzrechtliche Gründe einer Änderung entgegenstehen. Teile des Lehrwerks wurden mithilfe gängiger Large Language Models erstellt oder bearbeitet. Sämtliche Inhalte wurden anschließend redaktionell geprüft, überarbeitet und verantwortet. Weitere Informationen finden Sie auf www.ccbuchner.de/ki-leitlinie

Trotz sorgfältiger inhaltlicher Kontrolle wird die Haftung für die Inhalte externer Seiten ausgeschlossen.

Redaktion: Janina Theresa Brandt, Melanie Kattanek
Sprecherinnen und Sprecher: Stephan Bach, Ursula Gumbsch, Viktoria Krines, Arnd Rühlmann
Layout, Satz, Illustrationen: tiff.any GmbH & Co. KG, Berlin
Umschlag: Petra Michel, Amberg
Druck und Bindung: Firmengruppe Appl, aprinta Druck, Wemding

produktsicherheit@ccbuchner.de

www.ccbuchner.de

ISBN 978-3-661-13669-1

Inhaltsverzeichnis

1 Wirklichkeit als Mangel: Karikatur und Satire

Texte in Kapitel 1:

2 Auf nach Berlin!

Texte in Kapitel 2:

3 Von Mensch und Meer

Texte in Kapitel 3:

4 Zwischen Trümmern und Hoffnung

Texte in Kapitel 4:

5 Zwischen zwei Welten zu Hause

Texte in Kapitel 5:

Luxemburg – Vom Auswanderungsland zum Einwanderungsland (▶ S. 144)
Tahsim **Durgun**, *„Mama, lern bitte Deutsch" Unser Eingliederungsversuch in eine geschlossene Gesellschaft* (▶ S. 141)
Enis **Gülegen**, *Fremdheit überwinden – Brücken bauen – Fremdseinserfahrungen in Zeiten des gesellschaftlichen Wandels* (▶ S. 148)
Luna **Simão**, *Deutscher Akzent* (▶ S. 139)

6 Lichterloh

Texte in Kapitel 6:

Max **Frisch**, *Biedermann und die Brandstifter* (▶ S. 168, 170, 172, 174, 180, 183, 184, 186, 188),
Nachspiel zu „Biedermann und die Brandstifter" (▶ S. 188)

7 Alles Liebe

Texte in Kapitel 7:

Rose **Ausländer**, Das Schönste (▶ S. 191)
Sarah **Connor**, Peter **Plate**, Ulf Leo **Sommer**, Daniel **Faust**, *Vincent* (▶ S. 193)
Julia **Engelmann**, *Keine Ahnung, ob das Liebe ist* (▶ S. 208)
Erich **Fried**, *Was es ist* (▶ S. 191)
Johann Wolfgang von **Goethe**, *Gefunden* (▶ S. 201), *Willkommen und Abschied* (▶ S. 199)
Hugo von **Hofmannsthal**, *Die Beiden* (▶ S. 198)

8 Zwischen Inszenierung und Information

Texte in Kapitel 8:

9 Neugier macht Geschichte

Texte in Kapitel 9:

10 Aus der Schublade

Texte in Kapitel 10:

Anhang

1 Wirklichkeit als Mangel: Karikatur und Satire

1 Erklärt, um welche Art von Bildern es sich bei den Abbildungen auf dieser Seite handelt. Was beabsichtigt man mit solchen Bildern?

2 Erläutert das Zitat von Wolfgang J. Reus.

> Die Satire darf alles, bloß eines nicht: die Schnauze halten!
>
> Wolfgang J. Reus (1959–2006)

In diesem Kapitel lernst du,

- Karikaturen zu beschreiben, zu deuten und zu bewerten,
- Satiren zu untersuchen und zu interpretieren,
- den Konjunktiv II und seine Funktionen zu erkennen.

Des Weiteren wiederholst und vertiefst du

- die Bildung von Konjunktiv I und II,
- die indirekte Rede.

1

Die Karikatur

Mit spitzer Feder

„[Wie ein Maler bildet der Karikaturist] die Wirklichkeit nicht einfach ab, sondern deutet sie; wie ein Prediger mahnt und warnt er. Mit seinen wenigen Strichen und knappen Bildunterschriften will er die Welt nicht nur interpretieren, sondern appelliert an unsere Fähigkeit, sie und uns selbst zu verändern." So lautet der Klappentext eines Buches mit Karikaturen von Jupp Wolter.

Karikatur ist „Meinungskunst" – eine einzigartige Verbindung aus ästhetischer Form und politischem Inhalt. Sie schafft es wie kaum eine andere Meinungs- oder Kunstform, der Gesellschaft einen Spiegel vorzuhalten. Darin liegt der Grund für die große Beliebtheit der Karikatur bis zum heutigen Tag. Darin liegt jedoch auch der Grund für ihre große gesellschaftliche Sprengkraft. Denn der Karikaturist ist ein scharfer Kommentator gesellschaftlicher Probleme und aktueller politischer Ereignisse und Konflikte [...]. Eine lebendige, demokratische Gesellschaft will und muss solche Bildkommentare im Mindesten „aushalten", im besten Fall die darin enthaltene Kritik reflektieren und aufnehmen. Nicht umsonst sind in Deutschland und in vielen Ländern der westlichen Welt die Freiheit der Presse und der Kunst verfassungsrechtlich verbürgt. Hitzige öffentliche Konflikte um abgedruckte Karikaturen, Anklagen oder gar Anschläge auf Karikaturisten verdeutlichen jedoch, dass nicht alle gesellschaftlichen Gruppen bereit sind, diese Freiheiten zu respektieren und „auszuhalten".
[...] Im Zentrum einer jeden Karikatur steht das Bild, das meist durch Text in Form von Sprechblasen, Über- und Unterschriften ergänzt wird [...]. Das traditionelle Trägermedium der Karikatur sind die Printmedien [...]. Hinzu kommen heute verstärkt das Internet und soziale Medien, in denen die Verbreitung von Bildern und Fotos eine immer größere Rolle spielt.
Auf den Punkt gebracht zeichnet sich eine Karikatur dadurch aus, dass sie aktualitätsbezogen ist und bekannte Sachverhalte auf humorvolle, ironische oder satirische Weise verdichtet [...]. Eine Karikatur ist keine bloße Zeichnung, vielmehr lässt sie ein bekanntes gesellschaftliches Problem in neuem Licht erscheinen oder zeigt einen politischen Konflikt aus einer ungewohnten Perspektive [...].

1 Nenne Gründe, weshalb Karikaturen angefertigt werden.

2 Beschreibe die Widerstände, auf die ein Karikaturist oder eine Karikaturistin bei der Arbeit stoßen kann.

Karikaturen

Eine Karikatur (ital. „caricare“: übertreiben) ist eine **gezeichnete Kritik.** Durch eine **übertrieben komische Darstellung** von Menschen und gesellschaftlichen Zuständen weist sie auf **Missstände und Probleme** hin. Der Karikaturist oder die Karikaturistin bezieht Stellung zu oft aktuellen Entwicklungen, indem er oder sie diese **überbetont oder verzerrt.** Er oder sie betont zugleich das Wesentliche, sodass die Karikatur oft einseitig erscheint und einen komplexen Sachverhalt vereinfacht. Manche Karikaturen geben Anlass zum Lachen. Wer sie betrachtet, soll jedoch auch **zum Nachdenken** angeregt werden.

Das musst du wissen

Karikaturen deuten

1 Wähle eine der beiden Karikaturen von S. 11 aus.

a) Beschreibe die Karikatur so genau wie möglich (▸ Schritt 1 im Kasten unten). Beachte auch den Textteil.
So könntest du beginnen:

Die Karikatur zeigt …

b) Erkläre die Aussageabsicht der Karikatur (▸ Schritt 2 im Kasten unten).

c) Beurteile die Wirkung der Karikatur (▸ Schritt 3 im Kasten unten).

Das musst du können

So deutest du eine Karikatur

Um die **Aussage einer Karikatur** verstehen und beurteilen zu können, gehst du am besten schrittweise vor:

1. Schritt: die Beschreibung der Bildelemente (▸ QR-Code)
Beschreibe die **Einzelheiten** so genau wie möglich: Figuren (Mimik und Gestik), Gegenstände, Situation, Handlung, Stil der Zeichnung und Auffälligkeiten.
Erkläre die **Textteile**.

2. Schritt: die Deutung der Karikatur
Damit du die Karikatur besser deuten kannst, helfen dir folgende **Fragen**:
- Wen stellen die Figuren dar?
- Wofür stehen die Gegenstände?
- Auf welches Problem bzw. Ereignis wird aufmerksam gemacht?
- Was wird kritisiert?
- Wird Partei ergriffen und, falls ja, wie?

3. Schritt: die Bewertung der Karikatur
Im letzten Schritt sollst du selbst die Karikatur **beurteilen** und **Stellung beziehen**. Erkläre, welche **Wirkung** die Zeichnung auf dich hat. Begründe, ob die Kritik berechtigt ist oder ob das Thema vielleicht zu stark verzerrt dargestellt wird.

2 Suche aus Zeitungen, Zeitschriften oder im Internet eine Karikatur heraus, die dich anspricht.

a) Werte sie nach der Drei-Schritt-Methode aus.

b) Gestalte ein Plakat, auf dem du deine Ergebnisse notierst.

c) Stelle die Karikatur und deine Ergebnisse der Klasse vor.

Die Satire

Gerhard Zwerenz

Nicht alles gefallen lassen ...

Wir wohnten im dritten Stock mitten in der Stadt und haben uns nie etwas zuschulden kommen lassen, auch mit Dörfelts von gegenüber verband uns eine jahrelange Freundschaft, bis die Frau sich kurz vor dem Fest unsere Bratpfanne auslieh und nicht zurückbrachte.

Als meine Mutter dreimal vergeblich gemahnt hatte, riss ihr eines Tages die Geduld und sie sagte auf der Treppe zu Frau Muschg, die im vierten Stock wohnt, Frau Dörfelt sei eine Schlampe.

Irgendwer muss das den Dörfelts hinterbracht haben, denn am nächsten Tag überfielen Klaus und Achim unsern Jüngsten, den Hans, und prügelten ihn windelweich. Ich stand grad im Hausflur, als Hans ankam und heulte. In diesem Moment trat Frau Dörfelt drüben aus der Haustür, ich lief über die Straße, packte ihre Einkaufstasche und stülpte sie ihr über den Kopf. Sie schrie aufgeregt um Hilfe, als sei sonst was los, dabei drückten sie nur die Glasscherben etwas auf den Kopf, weil sie ein paar Milchflaschen in der Tasche gehabt hatte.

Vielleicht wäre die Sache noch gut ausgegangen, aber es war just um die Mittagszeit, und da kam Herr Dörfelt mit dem Wagen angefahren.

Ich zog mich sofort zurück, doch Elli, meine Schwester, die mittags zum Essen heimkommt, fiel Herrn Dörfelt in die Hände. Er schlug ihr ins Gesicht und zerriss dabei ihren Rock. Das Geschrei lockte unsere Mutter ans Fenster, und als sie sah, wie Herr Dörfelt mit Elli umging, warf unsere Mutter mit Blumentöpfen nach ihm. Von Stund an herrschte erbitterte Feindschaft zwischen den Familien.

Weil wir nun den Dörfelts nicht über den Weg trauten, installierte Herbert, mein ältester Bruder, der bei einem Optiker in die Lehre geht, ein Scherenfernrohr am Küchenfenster.

Da konnte unsere Mutter, waren wir andern alle unterwegs, die Dörfelts beobachten. Augenscheinlich verfügten diese über ein ähnliches Instrument, denn eines Tages schossen sie von drüben mit einem Luftgewehr herüber. Ich erledigte das feindliche Fernrohr dafür mit einer Kleinkaliberbüchse, an diesem Abend ging unser Volkswagen unten im Hof in die Luft.

Unser Vater, der als Oberkellner im hochrenommierten Café Imperial arbeitete, nicht schlecht verdiente und immer für den Ausgleich eintrat, meinte, wir sollten uns jetzt an die Polizei wenden.

Aber unserer Mutter passte das nicht, denn Frau Dörfelt verbreitete in der ganzen Straße, wir, das heißt unsere gesamte Familie, seien derart schmutzig, dass wir mindestens zweimal jede Woche badeten und für das hohe Wassergeld, das die Mieter zu gleichen Teilen zahlen müssen, verantwortlich wären.

Wir beschlossen also, den Kampf aus eigener Kraft in aller Härte aufzunehmen,

auch konnten wir nicht mehr zurück, verfolgte doch die ganze Nachbarschaft gebannt den Fortgang des Streites.
Am nächsten Morgen schon wurde die Straße durch ein mörderisches Geschrei geweckt.
Wir lachten uns halbtot, Herr Dörfelt, der früh als Erster das Haus verließ, war in eine tiefe Grube gefallen, die sich vor der Haustüre erstreckte.
Er zappelte ganz schön in dem Stacheldraht, den wir gezogen hatten, nur mit dem linken Bein zappelte er nicht, das hielt er fein still, das hatte er sich gebrochen.
Bei alledem konnte der Mann noch von Glück sagen – denn für den Fall, dass er die Grube bemerkt und umgangen hätte, war der Zünder einer Plastikbombe mit dem Anlasser seines Wagens verbunden. Damit ging kurze Zeit später Klunker-Paul, ein Untermieter von Dörfelts, hoch, der den Arzt holen wollte.
Es ist bekannt, dass die Dörfelts leicht übel nehmen. So gegen zehn Uhr begannen sie unsre Hausfront mit einem Flakgeschütz zu bestreichen. Sie mussten sich erst einschießen, und die Einschläge befanden sich nicht alle in der Nähe unserer Fenster.
Das konnte uns nur recht sein, denn jetzt fühlten sich auch die anderen Hausbewohner geärgert, und Herr Lehmann, der Hausbesitzer, begann um den Putz zu fürchten. Eine Weile sah er sich die Sache noch an, als aber zwei Granaten in seiner guten Stube krepierten, wurde er nervös und übergab uns den Schlüssel zum Boden.
Wir robbten sofort hinauf und rissen die Tarnung von der Atomkanone. Es lief alles wie am Schnürchen, wir hatten den Einsatz oft genug geübt, die werden sich jetzt ganz schön wundern, triumphierte unsre Mutter und kniff als Richtkanonier das rechte Auge fachmännisch zusammen. Als wir das Rohr genau auf Dörfelts Küche eingestellt hatten, sah ich drüben gegenüber im Bodenfenster ein gleiches Rohr blinzeln, das hatte freilich keine Chance mehr, Elli, unsre Schwester, die den Verlust ihres Rockes nicht verschmerzen konnte, hatte zornroten Gesichts das Kommando „Feuer!“ erteilt.
Mit einem unvergesslichen Fauchen verließ die Atomgranate das Rohr, zugleich fauchte es auch auf der Gegenseite. Die beiden Geschosse trafen sich genau in der Straßenmitte.
Natürlich sind wir nun alle tot, die Straße ist hin und wo unsre Stadt früher stand, breitet sich jetzt ein graubrauner Fleck aus. Aber eins muss man sagen, wir haben das Unsere getan, schließlich kann man sich nicht alles gefallen lassen. Die Nachbarn tanzen einem sonst auf der Nase herum.

1 Diskutiert, wie die Geschichte auf euch wirkt.

2 Fasse den Inhalt der Geschichte in einem Satz zusammen.

3 **a)** Notiere die verschiedenen Phasen des Streits.
b) Beschreibe, wodurch sie sich unterscheiden.

4 Beurteile das Verhalten der Erwachsenen.

5 Recherchiert in Zweierteams, welche Parallelen zwischen dieser Geschichte und ähnlich verlaufenden Konflikten (beispielsweise dem „Kalten Krieg“) in der Realität bestehen.

Wesen und Merkmale der Satire

Erich Kästner

Sinn und Wesen der Satire

Dem Satiriker ist es verhasst, erwachsenen Menschen Zucker in die Augen und auf die Windeln zu streuen. Dann schon lieber Pfeffer! Es ist ihm ein Herzensbedürfnis, an den Fehlern, Schwächen und Lastern der Menschen – also an der Gesellschaft, dem Staat, den Parteien, der Kirche Kritik zu üben. Ihn plagt die Leidenschaft, wenn irgend möglich das Falsche beim richtigen Namen zu nennen. Seine Methode lautet: übertriebene Darstellung negativer Tatsachen mit mehr oder weniger künstlerischen Mitteln zu einem mehr oder weniger außerkünstlerischen Zweck. Er stellt die Dummheit, die Bosheit, die Trägheit und verwandte Eigenschaften an den Pranger. Er hält den Menschen einen Spiegel, meist einen Zerrspiegel, vor, um sie durch Anschauung zur Einsicht zu bringen.

Erich Kästner (geb. 1899 in Dresden; gest. 1974 in München)

1 Nenne das Ziel, das die Satire laut Erich Kästner verfolgt.

2 Erläutere, mit welchen Mitteln der Satiriker oder die Satirikerin dieses Ziel erreicht.

1

Kurt Tucholsky

Was darf Satire?

Kurt Tucholsky (geb. 1890 in Berlin; gest. 1935 in Göteborg)

Der Satiriker ist ein gekränkter Idealist: Er will die Welt gut haben, sie ist schlecht, und nun rennt er gegen das Schlechte an. Die Satire eines charaktervollen Künstlers, der um des Guten willen kämpft, verdient also nicht diese bürgerliche Nichtachtung und das empörte Fauchen, mit dem hierzulande diese Kunst abgetan wird. Vor allem macht der Deutsche einen Fehler: Er verwechselt das Dargestellte mit dem Darstellenden. Wenn ich die Folgen der Trunksucht aufzeigen will, also dieses Laster bekämpfe, so kann ich das nicht mit frommen Bibelsprüchen, sondern ich werde es am wirksamsten durch die packende Darstellung eines Mannes tun, der hoffnungslos betrunken ist. Ich hebe den Vorhang auf, der schonend über die Fäulnis gebreitet war, und sage: „Seht!"
Übertreibt die Satire? Die Satire muss übertreiben und ist ihrem tiefsten Wesen nach ungerecht. Sie bläst die Wahrheit auf, damit sie deutlicher wird, und sie kann gar nicht anders arbeiten als nach dem Bibelwort: Es leiden die Gerechten mit den Ungerechten. Wir sollten nicht so kleinlich sein. Wir alle haben Fehler und komische Seiten und kleine und große Schwächen. Und wir müssen nun nicht immer gleich aufbegehren, wenn einer wirklich einmal einen guten Witz über uns reißt. Boshaft kann er sein, aber ehrlich soll er sein. Die echte Satire ist blutreinigend: Und wer gesundes Blut hat, der hat auch einen reinen Teint. Was darf die Satire? Alles.

3 Gib wieder, welches Ziel die Satire laut Kurt Tucholsky verfolgt.

4 Erkläre, was Kurt Tucholsky kritisiert.

5 Erläutere, was mit dem Satz „Er verwechselt das Dargestellte mit dem Darstellenden." (▸ Z. 8–9) gemeint ist.

6 **a)** Vergleiche den Text Kurt Tucholskys mit dem Text von Erich Kästner (▸ S. 15) und notiere, welches Ziel Satiriker und Satirikerinnen laut den beiden verfolgen.
b) Erläutere, welche Merkmale der Satire sich aus den beiden Texten ableiten lassen.

Die Satire

Das musst du wissen

Die Satire ist **eine literarische Verspottung von Missständen, menschlichen Schwächen** oder **Lastern.** Sie entlarvt das Kleinliche und Schlechte im Handeln der Menschen und gibt es der Verachtung und Lächerlichkeit preis. Durch das **Aufdecken der Missstände** soll eine **Besserung herbeigeführt werden.**
Die Satire arbeitet mit den Mitteln der **Über- und Untertreibung**, der **Ironie** und der **Komik.**
Eine satirische Darstellung ist in allen Gattungen möglich (z. B. Gedicht, Roman, Kurzprosa oder Drama).

7 Die Satire arbeitet mit unterschiedlichen Stilmitteln (▸ Kasten unten). Untersuche den Einsatz von Stilmitteln im Text „Nicht alles gefallen lassen …“ (▸ S. 13):

a) Markiere fünf Beispiele für Über- und Untertreibung.
b) Schreibe Beispiele von Ironie und Komik heraus.
c) Schreibe mithilfe des Zusatzmaterials (▸ QR-Code) Beispiele für weitere Stilmittel im Text heraus.
d) Erkläre, warum der Autor diese Stilmittel verwendet.

Die Stilmittel der Satire

Das musst du wissen

Die Satire bedient sich der **Komik**, um das Publikum zum Lachen zu bringen. Dabei greift sie auf folgende Stilmittel zurück:

- die **Ironie**: verhüllter Spott, bei dem das Gegenteil von dem gesagt wird, was gemeint ist – Ironie dient dazu, etwas zu verspotten, bloßzustellen oder indirekt zu kritisieren.
- die **Komik**: etwas, das lustig, witzig oder unterhaltsam ist.
- die **Übertreibung**: etwas, das verstärkt oder überbetont dargestellt wird.
- die **Untertreibung**: etwas, das abgeschwächt dargestellt wird.
- die **Mehrdeutigkeit**: wenn eine Äußerung mehrere Bedeutungen hat.
- die **rhetorische Frage**: eine Frage, auf die man keine Antwort erwartet.

Eine Satire untersuchen

Danger Dan

Das ist alles von der Kunstfreiheit gedeckt

Kunstfreiheit = das vom Grundgesetz garantierte Recht auf freien künstlerischen Ausdruck

Also jetzt mal ganz spekulativ
Angenommen, ich schriebe mal ein Lied
In dessen Inhalt ich besänge, dass ich höchstpersönlich fände
Jürgen Elsässer sei Antisemit
Und im zweiten Teil der ersten Strophe dann
Würde ich zu Kubitschek den Bogen spannen
Und damit meinte ich nicht nur die rhetorische Figur
Sondern das Sportgerät, das Pfeile schießen kann

[Refrain:]
Juristisch wär' die Grauzone erreicht
Doch vor Gericht machte ich es mir wieder leicht
Zeig' mich an und ich öffne einen Sekt
Das ist alles von der Kunstfreiheit gedeckt

Also jetzt mal ganz spekulativ
Ich nutze ganz bewusst lieber den Konjunktiv
Ich schriebe einen Text, der im Konflikt mit dem Gesetz
Behauptet, Gauland sei ein Reptiloid
Und angenommen, der Text gipfelte in ei'm
Aufruf, die Welt von den Faschisten zu befreien
Und sie zurück in ihre Löcher reinzuprügeln noch und nöcher
Anstatt ihnen Rosen auf den Weg zu streuen

[Refrain: ...]

Vielleicht habt ihr schon mal von Ken Jebsen gehört
Der sich über Zensur immer sehr laut beschwert
In einem Text von meiner Band dachte er, er wird erwähnt
Und beschimpft und hat uns vor Gericht gezerrt
Er war natürlich nicht im Recht und musste dann
Die Gerichtskosten und Anwältin bezahlen
So ein lächerlicher Mann, hoffentlich zeigt er mich an
Was dann passieren würde? Ich kann es euch sagen

[Refrain: ...]

Nein, ich wär' nicht wirklich Danger Dan
Wenn ich nicht Lust hätte auf ein Experiment
Mal die Grenzen auszuloten, was erlaubt und was verboten ist
Und will euch meine Meinung hier erzählen
Jürgen Elsässer ist Antisemit
Kubitschek hat Glück, dass ich nicht Bogen schieß'
An Reptilienmenschen glaubt nur der, der wahnsinnig ist
Gauland wirkt auch eher wie ein Nationalsozialist
Faschisten hören niemals auf, Faschisten zu sein
Man diskutiert mit ihnen nicht, hat die Geschichte gezeigt
Und man vertraut auch nicht auf Staat und Polizeiapparat
Weil der Verfassungsschutz den NSU mit aufgebaut hat
Weil die Polizei doch selbst immer durchsetzt von Nazis war
Weil sie Oury Jalloh gefesselt und angezündet haben
Und wenn du friedlich gegen die Gewalt nicht ankommen kannst
Ist das letzte Mittel, das uns allen bleibt, Militanz

[Refrain: ...]

1 Danger Dan benutzt in seinem Lied an manchen Stellen den Konjunktiv II (▸ Kasten auf S. 25) und an anderen den Indikativ. Schreibt jeweils Beispiele heraus und erklärt den Gebrauch.

2 Markiere die Stilmittel (▸ Kasten auf S. 17 unten) im Text und notiere sie am Rand.

3 Markiere die gesellschaftlichen Gruppen, Institutionen oder Verhaltensweisen, die kritisiert werden.

4 Erkläre den Titel „Das ist alles von der Kunstfreiheit gedeckt".

5 Formuliere die Kernbotschaft des Textes in wenigen Sätzen.

6 Erkläre, warum es sich bei diesem Text um eine Satire handelt. Verwende deine Ergebnisse aus Aufgabe 6b auf S. 16 oder den Kasten auf S. 17 oben.

7 Was darf Satire? Bearbeite das Zusatzmaterial (▸ QR-Code).

8 Diskutiert in Viererteams, ob es Grenzen für die satirische Darstellung gibt. Bildet hierfür Pro- („Die Satire darf alles.") und Contra-Gruppen („Die Satire darf nicht alles.") und notiert Argumente.

Kurt Tucholsky

Ratschläge für einen schlechten Redner

Fang nie mit dem Anfang an, sondern immer drei Meilen *vor* dem Anfang! Etwa so: „Meine Damen und meine Herren! Bevor ich zum Thema des heutigen Abends komme, lassen Sie mich Ihnen kurz ...“
Hier hast du schon so ziemlich alles, was einen schönen Anfang ausmacht: eine steife Anrede; der Anfang vor dem Anfang; die Ankündigung, dass und was du zu sprechen beabsichtigst [...], und das Wörtchen kurz. So gewinnst du im Nu die Herzen und die Ohren der Zuhörer.
Denn das hat der Zuhörer gern: dass er deine Rede wie ein schweres Schulpensum aufbekommt; dass du mit dem drohst, was du sagen wirst, sagst und schon gesagt hast [...]. Immer schön umständlich.
Sprich nicht frei – das macht einen so unruhigen Eindruck. Am besten ist es: du liest deine Rede ab. Das ist sicher, zuverlässig, auch freut es jedermann, wenn der lesende Redner nach jedem Viertelsatz misstrauisch hochblickt, ob auch noch alle da sind. [...]
Wenn du gar nicht hören kannst, was man dir so freundlich rät, und du willst durchaus und durchum frei sprechen ... du Laie! Du lächerlicher Cicero! Nimm dir doch ein Beispiel an unsern professionellen Rednern, an den Reichstagsabgeordneten – hast du die schon mal frei sprechen hören? Die schreiben sich sicherlich zu Hause auf, wann sie „Hört! hört!“ rufen ... ja, also wenn du denn frei sprechen musst [...]:
Sprich, wie du schreibst. Und ich weiß, wie du schreibst.
Sprich mit langen, langen Sätzen – solchen, bei denen du, der du dich zu Hause, wo du ja die Ruhe, deren du so sehr benötigst, deiner Kinder ungeachtet, hast, vorbereitest, genau weißt, wie das Ende ist, die Nebensätze schön ineinander geschachtelt, sodass der Hörer, ungeduldig auf seinem Sitz hin und her träumend, sich in einem Kolleg wähnend, in dem er früher so gern geschlummert hat, auf das *Ende* solcher Periode wartet ... nun, ich habe dir eben ein Beispiel gegeben. So musst du sprechen.
Fang immer bei den alten Römern an und gib stets, wovon du auch sprichst, die geschichtlichen Hintergründe der Sache. Das ist nicht nur deutsch – das tun alle Brillenmenschen. Ich habe einmal in der Sorbonne einen chinesischen Studenten sprechen hören, der sprach glatt und gut Französisch, aber er begann zu allgemeiner Freude so: „Lassen Sie mich Ihnen in aller Kürze die Entwicklungsgeschichte meiner chinesischen Heimat seit dem Jahre 2000 vor Christi Geburt ...“ Er blickte ganz erstaunt auf, weil die Leute so lachten.
So musst du das auch machen. Du hast ganz recht: Man versteht es ja sonst nicht, wer kann denn das alles verstehen, ohne die geschichtlichen Hintergründe ... sehr richtig! Die Leute sind doch nicht in deinen Vortrag gekommen, um lebendiges Leben zu hören, sondern das, was sie auch in den Büchern nachschlagen können ... sehr richtig! Immer gib ihm Historie, immer gib ihm. Kümmere dich nicht

darum, ob die Wellen, die von dir ins Publikum laufen, auch zurückkommen – das sind Kinkerlitzchen. Sprich unbekümmert um die Wirkung, um die Leute, um die Luft im Saale; immer sprich, mein Guter. Gott wird es dir lohnen. Du musst alles in die Nebensätze legen. Sag nie: „Die Steuern sind zu hoch." Das ist zu einfach. Sag: „Ich möchte zu dem, was ich soeben gesagt habe, noch kurz bemerken, dass mir die Steuern bei Weitem ..." So heißt das. Trink den Leuten ab und zu ein Glas Wasser vor – man sieht das gern. Wenn du einen Witz machst, lach vorher, damit man weiß, wo die Pointe ist. [...] Zu dem, was ich soeben über die Technik der Rede gesagt habe, möchte ich noch kurz bemerken, dass viel Statistik eine Rede immer sehr hebt. Das beruhigt ungemein, und da jeder imstande ist, zehn verschiedene Zahlen mühelos zu behalten, so macht das viel Spaß.
Kündige den Schluss deiner Rede lange vorher an, damit die Hörer vor Freude nicht einen Schlaganfall bekommen. (Paul Lindau hat einmal einen dieser gefürchteten Hochzeitstoaste so angefangen: „Ich komme zum Schluss.") Kündige den Schluss an, und dann beginne deine Rede von vorn und rede noch eine halbe Stunde. Dies kann man mehrere Male wiederholen. [...]
Sprich nie unter anderthalb Stunden, sonst lohnt es gar nicht erst anzufangen. [...] Wenn einer spricht, müssen die andern zuhören – das ist deine Gelegenheit! Missbrauche sie!

1 Erkläre anhand des Titels die Aussageabsicht des Verfassers.

2 Bestimme die Stilmittel (▸ Kasten auf S. 17 unten) im Text und beurteile ihre Wirkung.

3 Erkläre die folgenden Ratschläge aus dem Textzusammenhang.
- „Immer gib ihm Historie, immer gib ihm." (▸ Z. 42)
- „Kümmere dich nicht darum, ob die Wellen, die von dir ins Publikum laufen, auch zurückkommen [...]." (▸ Z. 42–45)

4 **a)** Nenne alle weiteren Ratschläge, die Kurt Tucholsky für eine schlechte Rede gibt.
b) Formuliere sie in Ratschläge für eine gute Rede um.

Loriot

Bundestagsrede
[Auszug]

Meine Damen und Herren, Politik bedeutet, und davon sollte man ausgehen, das ist doch – ohne darum herumzureden – in Anbetracht der Situation, in der wir uns befinden. Ich kann meinen politischen Standpunkt in wenige Worte zusammenfassen: erstens das Selbstverständnis unter der Voraussetzung, zweitens, und das ist es, was wir unseren Wählern schuldig sind, drittens die konzentrierte Beinhaltung als Kernstück eines zukunftsweisenden Parteiprogramms ...

Loriot (mit bürgerlichem Namen Bernhard Victor von Bülow, geb. 1923 in Brandenburg an der Havel, gest. 2011 in Münsing) war ein berühmter Karikaturist, Autor, Regisseur und Schauspieler. Mit Evelyn Hamann (rechts) trat er häufig auf.

1. Höre dir den ganzen Text an (▸ QR-Code).

2. Gib den Inhalt der Rede kurz in deinen eigenen Worten wieder.

3. Diskutiert, wen und was Loriot mit seiner Rede kritisieren will.

4. Verfasse einen ähnlichen Text: Lass deinen Schulleiter oder deine Schulleiterin eine Rede über die Schule halten. Nutze hierfür die Formulierungshilfen im QR-Code.

5. Nachdem ihr nun die Ratschläge für einen schlechten Redner (▸ S. 20) kennengelernt habt, verfasst in der Klasse selbst Ratschläge. Wählt dafür eine der folgenden Zielgruppen aus:
   - ein schlechter Schüler oder eine schlechte Schülerin
   - ein schlechter Sportler oder eine schlechte Sportlerin
   - ein schlechter Freund oder eine schlechte Freundin
   - ein schlechtes Geschwisterteil

   Der Text soll witzig sein, damit die Leserinnen und Leser darüber lachen können. Zu diesem Zweck müsst ihr über- und untertreiben und euch der Ironie bedienen. Schreibt nie direkt, was ihr denkt, sondern versteckt es, indem ihr das Gegenteil behauptet. Nutzt zusätzlich drei weitere Stilmittel der Satire (▸ unterer Kasten und QR-Code auf S. 17).

Der Konjunktiv und seine Funktionen

Der Konjunktiv II in Bedingungssätzen

Bertolt Brecht

Wenn die Haifische Menschen wären

„Wenn die Haifische Menschen wären“, fragte Herrn K. die kleine Tochter seiner Wirtin, „wären sie dann netter zu den kleinen Fischen?“

„Sicher“, sagte er. „Wenn die Haifische Menschen wären, würden sie im Meer für die kleinen Fische gewaltige Kästen bauen lassen, mit allerhand Nahrung drin, sowohl Pflanzen als auch Tierzeug. Sie würden sorgen, daß die Kästen immer frisches Wasser hätten, und sie würden überhaupt allerhand sanitäre Maßnahmen treffen. Wenn zum Beispiel ein Fischlein sich die Flosse verletzen würde, dann würde ihm sogleich ein Verband gemacht, damit es den Haifischen nicht wegstürbe vor der Zeit.

Damit die Fischlein nicht trübsinnig würden, gäbe es ab und zu große Wasserfeste; denn lustige Fischlein schmecken besser als trübsinnige.

Es gäbe natürlich auch Schulen in den großen Kästen. In diesen Schulen würden die Fischlein lernen, wie man in den Rachen der Haifische schwimmt. Sie würden zum Beispiel Geographie brauchen, damit sie die großen Haifische, die faul irgendwo liegen, finden könnten. Die Hauptsache wäre natürlich die moralische Ausbildung der Fischlein. Sie würden unterrichtet werden, daß es das Größte und Schönste sei, wenn ein Fischlein sich freudig aufopfert, und daß sie alle an die Haifische glauben müßten, vor allem, wenn sie sagten, sie würden für eine schöne Zukunft sorgen. Man würde den Fischlein beibringen, daß diese Zukunft nur gesichert sei, wenn sie Gehorsam lernten. Vor allen niedrigen, materialistischen, egoistischen und marxistischen Neigungen müßten sich die Fischlein hüten und es sofort den Haifischen melden, wenn eines von ihnen solche Neigungen verriete.

Wenn die Haifische Menschen waren, würden sie natürlich auch untereinander Kriege führen, um fremde Fischkästen und fremde Fischlein zu erobern. Die Kriege würden sie von ihren eigenen Fischlein führen lassen. Sie würden die Fischlein lehren, daß zwischen ihnen und den Fischlein der anderen Haifische ein riesiger Unterschied bestehe. Die Fischlein, würden sie verkünden, sind bekanntlich stumm, aber sie schweigen in ganz verschiedenen Sprachen und können einander daher unmöglich verstehen. Jedem Fischlein, das im Krieg ein paar andere Fischlein, feindliche, in anderer Sprache schweigende Fischlein tötete, würden sie einen kleinen Orden aus Seetang anheften und den Titel Held verleihen.

Wenn die Haifische Menschen wären, gäbe es bei ihnen natürlich auch eine Kunst. Es gäbe schöne Bilder, auf denen die Zähne der Haifische in prächtigen Farben, ihre Rachen als reine Lustgärten, in denen es sich prächtig tummeln läßt, dargestellt wären. Die Theater auf dem Meeresgrund würden zeigen, wie heldenmütige

Texte von Bertolt Brecht dürfen aus urheberrechtlichen Gründen nur in alter Rechtschreibung abgedruckt werden.

Fischlein begeistert in die Haifischrachen schwimmen, und die Musik wäre so schön, daß die Fischlein unter ihren Klängen, die Kapelle voran, träumerisch, und in allerangenehmste Gedanken eingelullt, in die Haifischrachen strömten.

Auch eine Religion gäbe es ja, wenn die Haifische Menschen wären. Sie würde lehren, daß die Fischlein erst im Bauch der Haifische richtig zu leben begännen. Übrigens würde es auch aufhören, wenn die Haifische Menschen wären, daß alle Fischlein, wie es jetzt ist, gleich sind. Einige von ihnen würden Ämter bekommen und über die anderen gesetzt werden. Die ein wenig Größeren dürften sogar die Kleineren auffressen. Das wäre für die Haifische nur angenehm, da sie dann selber öfter größere Brocken zu fressen bekämen. Und die größeren, Posten habenden Fischlein würden für die Ordnung unter den Fischlein sorgen, Lehrer, Offiziere, Ingenieure im Kastenbau usw. werden.

Kurz, es gäbe überhaupt erst eine Kultur im Meer, wenn die Haifische Menschen wären."

1. Beschreibe die Zeichnung. Gehe dabei auch darauf ein, welche Eigenschaften Haifischen im Allgemeinen nachgesagt werden.

2. Analysiere, wie das Mädchen seine Frage formuliert (▸ Z. 1–4) und was es damit voraussetzt.

3. Gliedere den Text in Sinnabschnitte und formuliere jeweils eine Überschrift. Orientiere dich dabei an den Bereichen, in denen die Haifische für verbesserte Lebensbedingungen für die Fischlein sorgen würden.

4. Diskutiert, ob Herr K. die Frage des Mädchens bejaht oder verneint.

5. „Kurz, es gäbe überhaupt erst eine Kultur im Meer, wenn die Haifische Menschen wären." (▸ Z. 50–51) Schlagt die zwei Bedeutungen des Wortes „Kultur" nach und besprecht, was dieser letzte Satz des Textes bedeutet.

6 **a)** Lest Brechts Biografie im QR-Code und beschreibt, an welchen politischen und gesellschaftlichen Missständen er Kritik übt.
b) Diskutiert, ob diese Kritik heute noch berechtigt ist.

7 **a)** Unterstreiche in den folgenden Beispielsätzen die Verbformen.
b) Bestimme ihren Modus und ihre Verwendung.

Satz 1: Wenn die Haifische Menschen wären, [...] wären sie dann netter zu den kleinen Fischen? (▸ Z. 1–4)
Satz 2: Wenn zum Beispiel ein Fischlein sich die Flosse verletzen würde, dann würde ihm sogleich ein Verband gemacht, damit es den Haifischen nicht wegstürbe vor der Zeit. (▸ Z. 9–11)
Satz 3: Damit die Fischlein nicht trübsinnig würden, gäbe es ab und zu große Wasserfeste; denn lustige Fischlein schmecken besser als trübsinnige. (▸ Z. 12–13)

Es gibt drei Modi des Verbs:
- Indikativ (Wirklichkeitsform)
- Konjunktiv (Möglichkeitsform)
- Imperativ (Befehlsform)

c) Erkläre die Bildung des gewählten Modus am Beispiel von „gäbe" (▸ Satz 3).
d) Erläutere, warum beim Verb „verletzen" (▸ Satz 2) die Umschreibung mit „würde" gewählt wurde.
e) Nenne den Infinitiv des Verbs „wegstürbe" (▸ Satz 2). Erkläre, warum der Autor in diesem Fall auf die Umschreibung mit „würde" verzichtet hat.
f) Begründe die Wahl des Indikativ Präsens im zweiten Teil von Satz 3.

Die Konjunktiv-II-Form „wegstürbe" leitet sich vom alten, nicht mehr geläufigen Präteritum „(er/sie/es) sturb" ab.

Das musst du wissen

Konditionalsätze (Bedingungssätze)
Man unterscheidet drei verschiedene **Konditionalsätze** (Bedingungssätze ▸ S. 134–135):
- **Realis** (Das Geschehen ist möglich.)
  Einige Haifische greifen Menschen an, wenn man ihnen zu nahe kommt.
  Die Menschen werden den Haifisch ausrotten, wenn sie ihn weiter so jagen.
  Verbform: **Indikativ Präsens bzw. Futur** im Hauptsatz – **Indikativ Präsens** im Bedingungssatz
- **Potentialis** (Das Geschehen wird als möglich angenommen.)
  Wenn der Haifisch hungrig wäre, würde er nach Beute suchen.
  Verbform: **Konjunktiv II der Gegenwart** im Hauptsatz und im Bedingungssatz
- **Irrealis** (Das Geschehen ist unerfüllbar.)
  Wenn es den Menschen besser gegangen wäre, wäre es vielleicht nicht zum Krieg gekommen.
  Verbform: in der Regel **Konjunktiv II der Vergangenheit** im Hauptsatz und im Bedingungssatz

▸ AH, S. 68–70

8 Bertolt Brecht verwendet in seinem Text als Modus den Konjunktiv II. Häufig benutzt er allerdings die Ersatzform mit „würde" und Infinitiv, auch wenn der Konjunktiv II der Gegenwart nicht identisch mit dem Präteritum ist. Suche diese Formen im Text und ersetze sie durch entsprechende Konjunktiv-II-Formen.
Beispiele: sie würden treffen (Z. 8–9) ▸ sie träfen

Das musst du können

So bildest du den Konjunktiv II der Gegenwart und der Vergangenheit

Der **Konjunktiv II der Gegenwart** wird aus dem Präteritumstamm des Verbs mit den Endungen -e, -est, -en oder -et gebildet.
ich lachte, du lachtest, er/sie/es lachte
wir lachten, ihr lachtet, sie lachten
Bei starken Verben wird aus dem Vokal oft ein Umlaut.
er nahm ▸ er nähme
Wenn der Konjunktiv II mit dem Präteritum übereinstimmt oder nicht mehr gebräuchlich ist, darf die **Umschreibung mit würde** gewählt werden.
er lachte (Indikativ Präteritum) ▸ er lachte (Konjunktiv II der Gegenwart)
▸ er würde lachen
er stürbe (nicht mehr gebräuchlich) ▸ er würde sterben
Der **Konjunktiv II der Vergangenheit** wird aus den Hilfsverben **haben** oder **sein** im Konjunktiv II der Gegenwart und dem Partizip Perfekt des Verbs gebildet.
er hätte geschrieben, wir wären gegangen

Peter Härtling

Wenn jeder ...

Wenn jeder eine Blume pflanzte,
jeder Mensch auf dieser Welt,
und, anstatt zu schießen, tanzte
und mit Lächeln zahlte statt mit Geld –
wenn ein jeder einen andern wärmte,
keiner mehr von seiner Stärke schwärmte,
keiner mehr den andern schlüge,
keiner sich verstrickte in der Lüge,
wenn die Alten wie die Kinder würden,
sie sich teilten in den Bürden,
wenn dies WENN sich leben ließ',
wär's noch lang kein Paradies –
bloß die Menschenzeit hätt' angefangen,
die in Streit und Krieg uns beinah ist vergangen.

1 Erkläre, welche Absicht der Autor mit diesem Gedicht verfolgt.

2 **a)** Markiere alle Konjunktivformen.
b) Notiere die Konjunktivformen mit ihrem jeweiligen Infinitiv in dein Heft.
c) Ersetze diejenigen Formen, die mit dem Präteritum identisch sind, durch die Ersatzform mit „würde". Lege dazu eine Tabelle wie die folgende an.

Vers	finites Verb	Infinitiv	Ersatzform mit „würde"
1	*pflanzte*	*pflanzen*	*würde pflanzen*
...			

3 Ergänze das Gedicht zwischen den Versen 10 und 11 um weitere Verse. Nutze folgende Versanfänge:

Wenn jeder sich vertrüge ...
Wenn jeder die Fremden willkommen hieße ...
Wenn jeder den andern in die Arme nähme ...

Der Konjunktiv in der indirekten Rede

Bertolt Brecht

Wenn die Haifische Menschen wären [Auszug]

Sie würden unterrichtet werden, daß es das Größte und Schönste sei, wenn ein Fischlein sich freudig aufopfert, und daß sie alle an die Haifische glauben müßten, vor allem, wenn sie sagten, sie würden für eine schöne Zukunft sorgen. Man würde den Fischlein beibringen, daß diese Zukunft nur gesichert sei, wenn sie Gehorsam lernten [...], daß zwischen ihnen und den Fischlein der anderen Haifische ein riesiger Unterschied bestehe. Die Fischlein [...] sind bekanntlich stumm, aber sie schweigen in ganz verschiedenen Sprachen [...].

„müßten" = müssten; „daß" = dass. Texte von Bertolt Brecht dürfen aus urheberrechtlichen Gründen nur in alter Rechtschreibung abgedruckt werden.

1 **a)** Bestimme den Modus der farbig markierten Verben.
b) Begründe die Verwendung des Modus mithilfe des Kastens auf S. 28.

Verb	Modus	Begründung
sei	*Konjunktiv I der Gegenwart*	*indirekte Rede*
müssten	...	...

1

Das musst du wissen

Der Gebrauch des Konjunktivs in der indirekten Rede

In der **indirekten Rede** wird der **Konjunktiv I** verwendet.
Er sagte, **er gehe** nach Hause.
Sind die Verbformen im Konjunktiv I **identisch mit dem Indikativ Präsens,** wird der **Konjunktiv II verwendet.**
Wir riefen, wir ~~sehen~~ ▸ **sähen** Vögel am Himmel.
Wenn **der Konjunktiv II identisch mit dem Indikativ Präteritum** oder **nicht gebräuchlich ist,** darf die **Ersatzform mit würde** gewählt werden.
Wir antworten, wie sehr wir uns ~~freuten~~ ▸ **freuen würden,** wenn wir uns träfen.

Wird in der indirekten Rede **über Vergangenes berichtet,** wird das **Hilfsverb im Konjunktiv I mit dem Partizip Perfekt des Verbs** verwendet.
Er berichtet, er ~~hat~~ nichts gesehen. ▸ ..., er **habe** nichts **gesehen.**
(statt Indikativ Perfekt: K I der Vergangenheit)
Sie schilderte, wie sie ihren Freund zum ersten Mal ~~sah~~ ▸ **gesehen habe.**
(statt Indikativ Präteritum: K I der Vergangenheit)
Sie berichtete, sie ~~hatte~~ Geister gesehen. ▸ ..., sie **habe** Geister **gesehen.**
(statt Indikativ Plusquamperfekt: K I der Vergangenheit)
Wenn das Hilfsverb im Konjunktiv I der Vergangenheit **identisch mit dem Präsens** ist, wird das **Hilfsverb im Konjunktiv II** verwendet.
Wir berichteten, wir ~~haben~~ Geister gesehen. ▸ ..., wir **hätten** Geister gesehen.
(Indikativ Perfekt = K I der Vergangenheit ▸ K II der Vergangenheit)

▸ AH, S. 71–73

2 Ergänze die Tabelle mit folgenden Verben im Konjunktiv I der Gegenwart und der Vergangenheit und notiere bei identischen Formen den jeweiligen Konjunktiv II oder die Ersatzform mit „würde“:

Wortspeicher

sein (sie, Plural) – fahren (wir) – kennen (er) – sagen (ich) – tun (er) – wollen (ihr) – springen (du) – vergessen (er) – arbeiten (wir)

Infinitiv	Konjunktiv I der Gegenwart	Konjunktiv I der Vergangenheit
lassen (du)	du lassest	du habest gelassen
geben (ich)	ich gebe (K I identisch mit Indikativ Präsens) ▸ ich gäbe (K II)	ich habe gegeben (KI der Vergangenheit identisch mit Indikativ Perfekt) ▸ ich hätte gegeben (K II der Vergangenheit)
...	...	...

Günter Fink

„Niemals auf Kosten der Kleinen"

Die Satiriker der Fernsehsendung „extra 3" Jesko Friedrich und Dennis Kaupp äußern sich im Interview mit der Tageszeitung „Die Welt" zu der Frage „Was darf Satire?".

Die Welt: Ihre Figur Johannes Schlüter macht Witze über religiöse Extremisten. Haben Sie keine Angst vor Repressalien? [...]

Friedrich: Nein. [...] Die Satire, die wir machen, sucht sich einen satirischen Feind, also jemanden, der jetzt verantwortlich ist für einen veränderbaren schlechten Zustand. Und das kann ja nicht Mohammed sein. Er ist genauso wenig unser Feind wie Allah, Gott oder Jesus, sondern die jetzigen menschlichen, fehlerbehafteten Repräsentanten der Kirche und religiöse Extremisten. [...] Die Religion ist nicht unser satirischer Feind – sondern Leute, die sich falsch verhalten, vor allem Extremisten.

Die Welt: Zurzeit wird in der Öffentlichkeit viel darüber diskutiert, was Satire darf. Gibt es für Sie satirische Tabus?

Friedrich: Ja.

Die Welt: Welche?

Friedrich: Satire tritt nicht nach unten. Wir brauchen einen satirischen Feind, der es wert ist, der wirklich verantwortlich ist. Und das kann nicht der [...] arme Sozialhilfeempfänger sein. Menschen, die eher unser Mitleid verdienen, installieren wir nicht als Feind. [...] Wenn wir einen Film über Leid und Verbrechen machen, dann darf man die Opfer nicht zu sehr zeigen und auch nicht bloßstellen, weil dann das ganze Entsetzen eher uns Machern entgegenschlägt als dem Täter. Wir müssen das Leid, aber vor allem den Täter zeigen.

Die Welt: Dann zählen wohl TV-Größen wie Stefan Raab oder Oliver Pocher nicht gerade zu Ihren Freunden?

Kaupp: Diese in jeder Sendung an den Tag gelegte Schadenfreude, sich gerade auf Kosten der Kleinen einen Lacher abholen, das ist uns zu billig, nicht unser Ding. Obwohl ich Stefan Raab für einen ungemein kreativen Kopf halte, der Mut hat, auch Dinge auszuprobieren. Was er bei Pro 7 macht, das hat schon was. So jemanden wünsche ich mir im Ersten auch. Einen, der auf den Tisch haut und sagt: „So, nun lass uns das einfach mal probieren." Bei uns im Öffentlich-Rechtlichen gibt es leider zu viele Skeptiker und Bedenkenträger.

Die Welt: Warum wird „extra 3" im NDR-Fernsehen noch immer im Nachtprogramm „versteckt"?

Friedrich: Gute Frage. Ich glaube, der späte Sendeplatz von Satire hat damit zu tun, dass es einen Großteil in der Bevölkerung gibt, der nicht diese Antennen für

Satire hat. Es gibt eine ganze Menge Leute, denen ist Satire zu seltsam oder die empfinden das in der Satire Dargestellte als beleidigend. Um mit Tucholsky zu sprechen: „Sie verwechseln das Dargestellte mit dem Darstellenden". Sie sehen nicht, dass man etwas zeigt, um es zu kritisieren.

3 Diskutiert, ob Religion Gegenstand von Satire sein sollte. Bezieht euch dabei auch auf Jesko Friedrichs Meinung (► Z. 5–13).

4 Erklärt, welche satirischen Tabus für die beiden interviewten Satiriker existieren.

5 Diskutiert, was Comedy von Satire unterscheidet.

6 Gib das Interview ab Zeile 14 in der indirekten Rede wieder. So kannst du beginnen:
Die Satiriker Jesko Friedrich und Dennis Kaupp werden gefragt, ob es für sie satirische Tabus gebe. Friedrich bestätigt dies und erklärt, Satire trete nicht nach unten …

Das musst du wissen

Die Satzarten in der indirekten Rede

Beim **Aussagesatz entfallen** in der indirekten Rede **die Anführungszeichen**; stattdessen steht **das Verb im Konjunktiv**. Der **Doppelpunkt** wird **durch ein Komma ersetzt**. Anstelle des **Fragezeichens** oder des **Ausrufezeichens** steht **am Satzende ein Punkt**.

Der Mann sagt: „Satire **tritt** nicht nach unten!"
► Der Mann sagt, Satire **trete** nicht nach unten.

Fragesätze mit Fragewort werden in der indirekten Rede **durch das Fragewort eingeleitet,** das **konjugierte Verb** steht im Konjunktiv und **am Ende des Satzes.**

Die Journalisten fragen: „Wo endet die Meinungsfreiheit?"
► Die Journalisten fragen, wo die Meinungsfreiheit ende.

Fragesätze ohne Fragewort werden in der indirekten Rede mit der Konjunktion **ob eingeleitet.** Das konjugierte Verb steht auch hier im Konjunktiv und am Ende des Satzes.

Die Zuschauer fragen sich: „Wurde die Sendung schon ausgestrahlt?"
► Die Zuschauer fragen sich, **ob** die Sendung schon ausgestrahlt worden sei.

Aufforderungen werden in der indirekten Rede mit dem **Modalverb sollen** im Konjunktiv ausgedrückt **oder** mit dem **Verb im Infinitiv mit zu.**

Der Regisseur verlangt von dem Künstler: „Achte darauf, niemanden bloßzustellen!"
► Der Regisseur verlangt von dem Künstler, er **solle** niemanden **bloßstellen** / niemanden **bloßzustellen.**

► AH, S. 71–73

Das musst du wissen

Pronomen sowie Zeit- und Raumangaben in der indirekten Rede

In der indirekten Rede verändern sich auch die **Pronomen**, je nachdem, wer der Sprechende ist und wer angesprochen wird.

Die Schriftstellerin sagt zu den Jurymitgliedern: „**Ich** danke **euch**."

▸ Die Schriftstellerin sagt zu den Jurymitgliedern, **sie** danke **ihnen**.

Tim und Jana erzählen Lisa und Katrin: „**Wir** haben **unseren** Artikel veröffentlicht. Habt **ihr ihn** gelesen?"

▸ Tim und Jana erzählen Lisa und Katrin, **sie** hätten **ihren** Artikel veröffentlicht, und fragen, ob **sie ihn** gelesen hätten.

Orts- und Zeitangaben werden in der indirekten Rede verändert.

hier ▸ dort

gestern ▸ am vorhergehenden Tag, am Tag zuvor, am Vortag

morgen ▸ am nächsten/folgenden Tag

Die Kritikerin schreibt ihrer Vorgesetzen aus Berlin: „**Hier** gibt es viele interessante Theateraufführungen. **Gestern** habe ich den Direktor der Schauspielbühne getroffen. **Morgen** werde ich eine Rezension des neuen Theaterstücks schreiben."

▸ Die Kritikerin schreibt ihrer Vorgesetzen aus Berlin, **dort** gebe es viele interessante Theateraufführungen. **Am Vortag** habe sie den Direktor der Schauspielbühne getroffen. **Am folgenden Tag** werde sie eine Rezension des neuen Theaterstücks schreiben.

Tipp

Weitere Besonderheiten der indirekten Rede

Konjunktivformen in der direkten Rede werden in der indirekten Rede einfach übernommen.

Die Journalistin berichtet: „Der Satiriker meint, die Meinungsfreiheit **werde** immer mehr eingeschränkt."

▸ Die Journalistin berichtet, der Satiriker meine, die Meinungsfreiheit **werde** immer mehr eingeschränkt.

Die indirekte Rede kann auch in einem **Nebensatz mit** dass wiedergegeben werden. Hier kann **Konjunktiv** oder **Indikativ** verwendet werden.

Der Satiriker führt aus, **dass** die Meinungsfreiheit eingeschränkt **werde/ wird**.

Nach Verben, die eine **Aufforderung**, einen **Wunsch** oder eine **Absicht** ausdrücken, kann man einen Redebeitrag indirekt auch durch eine **Infinitivkonstruktion** wiedergeben.

Der Regisseur fordert die Künstler auf, keine Gefühle **zu verletzen**.

2 Auf nach Berlin!

Berlin ist mit einer Fläche von 892 Quadratkilometern neun Mal größer als Paris.

Wusstest du das schon?

Die Stadtgrenze Berlins ist ca. 234 Kilometer lang.

1 Sammelt euer Vorwissen über Berlin.

2 Besprecht, welche Informationen in den Sprechblasen euch besonders überraschen.

3 Diskutiert, wie ihr euch das Leben in der Großstadt Berlin vorstellt. Hebt dabei sowohl das hervor, was euch besonders am Großstadtleben fasziniert, als auch das, was euch abschreckt.

Berlin hat rund 175 Museen und Sammlungen und soll damit die einzige europäische Stadt mit mehr Museen als Regentagen sein.

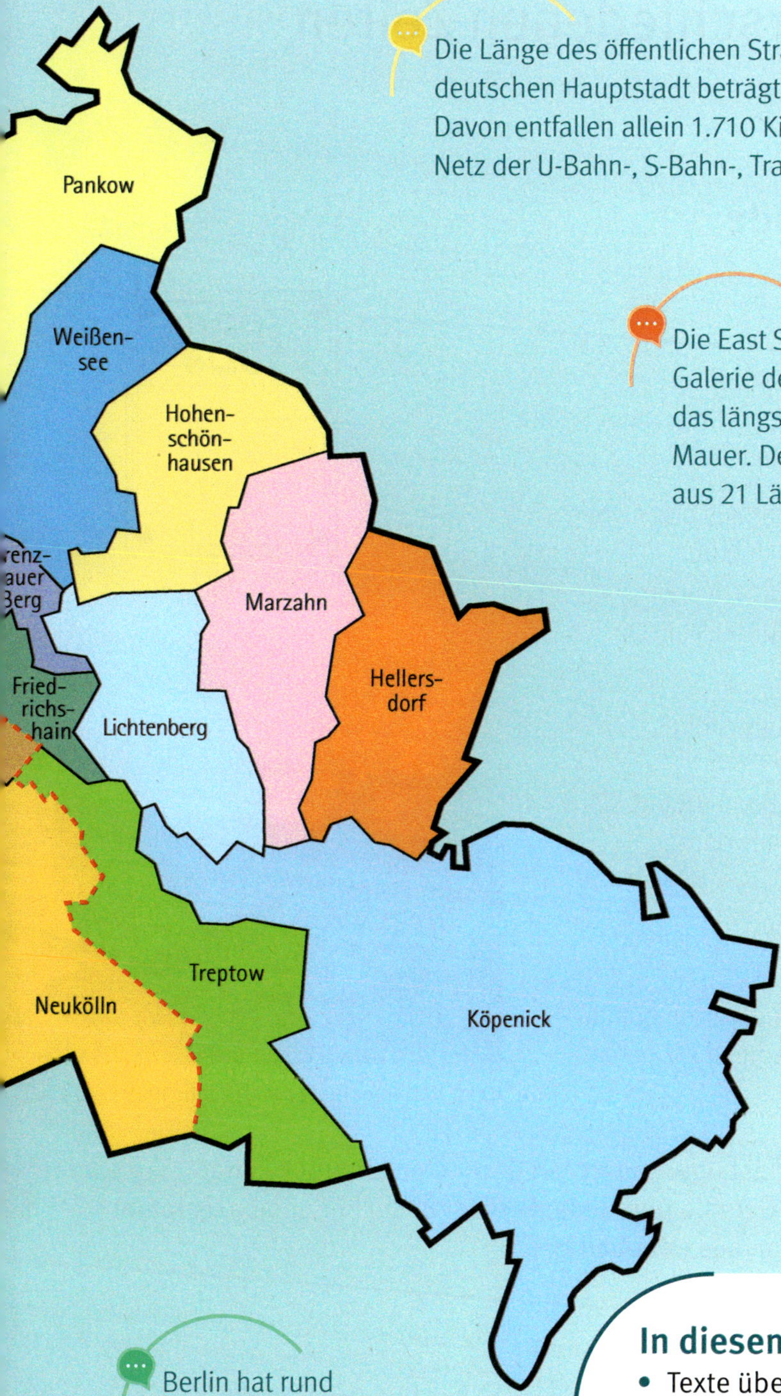

Die Länge des öffentlichen Straßennetzes der deutschen Hauptstadt beträgt 5.419 Kilometer. Davon entfallen allein 1.710 Kilometer auf das Netz der U-Bahn-, S-Bahn-, Tram- und Buslinien.

Die East Side Gallery ist die längste Open-Air-Galerie der Welt und mit 1.316 Metern zugleich das längste erhaltene Stück der Berliner Mauer. Der Abschnitt wurde von 118 Künstlern aus 21 Ländern mit 101 Werken bemalt.

Im Stadtgebiet Berlins gibt es etwa 200 Kilometer schiffbare Wasserstraßen.

Berlin ist die grünste Metropole Deutschlands: Mehr als 30 Prozent sind Parks und Wälder oder Flüsse, Seen und Wasserstraßen.

Berlin hat rund 960 Brücken und damit sogar mehr als Venedig.

In diesem Kapitel lernst du,

- Texte über das Leben in der Großstadt Berlin zu unterschiedlichen Zeiten zu erschließen,
- überzeugende Argumente zu formulieren,
- einen argumentativen Brief zu verfassen.

Des Weiteren wiederholst und vertiefst du

- die Satzglieder.

2

Berlin zu verschiedenen Zeiten

Erich Kästner

Besuch vom Lande

Sie stehen verstört am Potsdamer Platz.
Und finden Berlin zu laut.
Die Nacht glüht auf in Kilowatts.
Ein Fräulein sagt heiser: „Komm mit, mein Schatz!“
Und zeigt entsetzlich viel Haut.

Sie wissen vor Staunen nicht aus und nicht ein.
Sie stehen und wundern sich bloß.
Die Bahnen rasseln. Die Autos schrein.
Sie möchten am liebsten zu Hause sein.
Und finden Berlin zu groß.

Es klingt, als ob die Großstadt stöhnt,
weil irgendwer sie schilt.
Die Häuser funkeln. Die U-Bahn dröhnt.
Sie sind alles so gar nicht gewöhnt.
Und finden Berlin zu wild.

Sie machen vor Angst die Beine krumm.
Und machen alles verkehrt.
Sie lächeln bestürzt. Und sie warten dumm.
Und stehn auf dem Potsdamer Platz herum,
bis man sie überfährt.

Der Potsdamer Platz um das Jahr 1929

1. Der „Besuch vom Lande“ ist überwältigt von den vielen Eindrücken der Großstadt. Markiere die Gefühle und Gedanken der Besucher und beschreibe sie anhand von Beispielen aus dem Gedicht.

2. Erkläre das Verhalten der Besucher.

3. Nenne und erkläre die Wirkung von mindestens zwei Stilmitteln (▸ QR-Code), die Erich Kästner verwendet, um die Überforderung und das Unverständnis der Besucher darzustellen.

4. Das Gedicht stammt aus dem Jahr 1929. Diskutiert, inwiefern es heute noch aktuell ist.

Maja Nielsen

Der Tunnelbauer

[Auszug]

Berlin, 1961–63: Achim hat das Abitur in der Tasche, einen Studienplatz sicher und Chris, das Mädchen, das er heimlich liebt, scheint ihn auch zu mögen. Doch über Nacht ändert sich alles: Mit dem Bau der Mauer in Berlin schlägt das DDR-Regime einen härteren Ton an. Misstrauen, Verfolgung und Verhaftungen sind an der Tagesordnung. Als einer seiner Freunde im Gefängnis landet, fasst Achim den schweren Entschluss, Ost-Berlin und alle, die er liebt, zu verlassen. In West-Berlin angekommen, setzt er alles daran, Menschen aus der DDR bei ihrer Flucht zu unterstützen. Gemeinsam mit anderen Helfern gräbt er einen 145 Meter langen Tunnel von West- nach Ost-Berlin – in ständiger Angst, von der Stasi (der Staatssicherheit) entdeckt zu werden, und voller Hoffnung, Chris wiederzusehen.
Der folgende Auszug berichtet von der letzten Flucht durch den Tunnel.

„23 Männer, 31 Frauen und drei Kinder“, gibt Karsten flüsternd an Achim weiter, wie viele Menschen inzwischen durch den Tunnel gekrabbelt sind. 57 Menschen! So viele wie noch nie. „Für heute sind alle durch, die auf der Liste standen. Glaub ich jedenfalls. Viktor und Steffen kommen bestimmt gleich zu uns rüber.“

Bis auf die Frau, die steckengeblieben ist, ist alles wie am Schnürchen gelaufen. Schnürchen passt, denkt Achim. Wie Marionetten kommen die Flüchtenden Achim vor, wenn sie bei ihm im Klohäuschen ankommen. Oder wie mechanische Puppen. Sie haben weit geöffnete Augen, hölzerne Bewegungen und geben ihr Leben ganz in die Hände der Fluchthelfer. Widerstandslos machen sie alles, was man ihnen sagt.

„Wenn alle durch sind, dann ziehen wir uns jetzt zurück!“, antwortet Achim und merkt, wie eine unbeschreibliche Freude in ihm hochsteigt. Chris! Endlich! Wie lange hat er für sie gekämpft! Er will schon die Handtaschen einsammeln, die die Frauen hier zurückgelassen haben, um besser kriechen zu können, da kommt Steffen ans Häuschen, den Mund zu einem dünnen Strich zusammengepresst.

„Du, Achim, da waren eben zwei Typen. Bei denen habe ich ein ganz blödes Gefühl. Die wollen unbedingt noch mit durch, aber nicht ohne ihren Kumpel. Der wartet angeblich draußen. Die Parole wussten sie auch nicht. Na gut, da sind sie nicht die einzigen. Jedenfalls sind sie wieder weg.“

„Sie sind was?“, fragt Achim entgeistert.

„Na ja – sie sind los, um den dritten Mann zu holen. Der kommt wohl gerade erst aus dem Gefängnis und ist mit den Nerven runter. Der hat draußen gewartet.“

„Warum habt ihr sie nicht festgehalten?“ Achim versteht die Welt nicht mehr. Dass man Leute so einfach wieder ziehen lässt, ist völlig gegen jede Absprache.

Weitere Informationen zur deutsch-deutschen Teilung und speziell zum DDR-Regime findest du im QR-Code.

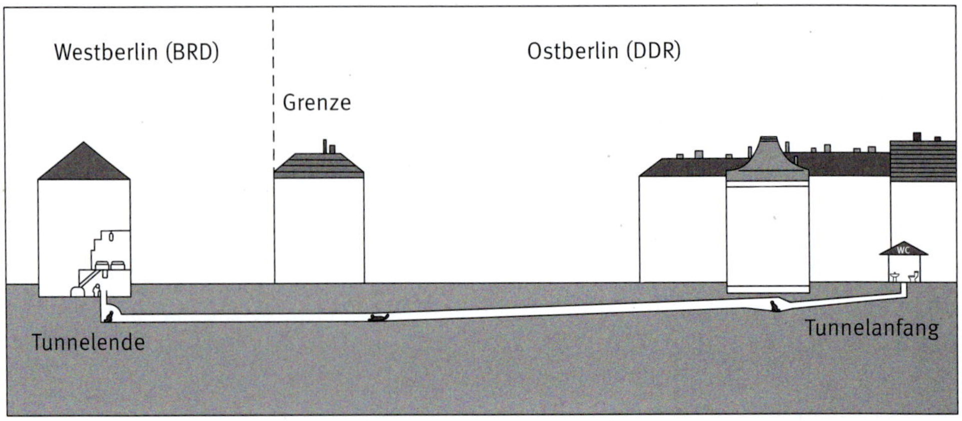

„Die haben sich losgerissen", sagt Steffen achselzuckend. „Was hätten wir tun sollen? Eine Keilerei im Treppenhaus beginnen?"

Für Achim ist die Sache klar. „Stasi!", sagt er knapp. „Wir müssen abbrechen. Weg jetzt, aber pronto!" Er ist schon auf dem Weg in den Schacht.

„Nee, nee – so eindeutig ist das nicht", hält Steffen ihn zurück. „Überleg doch mal: Wenn der dritte Mann wirklich gerade aus dem Gefängnis kommt! Dann ..."

„... können wir ihn natürlich nicht hierlassen", murmelt Achim. Er muss an Chris denken. Wie sie gezittert hat in seinen Armen.

„Gut, warten wir noch auf die drei. Aber wenn irgendwas seltsam ist, hauen wir sofort ab. Karsten, verzieh dich schon mal in den Tunnel. Damit wir dir nicht auf den Kopf springen, wenn wir hier schnell den Abgang machen müssen."

Steffen geht leise zurück in den Hausflur. Viktor bezieht im Hof Position. Er soll auf die Geräusche achten, soll Steffen warnen, falls er etwas Verdächtiges bemerkt. Achim sieht noch, wie Viktor seine Pistole aus der Tasche zieht. Und von einem Moment auf den anderen ist auf der Straße vor dem Haus ein irrer Lärm: Lastwagen, Motorräder, Stimmen, Hundegebell, gebrüllte Befehle.

Steffen rennt an Achim vorbei. „Gefahr!", schreit er. „Weg hier!" Er springt an Achim vorbei in den Schacht. Genau auf Karsten, der sich dummerweise noch nicht in den Stollen zurückgezogen hat, wie sie es verabredet hatten. Die beiden verkeilen sich. Es ist so verdammt eng da unten. Sie kommen einfach nicht voneinander los.

Als jetzt auch Achim mit seinem vollen Gewicht auf dem menschlichen Knäuel landet, geht erst recht nichts mehr. Jetzt stecken alle drei fest. Er wird fast hysterisch. Eine Angst wie noch nie in seinem Leben! Dann knallt es oben auf dem Hof. Das waren Schüsse! Eine Maschinenpistole rattert. „Viktor!", stößt Achim hervor. Viktor hat es erwischt. Bei der Menge an Kugeln! Der liegt da oben und verblutet. Und sie selbst werden auch nicht ungeschoren davonkommen. Gerade als ihn die Hoffnung verlässt, hier mit heiler Haut davonzukommen, springt ihm jemand mit voller Wucht auf den Rücken. Es ist Viktor. Unverletzt, wie es scheint. Durch diesen Impuls löst sich unter ihm das Chaos. Karsten kommt frei, verschwindet im Schacht, dann Steffen, Achim und schließlich Viktor. So schnell wie jetzt sind sie noch nie durch den Tunnel gekrochen. Jeden Augenblick erwartet Achim die ganz

Wenn du mehr über die Berliner Mauer wissen willst, dann schau dir folgendes Video an:

große Druckwelle. Das Ende. Das Aus. Den Erstickungstod. Sie alle kennen die Berichte, dass die Grenzer Sprenggranaten mit Tränengas in aufgeflogene Tunnel geworfen haben. Teufelszeug, das die Lunge zerfetzt. Da – die Seilwinde mit dem Schaukelsitz! In Reichweite! Vier Menschen greifen gleichzeitig danach.
„Hoch! Zieht uns hoch!", brüllt Achim wie von Sinnen. Sie halten sich an dem schmalen Sitz fest, der nur aus einem einzigen kleinen Brett besteht. Schon werden die Seile in Bewegung gesetzt. Die anderen stehen oben am Schacht, starren entsetzt zu ihnen herunter. Der Elektromotor ist zum Glück stark genug. Langsam, aber beständig zieht er die schwere Menschenlast nach oben. Achim hat nur eins der Seile erwischt. Sein volles Gewicht hängt an seiner linken Hand. Seine Finger verkrampfen sich mehr und mehr, als es quälend langsam immer höher geht.
„Macht schneller!", brüllt er. „Hilfe! Ich kann mich nicht mehr halten!" Seine Hand tut so verdammt weh. Unter ihm der Abgrund. Zwölf Meter tief. Nur noch ein halber Meter, dann ist er oben. Dann ist er gerettet! Aber seine Hand gehorcht ihm nicht mehr. Er lässt los, versucht noch einmal nach den Seilen zu greifen, aber seine Finger fassen ins Leere.

1 Gib wieder, wie die Menschen durch den Tunnel in den Westen fliehen.

2 Erläutere, welchen Gefahren die Flüchtenden ausgesetzt sind.

3 Die Zeilen 44–76 beschreiben Achims Flucht durch den Tunnel. Begründe anhand von konkreten Textbeispielen, wie es der Autorin gelingt, Spannung zu erzeugen (▸ QR-Code).

4 Schreibe eine Fortsetzung. Folgende Fragen können dir dabei helfen: Was passiert mit Achim? Wird er es schaffen und Chris wiedersehen? Oder kommt er im Tunnel ums Leben?

5 Die Geschichte um Achim, Chris und die Tunnelbauer basiert auf einer wahren Begebenheit. 1962 und 1964 fanden die im Buch beschriebenen Massenfluchten von Ost- nach West-Berlin statt, die unter den Schlagwörtern „Tunnel 29" und „Tunnel 57" (▸ Abbildungen oben) berühmt wurden. Alle Tunnelbauer aus dieser Geschichte hat es tatsächlich gegeben. Sieh dir das Zeitzeugeninterview an (▸ oberer QR-Code) und beantworte anschließend die Fragen im Zusatzmaterial (▸ unterer QR-Code).

Dorit Linke

Wir sehen uns im Westen

[Auszug]

Berlin, 1988/89: Nina und Lutz leben in Ost-Berlin, sind verliebt und verbringen so viel Zeit wie möglich miteinander. Sie wissen, dass es plötzlich zu Ende sein kann, denn Ninas Eltern haben einen Ausreiseantrag gestellt, um die DDR verlassen zu können. Nina muss Ost-Berlin dann verlassen, ohne sich von Lutz verabschieden zu können. Aber die beiden schreiben einander Briefe und glauben fest daran, dass sie sich im Westen wiedersehen werden. Dann hört Lutz in der Nacht vom 9. November 1989, dass die Grenze offen ist, und macht sich sofort auf den Weg zu Nina nach West-Berlin.

Ich laufe immer schneller Richtung Grenze. Weiter vorne, wo die Brücke sein muss, sind noch mehr Leute. Das ist einmalig, hallt es in mir nach. Neulich erst habe ich das gedacht, als ich vom Fenster aus mit meinem Fernglas die riesige Demonstration auf dem Alex beobachtet habe, die größte Demo, die es in der DDR jemals gegeben hat. Eine Million Leute waren dort. Viele hatten gebastelte Transparente mit selbst ausgedachten Sprüchen dabei, nicht wie sonst mit den von der SED abgesegneten. *Arbeite mit, plane mit, regiere mit. Je stärker der Sozialismus, umso sicherer der Frieden!* So was trug niemand mehr, stattdessen: *Das Volk braucht die SED wie der Fisch das Fahrrad.* Noch ein paar Tage vorher wäre man dafür in den Knast gewandert. Und nun ging es plötzlich. So wie jetzt. Wir laufen auf den Grenzübergang zu und niemand hält uns auf. [...]

Originalaufnahme vom Tag nach dem Mauerfall: Bürger der DDR passieren am 10. November 1989 den Grenzübergang Bornholmer Straße und werden von West-Berlinern begrüßt.

Am Straßenrand stehen zwei Herren von der Firma. Sind mal wieder gut zu erkennen in ihren komischen Blousons und Trenchcoats. Irgendwo in Berlin muss es einen Laden extra für Stasiklamotten geben. Die beiden sehen fassungslos in die Menge, ich möchte ihnen zuwinken, wende dann aber doch den Blick ab und schaue nach vorn. Besser keine Aufmerksamkeit erregen.

Alle Leute laufen Richtung Grenze. Es ist total unwirklich. Vielleicht ist es eine Falle? So nach dem Motto: Wer jetzt zur Mauer geht, ist ein Feind des Sozialismus. Sollte ich lieber wieder abhauen? Aber hier sind so viele Menschen, die kann man nicht einfach alle wegsperren. Wohin denn auch?

Ich laufe an Autos vorbei, die immer wieder anfahren und stoppen, anfahren und stoppen. Zwei Männer schieben einen Trabbi an, aus der Menge ist Gelächter zu hören. „Die Rennpappe will nicht rübermachen!"

Ich zwänge mich durch die Menschen, was mit jedem Meter schwerer wird. Dicht gedrängt stehen wir zwischen einem Zaun und einer Wand. Ich recke mich, um besser sehen zu können, was vorne passiert. Da ist so eine Art Abfertigungsgebäude und hinter einem Stacheldrahtzaun stehen Grenzposten im hellen Scheinwerferlicht. Leute gehen nacheinander an ihnen vorbei. Sie zeigen etwas vor, vermutlich ihren Ausweis. Es dauert nur wenige Sekunden, dann sind sie durch und verschwinden hinter dem Gebäude. Eine Frau springt vor Freude in die Höhe. [...]

Die Menschen rufen, lachen, schreien.

„Achtundzwanzig Jahre!" Blitzlichter. Reporter machen Fotos. „Das kann doch alles gar nicht sein, wa", sagt jemand neben mir.

Plötzlich geht es nicht mehr weiter, niemand wird mehr durchgelassen. Vor mir diskutieren ein paar Männer mit den Grenzposten. „Wir wollen nur mal eine Stunde rüber!"

„Aufmachen!", ruft die Menge. „Tor auf! Tor auf!"

„Wir kommen wieder!"

„Keine Gewalt!"

Vorne am Schlagbaum stehen mehrere Soldaten. Sie wirken unsicher. Ein paar Leute steigen über den Schlagbaum, einfach so, und werden nicht aufgehalten. Das sehe nicht nur ich, das sehen alle. Ein Ruck geht durch die Menge. Sie drückt mit aller Macht nach vorne. Ich werde mitgerissen, Leute trampeln mir in die Hacken, ich falle fast hin, halte mich am Arm von jemandem fest, bekomme Ellenbogen in die Seite und Tritte gegen das Schienbein. Lautes Gebrüll, Jubelrufe, Lachen. „Mensch, is dit knorke", ruft eine Frau mit heller Stimme.

Plötzlich ist der Schlagbaum direkt neben mir. Er ist inzwischen offen, ich laufe daran vorbei, die Frau vor mir reißt ihre Arme hoch und kreischt. Zusammen rennen wir vorbei an Grenzposten, Autos, Stacheldrahtzäunen und Baracken. Ich stolpere, fange mich wieder. „Mächtig gewaltig", brüllt mir jemand ins Ohr.

Und dann sehe ich sie, die Brücke. Ein stetiger Strom von Menschen läuft auf sie zu, lässt sich nicht mehr aufhalten. So etwas Tolles habe ich noch nie erlebt. Noch nie! Ich renne weiter.

„Wahnsinn!“ Aus allen Richtungen schallt dieses eine Wort: „Wahnsinn!“ Menschen aus dem Westen kommen uns entgegen, eine rothaarige Frau mit grüner Wollmütze umarmt mich, drückt mir eine Flasche in die Hand, lacht. Kupferberg Gold. Ich trinke einen Schluck, der Sekt prickelt auf meiner Zunge. Ich reiche die Flasche weiter an einen lachenden Mann mit schwarzer Hornbrille und Schnauzbart.

Originalaufnahme vom Abend des Mauerfalls, 9. November 1989: die Grenzöffnung in der Bornholmer Straße

[...] Überqueren wir hier wirklich die Grenze zu Westberlin? Wie ist so etwas möglich? Träume ich? Zwei Freundinnen fallen sich in die Arme, hüpfen herum, rempeln mich an, schreien und juchzen. „Freiheit“, brüllt jemand weiter vorne. „Endlich!“, ruft jemand hinter mir. Freiheit. Bisher konnte ich mir darunter nie so richtig was vorstellen, aber jetzt weiß ich, wie sie sich anfühlt. Völlig verrückt! Hätte ich keine Pläne, würde ich jetzt einfach hier stehen bleiben und mir alles anschauen. Doch das geht nicht, ich muss zu Nina.
Ich laufe über die Brücke, und als ich am Ende ankomme, springen wieder alle hoch, umarmen sich, klatschen. Wir haben es geschafft! Wir sind drüben! Ich schaue kurz zurück. Die Westseite der Grenze sieht so harmlos aus. Kein Stacheldraht, keine Absperrungen, nur eine bunt bemalte Mauer. Die Menschenmenge schiebt mich weiter. Ich latsche jemandem auf den Fuß, schaue auf den Boden. Ein einziges Gewimmel. Turnschuhe, Lederschuhe, Aktentaschen, Hirschbeutel, eine lila Krücke.

1 Beschreibe die Stimmung und das Verhalten der Menschen, während der Ich-Erzähler sich auf die Grenze zubewegt.

2 Nenne mindestens zwei Beispiele von Stilmitteln (▸ QR-Code), die der Ich-Erzähler im Auszug verwendet, um die Stimmung des Augenblicks zu vermitteln.

3 Der Ich-Erzähler hegt zunächst Zweifel, ob die Situation eine Falle sein könnte. Diskutiert, was dieser Gedanke über das Leben in der DDR aussagt.

4 Stell dir vor, du bist Lutz und hast gerade die Grenze überquert. Du hast Nina versprochen, sie zu treffen, aber du weißt nicht, was als Nächstes passiert. Schreibe eine Fortsetzung der Geschichte.

Felix Lobrecht

Sonne und Beton

[Auszug]

Ein heißer Sommer im betonharten Berliner Stadtteil Gropiusstadt: Gino, Julius und Lukas kiffen, chillen, betrinken sich, glotzen Mädchen hinterher. Bis Sanchez in ihr Leben tritt mit seiner charmanten und coolen Art. Er überredet die Jungs zu einem Einbruch.

In diesem Text begegnen dir viele Ausdrücke in Berliner Dialekt und in derber Jugendsprache.

Julius wohnt schon über drei Jahre hier, warum hat er immer noch keine richtigen Möbel in seinem Zimmer? Nur diese gammlige Matratze auf dem Boden und einen Schrank. Warum kauft sein Bruder ihm nicht mal welche?

„So, seita fertig oder wat?", fragt Sanchez. Ich setze mich neben Gino auf die Matratze. Was haben die denn besprochen, dass sie jetzt so betreten still hier rumsitzen?

„So, jetz endlich", sagt Sanchez. „Ick hab die ultimative Idee, wie wa schnell zu Geld kommen ..." Er stellt sich zu Julius ans Fensterbrett, zündet sich eine Zigarette an und nimmt einen tiefen Zug und grinst verheißungsvoll. Er pustet aus und zieht noch mal. „Wo soll ick hinaschen?"

„Mann, einfach aus'm Fenster ... Mach ma nicht so spannend jetz!", sagt Gino.

„Ja, Mann, sag doch", sagt Julius.

„Jut, also, unsere Schule bekommt übermorgen fünfzig brandneue PCs. Vollet Programm, mit Bildschirmen, Tastatur, Maus, allen Pipapo und ..." Wieder zieht er an seiner Zigarette. Julius, Gino und ich starren ihn ungeduldig an. „... wir klauen die Dinger und verscherbeln die Scheiße – paar Tauis für jeden!"

Julius beginnt zu grinsen, Gino auch. Meint er das ernst gerade? Ist er behindert?

„Dein Ernst?", sage ich.

„Hää, 'türlich is dit mein Ernst. Warum denn nich?"

„Wie warum nich? Alter, was los mit dir? Wie willst 'n das machen? Tagsüber kurz ins Lager gehen und dann mitnehmen oder was?"

Sanchez lächelt. „Nich tagsüber klauen. Nachts. Wir brechen ein. Dieset Wochenende."

„Ja Mann!", sagt Julius sofort, steht auf und kramt in einer Kiste neben seinem Bett.

„Einbrechen? In unsre Schule? Seid ihr behindert?", frage ich und gucke erst Sanchez, dann Julius, dann Gino an.

„Ja Mann, hiermit", antwortet Julius, er hält einen Dietrich in der Hand. „Ich schwöre, hiermit, ich komm überall rein. Tür, Auto, Keller – alles. Einfach zack, zack, wir sind drin, ja." Julius fuchtelt mit dem Ding herum.

„Scheiß ma auf dit Ding!", sagt Sanchez und wirft einen fetten Schlüsselbund vor sich auf den Boden. Julius starrt den Bund ehrfürchtig an.

2

„Ist, Dings, Schlüssel von eurer Schule?", fragt er leise und schmeißt den Dietrich zurück in die Kiste. Sanchez zwinkert ihm nur zu.
„MIIES!", brüllt Julius und hüpft auf Sanchez zu. „Guckt euch den N**** an, Alter. Guckt ihn euch an, einfach! Er klaut Schlüssel von Schule, ja."
„Krasser Typ, Sanchez. Ich bin auf jeden dabei!", sagt Gino leise und schlägt ihm ein.
„Okay, und wie machen wir genau?", fragt Julius.
„Na, janz easy, wir gehen nachts zur Schule, schließen auf, packen so viele Computer ein, wie wir tragen können, verstecken die irgendwo und verbimmeln die Dinger dann an irgend so 'n Technik-Ankauf-Kanaken. Der gibt uns die Kohle und fertig. Keen Hit, Alter!", sagt Sanchez und schnipst seine Kippe aus dem Fenster.
„Ja Mann", sagt Gino. „Ich wollt Freitag eh schwän..."
„JUUUNGS!", rufe ich. „Was los mit euch, kommt mal klar jetz mit euerm Leben! Wir können doch nich in meine Schule einbrechen einfach, ja. Die ficken uns ..."
„Loco, heul doch ma nich rum jetz! Wie soll'n die uns denn ficken? Dit is 'ne Aktion von zehn Minuten mit dem Schlüssel", sagt Sanchez. Ich schüttle den Kopf. Bin ich der Einzige hier, der nicht komplett behindert ist?
„Wo hast du den scheiß Schlüssel überhaupt her, Alter?" Sanchez winkt ab.
„Dicker, sag du doch mal was!", sage ich und gucke Gino an. „Du kannst doch unmöglich mitmachen bei der Scheiße, ja. Stell dir ma vor, die kriegen uns. Guck mal in 'n Spiegel, Alter! Überleg ma, was dein Vater macht, wenn dich die Bullen nach der Aktion zu Hause abliefern!" Gino steht auf.
„Red nich von mein Vater, Lukas. Ich schwör's dir!", sagt er leise und guckt mir in die Augen.
So habe ich ihn noch nie gesehen, er sieht mich an, als würde er mich gleich töten.
„Mann ... Du weißt doch, was ich mein ...", stammle ich. „Überleg ma, was er macht, wenn er ..."

„WAS WILL ER MACHEN DANN?“, schreit Gino plötzlich. „OHNE SPASS, LUKAS, WAS? WAS!“ Er schmeißt sein Feuerzeug gegen den Schrank. „Ich schwör dir, red nie wieder von mein Vater, ja! Und wenn er rausfindet ... Scheiß drauf! Was soll er machen? Mich schlagen? Soll er doch, ja. Ich schwöre, macht er sowieso. Guck mich an, Alter, glaubst du, ich bin gestolpert? Er macht so oder so, und wenn ich dann wenigstens endlich mal Geld hab, dann fick drauf. Ich hab kein Bock mehr, rumzurennen wie der letzte Penner in irgendwelchen scheiß Klamotten, ja. Kein Bock mehr, immer keine Kohle zu haben. Ich fick so was. Ich will einfach meine Ruhe haben, ja. Ich schwör's dir! Und wenn die scheiß Computer mir dis Geld dafür bringen, dann gut, ich mach. Hör du lieber auf rumzuheulen, Lukas. Hundertpro, dass ich mitmache!“ Seine Stimme überschlägt sich, er zittert.
„Ich helf Gino auf jeden Fall. Und ganz ehrlich, Lukas – zur Not auch ohne dich, ja ...“, sagt Julius, er sieht erst mich und dann Gino an.
Gino reagiert nicht und läuft in dem kleinen Zimmer auf und ab. Ich habe keine Ahnung, was ich sagen soll. Scheiße. Ich hätte nichts über seinen Vater sagen dürfen. Ich traue mich gar nicht, Gino anzugucken.
„Ach Quatsch, Mann, ey, Jungs, wir ziehen dit zusammen durch“, sagt Sanchez. „Alter, Lukas, stell dir bitte nur ma kurz vor, wie viel Geld das einfach ist: Baam: Computer: 1.000 Euro, Bildschirm: 600, Maus: 50, Tastatur: 100.“ Er klatscht bei jeder Zahl seinen rechten Handrücken in die linke Hand. „Und dann rechne dit mal noch mal dreißig. Was macht dit, 50.000? Oye, wir sind reich dann. 12.000 für jeden, Alter!“
„Für jeden“, wiederholt Gino, er bleibt stehen und sieht mich an. Er steht direkt unter der Lampe in der Zimmermitte, in dem Licht sehen die Verletzungen in seinem Gesicht noch brutaler aus. Ich kann ihn gar nicht angucken.
„Mann, Lukas, wir schließen auf, nehmen die Dinger mit und hauen ab. Dauert zehn Minuten“, sagt er dann. „Und hör auf, dich von mir wegzudrehen wie so 'ne Pussy, Alter!“ Er haut mir auf die Schulter und lächelt ein bisschen.

„Oyeee, gloob mir, Lukas, du brauchst eh neue Schuhe. Du brauchst neue Schuhe, du brauchst neue Shirts, Kette, allet. Und was 'n dit für 'ne Hose, die du da anhast? Dicker, wie willst 'n du so Frauen kennenlernen“, sagt Sanchez.
Alle drei gucken mich an.
„Maaann, fickt euch ma jetz, ey!“, sage ich und verkneife mir ein Lachen.
„Iiieh, wie er dabei is!“, ruft Julius, springt halb auf mich drauf und hält mir die Hand hin. Ich zögere und schlage widerwillig ein.
„Biste dabei?“, fragt Gino. Ich gucke die drei an, gucke den Schlüssel auf dem Boden an und dann noch mal Gino.
„Ja, fick drauf. Ich brauch wirklich neue Schuhe, und mein Vater gibt mir eh kein Geld“, sage ich.
„UUUUUUHHHH, das wird Dings, miiies einfach!“, ruft Julius.

1 **a)** Beschreibe, wie sich Lukas' Einstellung im Verlauf des Textauszugs verändert. Achte dabei besonders auf seine Gedanken.
b) Nenne mögliche Gründe für seine Meinungsänderung.

2 **a)** Markiere in Ginos Reaktion (► Z. 57–72) die Aussagen über seine Beziehung zu seinem Vater und seine Lebenssituation.
b) Fasse die Informationen, die du daraus erhältst, in einem Text zusammen und belege sie anhand von Textbeispielen.

3 Diskutiert, welche Risiken die vier Jungs eingehen und welche Konflikte entstehen können, wenn Julius und seine Freunde in die Schule einbrechen und die Computer stehlen. Beachtet dabei auch mögliche Konsequenzen für die Beteiligten.

4 Zu dritt ziehen sie das Ding völlig dilettantisch durch, aber es funktioniert. Lies den Auszug aus der Graphic Novel auf der nächsten Seite und sieh dir die Bilder an. Beschreibe, was am nächsten Tag passiert.

5 Diskutiert in Zweierteams, wie die Geschichte ausgehen wird. Denkt daran, dass oft alles anders kommt als geplant.

Weitere Informationen über das Buch und den Film bekommst du hier:

Das Interview mit dem Autor Felix Lobrecht, der selbst in Neukölln, einem Berliner Stadtteil, aufgewachsen ist, gibt dir zusätzliches Hintergrundwissen über den Roman, seine Protagonisten und das Leben des Autors:

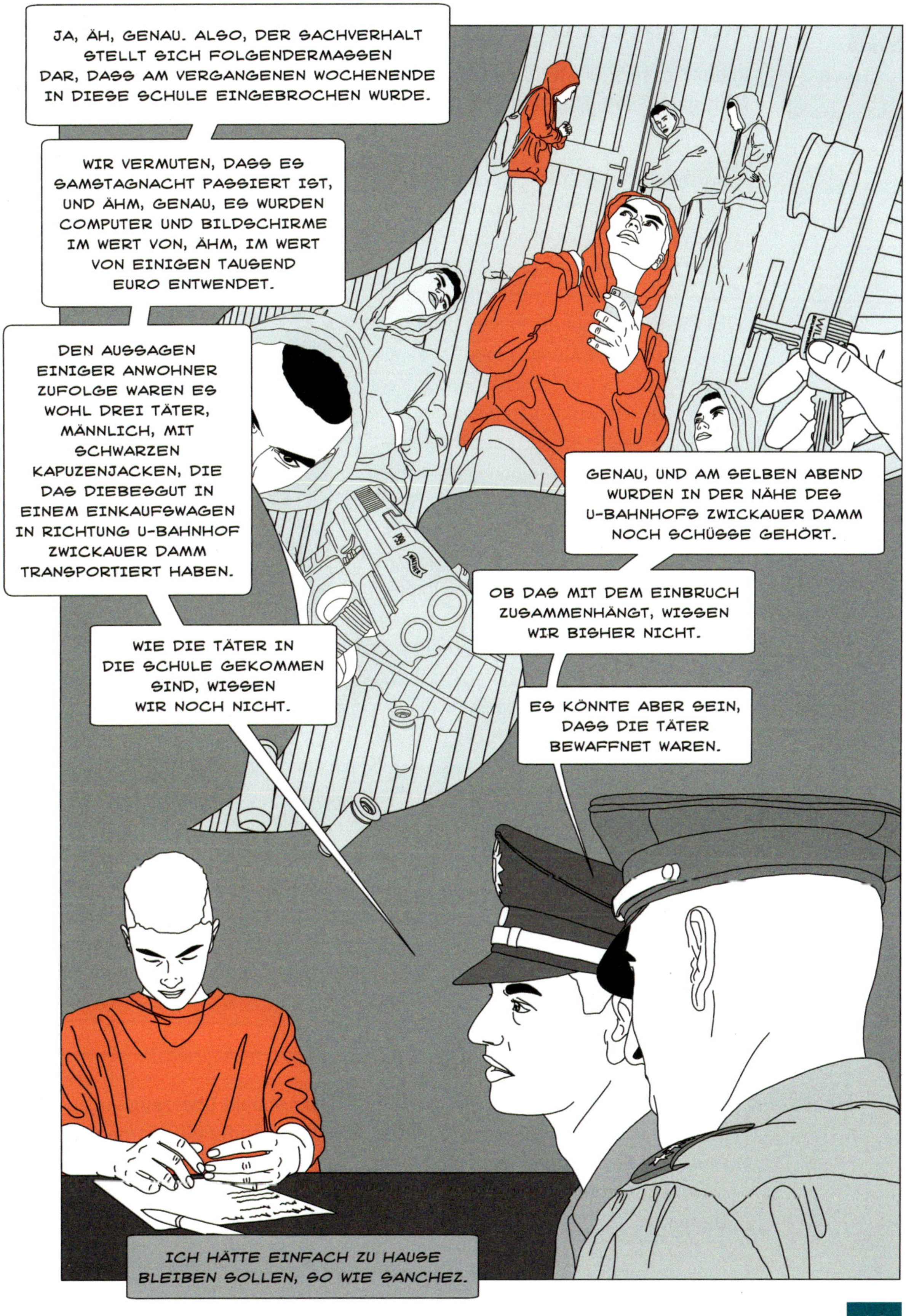
JA, ÄH, GENAU. ALSO, DER SACHVERHALT STELLT SICH FOLGENDERMASSEN DAR, DASS AM VERGANGENEN WOCHENENDE IN DIESE SCHULE EINGEBROCHEN WURDE.
WIR VERMUTEN, DASS ES SAMSTAGNACHT PASSIERT IST, UND ÄHM, GENAU, ES WURDEN COMPUTER UND BILDSCHIRME IM WERT VON, ÄHM, IM WERT VON EINIGEN TAUSEND EURO ENTWENDET.
DEN AUSSAGEN EINIGER ANWOHNER ZUFOLGE WAREN ES WOHL DREI TÄTER, MÄNNLICH, MIT SCHWARZEN KAPUZENJACKEN, DIE DAS DIEBESGUT IN EINEM EINKAUFSWAGEN IN RICHTUNG U-BAHNHOF ZWICKAUER DAMM TRANSPORTIERT HABEN.
WIE DIE TÄTER IN DIE SCHULE GEKOMMEN SIND, WISSEN WIR NOCH NICHT.
GENAU, UND AM SELBEN ABEND WURDEN IN DER NÄHE DES U-BAHNHOFS ZWICKAUER DAMM NOCH SCHÜSSE GEHÖRT.
OB DAS MIT DEM EINBRUCH ZUSAMMENHÄNGT, WISSEN WIR BISHER NICHT.
ES KÖNNTE ABER SEIN, DASS DIE TÄTER BEWAFFNET WAREN.
ICH HÄTTE EINFACH ZU HAUSE BLEIBEN SOLLEN, SO WIE SANCHEZ.

2

Auf nach Berlin? – Das Argumentieren

Weitere Aufgaben zum Argumentieren findest du im AH, S. 94–108.

In der Klasse 5C01 steht die Entscheidung an, wohin die diesjährige Klassenfahrt gehen soll. Eine lebhafte Diskussion entbrennt:

ELODIE: Berlin ist toll! Ich war im letzten Sommer da. Es gibt unglaublich viele großartige Fotospots, vor allem die East Side Gallery mit ihren Graffitis von 118 Künstlern.

JULES: Meine Freundin hat mir erzählt, dass es dort jede Menge hippe Läden gibt, in denen man richtig schön shoppen kann.

ELLA: Also, ich würde gerne mal den Reichstag besuchen und auch das Brandenburger Tor, das man immer im Fernsehen sieht.

SEBASTIAN: Vielleicht können wir ja da auch einen Star sehen. Oder bei Filmaufnahmen oder einer Live-Sendung dabei sein. In Berlin soll angeblich immer gerade an irgendeiner Ecke ein Film gedreht werden.

LUKAS: Na ja, aber ist die Stadt nicht zu groß und unübersichtlich? Überfüllte Verkehrsmittel, weite Wege zwischen den einzelnen Sehenswürdigkeiten, viele Touristen ... Mich schüchtert das alles ein.

LOUISE: Ach, komm! Berlin muss man einfach einmal gesehen haben. Denk nur an die Mauer und die Teilung der Stadt. Oder an die Luftbrücke nach dem Zweiten Weltkrieg. Das gehört doch zur Allgemeinbildung.

AISHA: Apropos Allgemeinbildung: Berlin hat doch viele aufregende Museen und Galerien. Und auch Theater und Musicalbühnen.

FRAU FERNANDES: Immer mit der Ruhe, bitte! Zuallererst müsst ihr die Schulleitung in einem schriftlichen Brief überzeugen, dass sie euch die Klassenreise gestattet. Dann überlegt euch einmal ein paar überzeugende Argumente!

Das musst du wissen

Das Argumentieren

Durch Argumentieren versucht man seinen **Standpunkt überzeugend zu begründen**. Dieser kann eine Meinung, ein Wunsch oder eine Forderung sein. Eine **Begründung** kann man auch mit **Beispielen** veranschaulichen. Argumentieren erfordert eine **gründliche Auseinandersetzung mit dem Thema.**

Eine Stoffsammlung anlegen

1 Die 5C01 beginnt damit, eine Stoffsammlung zum Thema „Warum sollte unsere Klassenfahrt nach Berlin gehen?" anzulegen.

a) Sammelt anhand der Aussagen auf S. 46, was für eine Klassenfahrt nach Berlin spricht. Tragt die einzelnen Gründe in eine Mind-Map wie die folgende ein.

b) Ergänzt die Mind-Map um weitere Schlagwörter. W-Fragen können euch dabei helfen.

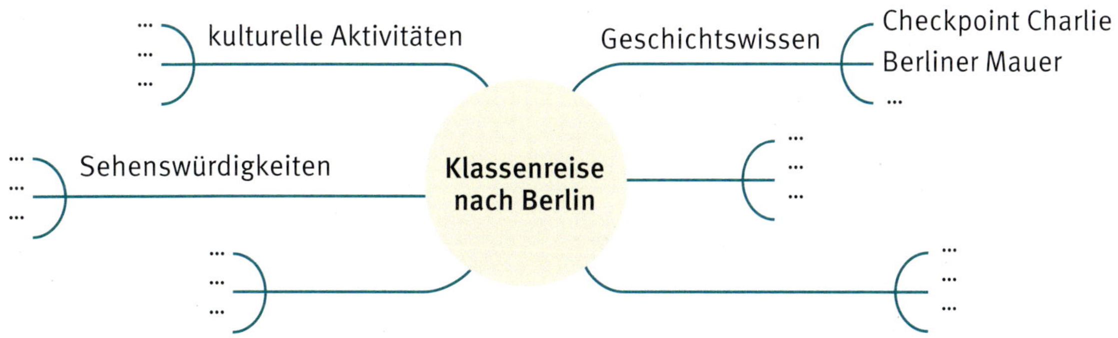

2 Überlegt in Zweierteams, welche Schlagwörter man streichen sollte, weil sie nicht zu einer Klassenfahrt passen. Begründet eure Entscheidungen.

So erstellst du eine Stoffsammlung

Das musst du können

In einer Stoffsammlung **sammelst und ordnest** du **eigene Ideen, Begründungen und Beispiele zu einem Thema.** Sie hilft dir, deine Argumentation gut vorzubereiten und deine Meinung mit klaren Argumenten zu unterstützen.

So gehst du vor:

- Mache anhand der W-Fragen ein **Brainstorming.**
- **Recherchiere** passende Informationen, z. B. im Internet.
- Notiere deine Ideen in einer **Mind-Map** oder schreibe **Stichwörter** auf ein Notizblatt.

Eine Gliederung erstellen

1 **a)** Wählt in Zweierteams aus eurer Stoffsammlung (▸ Aufgabe 1) die drei Punkte aus, die euch am überzeugendsten erscheinen, um sie in einem argumentativen Brief an die Schulleitung anzuführen.

b) Bringt die drei Argumente in die Reihenfolge, die euch am wirkungsvollsten erscheint.

c) Begründet eure Wahl und die Anordnung der Argumente in der Klasse.

2 Ergänzt die noch unvollständige Gliederung unten (▸ Kasten auf S. 49).
Tipp: Ihr dürft das erste Argument an eine andere Stelle schieben oder gegen ein eigenes austauschen, wenn ihr es für sinnvoll haltet.

Gliederung:

Eine Klassenfahrt nach Berlin ist sinnvoll. (= **Position**)

- **erstes Argument:**
  - Vertiefung der Geschichtskenntnisse (= **Behauptung**)
  - einstige Zweiteilung der Stadt (= **Begründung**)
  - z. B.: die Berliner Mauer, der Checkpoint Charlie (= **Beispiele**)

- **zweites Argument:**

  Behauptung: ....

  ....

  Begründung: ....

  ....

  Beispiel(e): ....

  ....

  ....

- **drittes Argument:**

  Behauptung: ....

  ....

  Begründung: ....

  ....

  Beispiel(e): ....

  ....

  ....

So erstellst du eine Gliederung
Eine Gliederung bzw. ein Schreibplan hilft dir, deine **Gedanken zu ordnen** und deinen **Text logisch aufzubauen**.
So gehst du vor:
- Sortiere deine **Stoffsammlung**.
- Beginne mit deiner **Position** als Einstieg.
- Lege die **Reihenfolge der Argumente** fest: Ordne sie vom schwächsten zum stärksten. Denn das zuletzt genannte Argument bleibt bei deinem Gegenüber besonders in Erinnerung.

Denke daran: Die Gliederung ist wie ein **Inhaltsverzeichnis**. Der Text, den du auf ihrer Basis schreibst, muss ihr folgen. Arbeite spätere Einfälle in deine Gliederung ein.

Das musst du können

Ein Argument aufbauen

Luis hat zum Thema „Warum sollte die Klassenfahrt der 5C01 nach Berlin gehen?“ folgendes Argument verfasst:

Neben der geschichtlichen Bedeutung sprechen auch die kulturellen Angebote für eine Klassenfahrt nach Berlin. Hier kann man zwischen einer Vielzahl unterschiedlicher Theaterhäuser und großen und kleinen Bühnen wählen. Ich stelle es mir interessant vor, am berühmten „Berliner Ensemble“ eine Aufführung der „Dreigroschenoper“ zu besuchen, jetzt, nachdem wir Bertolt Brecht im Unterricht kennengelernt haben.

1 Luis’ Argument enthält eine Behauptung, eine Begründung und ein Beispiel. Markiere diese Teile mit unterschiedlichen Farben.

2 Durch die geschickte Gestaltung seines Arguments hat Luis eine überzeugende „Argumentationskette“ gebildet. Klärt gemeinsam, wie er folgende Ziele erreicht hat:
- Überleitung vom vorhergehenden Argument
- Bezug zum Thema
- Verknüpfung von Behauptung, Begründung und Beispiel

3 Der Aufbau des folgenden Arguments muss noch überarbeitet werden. Bestimmt in Zweierteams, welcher Teil des Arguments fehlt (▸ Kasten auf S. 51), und erstellt eine neue, verbesserte Fassung. Dazu könnt ihr auch einen Teil streichen und durch etwas Überzeugenderes ersetzen.

Denn wenn man den Reichstag in Berlin besucht, lernt man einiges über die deutsche Geschichte. Man kann als Schulklasse beispielsweise eine Führung bekommen, bei der wichtige Zusammenhänge verständlich erklärt werden. Unsere Parallelklasse fand diese Führung sehr interessant.

4 Es gibt viele Formulierungen, um Sätze oder Teilsätze und damit auch die Elemente einer Argumentation miteinander zu verbinden und so verständlicher zu machen. Übertrage die Tabelle in dein Heft und ordne die Ausdrücke aus dem Wortspeicher den darin aufgeführten Verknüpfungsarten zu.

Art der Verknüpfung	
Begründung	*weil, …*
Reihung	*zunächst, …*
Beispiel	*zum Beispiel, …*
Folgerung	*daher, …*
Steigerung	*noch wichtiger ist, …*

Wortspeicher

zudem – von noch größerer Bedeutung ist – denn – ein weiterer Gesichtspunkt ist – deswegen – es lässt sich anführen, dass – zuerst – dies zeigt – nämlich – das zeigt sich daran, dass – außerdem – weiterhin – des Weiteren – da – es muss erwähnt werden, dass – es sollte nicht vergessen werden, dass – auch – dazu kommt noch – schließlich – am wichtigsten erscheint – deshalb – zu guter Letzt – beispielsweise

5 Laure hat im Internet das folgende Angebot für eine Stadtführung entdeckt. Sie will ihre Mitschülerinnen und Mitschüler davon überzeugen, die „Wir sind Berlin“-Führung zu buchen. Wie muss sie ihr Argument vorbringen? Formuliere eine überzeugende, sinnvoll verknüpfte Argumentationskette aus Behauptung, Begründung und Beispiel. Nutze dafür die Informationen aus dem Text.

Berlin-Tour für Jugendliche

Stadtführungen für Jugendliche von Jugendlichen – das ist das Motto von „Wir sind Berlin“. Bei diesen Touren führen Schülerinnen und Schüler, Studierende und junge Erwachsene durch ihr Berlin. Abgedeckt werden neben klassischen Themen wie die Berliner Mauer auch das Berliner Alltagsleben in den unterschiedlichen Kiezen in Kreuzberg, Neukölln oder dem Prenzlauer Berg. Die Touren werden jeweils auf Deutsch und Englisch, teilweise auch Französisch und Türkisch angeboten. Tipp: Besonders für Schulklassen ist der Einblick in das Leben der Jugendlichen in Berlin spannend. Lehrkräften wird begleitendes Unterrichtsmaterial angeboten.

So argumentierst du überzeugend

Das musst du können

Eine **Argumentation überzeugt besonders, ...**

- wenn jedes Argument die **„3 Bs“** enthält.
  Behauptung: In Berlin kann man seine Geschichtskenntnisse vertiefen, ...
  Begründung: ... weil Berlin von 1949 bis 1990 eine geteilte Stadt war.
  Beispiel: So können die Schülerinnen und Schüler z. B. das Mauermuseum am Checkpoint Charlie besichtigen.
- wenn sie **sachlich** und nicht rein persönlich, emotional und subjektiv ist.
- wenn die Argumente **logisch miteinander verknüpft** werden.

► AH, S. 94–97

2

Einen argumentativen Brief schreiben

Zur Durchführung der Klassenreise nach Berlin benötigt die 5C01 die Erlaubnis der Schulleitung. Auf Anraten ihrer Klassenlehrerin verfassen die Schülerinnen und Schüler einen argumentativen Brief. Die Argumente für den Hauptteil wurden bereits bei der Gliederung erarbeitet (▸ S. 48). Jedoch fehlen noch eine Einleitung und ein Schluss.

1 **a)** Der Brief kann auf unterschiedliche Weise eingeleitet werden. Ordne den Texten A bis C die Kategorien aus dem Wortspeicher zu. Mehrfachzuordnungen sind möglich.

Wortspeicher

aktueller Anlass – Zitat oder Sprichwort – geschichtlicher Rückblick – persönliches Erlebnis oder persönlicher Bezug zum Thema – allgemeine Bedeutung des Themas

A Auf der Internetseite www.Berlin.de wirbt die Stadt damit, dass in Berlin „ständig Neues entsteht". Damit soll gezeigt werden, dass es sich immer wieder lohnt, die Hauptstadt zu besuchen, und dass es einem bei einem Besuch nie langweilig wird. Im Folgenden soll dargelegt werden, warum sich Berlin auch für eine Klassenfahrt unserer Klasse besonders anbietet.

B Berlin blickt auf eine aufregende Geschichte zurück. In der Zeit, als Deutschland geteilt war, verlief durch die Stadt eine Mauer! Diese Stadt interessiert daher Tausende von Touristen. Auch wir, die Klasse 5C01, möchten unsere Klassenfahrt dorthin unternehmen.

C Unsere Parallelklasse hat vor Kurzem eine mehrtägige Klassenfahrt nach Berlin unternommen. Die Schülerinnen und Schüler waren von dieser Fahrt so begeistert, dass sie seither von nichts anderem mehr sprechen. Deshalb bitten wir, die Schülerinnen und Schüler der 5C01, Sie darum, ebenfalls eine Klassenfahrt in die deutsche Hauptstadt unternehmen zu dürfen.

b) Beurteile die drei verschiedenen Einleitungen.

2 Auch der Schluss kann auf verschiedene Arten gestaltet werden. Ordne den Texten A bis C auf der folgenden Seite die Kategorien aus dem Wortspeicher zu.

Wortspeicher

Wunsch oder Hoffnung – Folgerung aus dem Hauptteil – Ausblick in die Zukunft – Aufgreifen des Einleitungsgedankens

A Das Beispiel unserer Parallelklasse zeigt, dass eine Klassenfahrt nach Berlin nicht nur das Wissen erweitert, sondern für alle zu einem unvergesslichen Erlebnis wird. Auch für unsere Klasse wäre es ein Höhepunkt des Schuljahrs, wenn wir die Gelegenheit bekämen, die deutsche Hauptstadt zu erkunden.

B Damit eine Klassenfahrt in eine Großstadt nicht zu Problemen führt, muss sich die Klasse an ein paar Regeln halten. Dazu gehört es, dass man in der Gruppe aufeinander Rücksicht nimmt und sich in der Öffentlichkeit ordentlich benimmt. Unsere Klasse hat schon bei früheren Fahrten bewiesen, dass man ihr in dieser Hinsicht vertrauen kann.

C Wenn uns die Klassenfahrt nach Berlin genehmigt wird, werden wir uns entsprechend darauf vorbereiten. So wäre es zum Beispiel möglich, einige Referate zu halten, die uns auf wichtige Sehenswürdigkeiten vorbereiten und uns über die Geschichte der Stadt informieren. Die zuständigen Lehrkräfte würden uns dabei sicherlich unterstützen.

3 Verfasse auf der Grundlage deiner Vorbereitungen einen argumentativen Brief. Benutze dazu die Vorlage im QR-Code sowie die Formulierungshilfen im Wortspeicher.

Wortspeicher

Für eure Meinung:
Wir sind der Meinung / der Ansicht, dass ... – Wir finden/meinen/denken, dass ...

Für die Begründung:
Ein Grund für ... ist, dass ... – Außerdem spielt eine Rolle, dass ... – Ein weiterer Grund ist, dass ... – Besonders wichtig ist jedoch, dass ...

Für die Beispiele:
Das ist zum Beispiel daran zu sehen, dass ... – Aus eigener Erfahrung wissen wir, dass ... – Die Erfahrungen der Schülerinnen und Schüler zeigen, dass ...

Satzverknüpfungen (▸ Tabelle bei Aufgabe 4 auf S. 50):
da – weil – denn – daher – deshalb – aus diesem Grund – darum – ...

4 Bevor du deinen Brief im Sekretariat abgibst, überprüfe ihn anhand der Checkliste im QR-Code und überarbeite ihn, falls nötig.

2

Satzglieder bestimmen

Die Schülerinnen und Schüler der 5C01 fahren im Juni mit ihrer Kunstlehrerin Frau Fernandes und ihrem Geschichtslehrer Herrn Agovic nach Berlin.

Das musst du wissen

Die Satzglieder

Sätze bestehen aus **einzelnen Bausteinen**, den **Satzgliedern**. Diese lassen sich mithilfe der **Umstellprobe (Verschiebeprobe)** ermitteln, denn Satzglieder sind **einzelne Wörter** oder **Wortgruppen**, die bei der Umstellung im Satz **zusammenbleiben.**

Alle Schülerinnen und Schüler freuen sich auf ihren Aufenthalt in Berlin.

Umstellprobe: Auf ihren Aufenthalt in Berlin | freuen sich | alle Schülerinnen und Schüler.

Satzglieder dürfen nicht auseinandergerissen werden, denn sonst kann sich der **Sinn des Satzes verändern.**

In Berlin | freuen sich | alle Schülerinnen und Schüler | auf ihren Aufenthalt.

▸ AH, S. 38–39

1 Übertrage die folgenden Sätze in dein Heft und ermittle mithilfe der Umstellprobe die Satzglieder. Benutze unterschiedliche Farben zur Kennzeichnung.

- Noah und Amélie haben bereits einige europäische Hauptstädte mit ihren Familien besucht.
- Am besten gefällt den Schülerinnen und Schülern die Jugendherberge im Stadtviertel Kreuzberg.
- Nach den gemeinsamen Museumsbesuchen will Bogdan unbedingt viele Second-Hand-Läden aufsuchen.
- Weil im Vieso-Unterricht der Roman „Wir Kinder vom Bahnhof Zoo“ besprochen wurde, haben Yonah und Selena Angst vor gefährlichen Situationen während der Stadtbesichtigung.

Die Siegessäule

2 Nicht jedes Satzglied lässt sich verschieben. Eines der Satzglieder bleibt bei der Umstellprobe stets an der gleichen Stelle. Bestimme anhand der **Beispielsätze aus Aufgabe 1** die Wortart dieses Satzglieds und seine Position im Satz.

Das musst du wissen

Das Prädikat

Das **Prädikat** sagt aus, **was jemand tut** oder **was geschieht.** Es bildet somit zusammen mit dem Subjekt den **Satzkern.** Das Prädikat ist das wichtigste Satzglied und darf in keinem Satz fehlen. In Aussagesätzen steht es immer **an zweiter Satzgliedstelle.**

Der Geschichtslehrer plant einen Besuch des Checkpoint Charlie.
Die Planung der Reise erweist sich als zeitaufwendig.

Wenn das **Prädikat mehrteilig** ist (Hilfsverb + Hauptverb sowie Verben mit abtrennbarer Vorsilbe), steht die **konjugierte Form des Verbs an zweiter Satzgliedstelle.**

Herr Agovic hat die beliebte Jugendherberge in Kreuzberg lange im Voraus reserviert.
(Hilfsverb haben + Hauptverb reservieren)
Vor der Abreise schaut sich die Klasse mit Herrn Agovic den Stadtplan an.
(Verb mit abtrennbarer Vorsilbe: anschauen)

▸ AH, S. 40–41

3 Markiere im folgenden Text die Prädikate (P).

Zur Vorbereitung auf die Klassenfahrt besorgen Frau Fernandes und Herr Agovic unterschiedliche Reiseführer. Sie schauen sich diese zusammen mit der Klasse an. Letizia ist besonders begeistert von einem Reiseführer mit dem Titel „Berlin für Teenager. Die coolsten Orte zum Erleben, Staunen und Shoppen“. In diesem Reiseführer berichten die zwei vierzehnjährigen Berlinerinnen Gesine und Nora über ihren Alltag in Berlin. Sie haben selbstverständlich schon viele Sehenswürdigkeiten besucht und zahlreiche Cafés oder Imbissbuden getestet. Den Schülerinnen und Schülern der 5C01 gefallen auch die Hinweise auf preiswerte Läden, Sehenswürdigkeiten und Restaurants. Sie werden nämlich nur begrenzt viel Taschengeld von ihren Eltern für diese Reise bekommen. Der Smiley mit Sonnenbrille dient als Hinweis für kostenlose Attraktionen. 

2

Das musst du wissen

Das Subjekt

Das **Subjekt** gibt an, **wer oder was etwas tut** bzw. **mit wem oder was etwas geschieht**. Es steht immer im **Nominativ**.
Es wird durch die **Frage „Wer oder was (+ Prädikat)?“** ermittelt.
Die Schülerinnen und Schüler der 5C01er schauen sich die Reiseführer an.
Frage: Wer oder was schaut sich die Reiseführer an?
Antwort: die Schülerinnen und Schüler der 5C01 (= Subjekt)

Anders als das Prädikat kann das Subjekt **an unterschiedlichen Stellen** im Satz stehen.
Vor der Abreise müssen alle Schülerinnen und Schüler eine Einverständniserklärung ihrer Eltern mitbringen.
Alle Schülerinnen und Schüler müssen vor der Abreise eine Einverständniserklärung ihrer Eltern mitbringen.

Das Subjekt kann **aus verschiedenen Wortarten** gebildet werden.

- Nora will unbedingt auf die Museumsinsel.
  (Subjekt = Nomen)
- Die Schüler planen die Tagesabläufe selbstständig.
  (Subjekt = Artikel + Nomen)
- Ihr wollt im Scheunenviertel einkaufen.
  (Subjekt = Personalpronomen)
- Zu planen erfordert viel Eigeninitiative.
  (Subjekt = Verb im erweiterten Infinitiv)
- Reisen ist ein Privileg.
  (Subjekt = substantiviertes Verb)
- Dass Berlin so viele Einwohner hat, überrascht einige.
  (Subjekt = Nebensatz)
- Er, der die Idee zu diesem Ausflug hatte, freut sich besonders.
  (Subjekt = Pronomen und dazugehöriger Nebensatz)

Es gibt Sätze, die nur aus einem Subjekt und einem Prädikat bestehen.
Anna lacht.

▸ AH, S. 39

4 Auf dem Weg nach Berlin schreibt Marie ihrer Freundin Laura aus der Parallelklasse eine Nachricht.

a) Markiere im folgenden Text die Subjekte (S).

b) Benenne bei jedem Subjekt die Wortart oder die Wortarten, aus denen es sich zusammensetzt.
Tipp: Manchmal können Subjekte auch Nebensätze sein.

Hallo Laura, hier kommt ein kurzer Bericht von unserer lang ersehnten Klassen-

S (Artikel + Adjektiv + Nomen)

reise. Ich bin so unglaublich müde! Wir haben uns heute bereits um 7 Uhr am Bahnhof getroffen. Um halb sechs aufzustehen, ist mir schwergefallen. Um halb 8 haben wir dann einen Bus nach Saarbrücken genommen. Dieser Bus war zum Glück nicht überfüllt. Herr Agovic hat uns aufgefordert, noch ein wenig zu schlafen. Was für ein Quatsch! Natürlich hat niemand auch nur eine Minute geschlafen. Alle haben stattdessen Selfies gemacht oder Musik gehört. Meine Sitznachbarin im Bus hat sich Schmink-Tutorials angeschaut. Sie möchte unbedingt gut aussehen in Berlin. Die Busfahrt hat eine Stunde gedauert. Nun haben wir einen Aufenthalt von dreißig Minuten am Bahnhof in Saarbrücken. Dass wir danach noch eine siebenstündige Bahnfahrt vor uns haben, gefällt mir gar nicht. Du wirst später wieder von mir hören! Marie

Das musst du wissen

Das Akkusativobjekt, das Dativobjekt und das Genitivobjekt

Neben dem Prädikat und dem Subjekt enthalten die meisten Sätze auch mindestens ein **Objekt**.

- Das **Akkusativobjekt** wird mit der **Frage „Wen oder was + Prädikat + Subjekt?“** ermittelt.
  Zwei Schülerinnen fragen den Lehrer nach der Uhrzeit.
  Frage: Wen oder was fragen zwei Schülerinnen nach der Uhrzeit?
  Antwort: den Lehrer (= Akkusativobjekt)
- Das **Dativobjekt** wird mit der Frage **„Wem + Prädikat + Subjekt?“** ermittelt.
  Zwei Schüler helfen der Lehrerin beim Verteilen der Zugtickets.
  Frage: Wem helfen zwei Schüler?
  Antwort: der Lehrerin (= Dativobjekt)
- Das **Genitivobjekt** wird mit der Frage **„Wessen + Prädikat + Subjekt?“** ermittelt.
  Die erschöpften Schülerinnen und Schüler bedürfen einer kurzen Pause.
  Frage: Wessen bedürfen die Schülerinnen und Schüler?
  Antwort: einer kurzen Pause (= Genitivobjekt)

Verben, die ein Genitivobjekt erfordern

Objekte können sich wie Subjekte auch **aus unterschiedlichen Wortarten** zusammensetzen oder aus **einem ganzen Nebensatz** bestehen (▸ Kasten auf S. 56).
Sie bedauert, dass sie nicht an der Klassenreise teilnehmen kann.
Frage: Wen oder was bedauert sie?
Antwort: dass sie nicht an der Klassenreise teilnehmen kann
(= Nebensatz als Akkusativobjekt)

▸ AH, S. 41–42

5 Bevor die Klasse am Hauptbahnhof in Berlin ankommt, liest Felix seinen Mitschülerinnen und Mitschülern einen Online-Artikel über die Geschichte und Bedeutung dieses Bahnhofs vor.
Markiere darin die Akkusativobjekte (AO), die Dativobjekte (DO) und die Genitivobjekte (GO).

Der Berliner Hauptbahnhof, ein beeindruckendes Bauwerk, wurde im Jahr 2006 eröffnet. Seine Geschichte reicht jedoch viel weiter zurück. Bereits im 19. Jahrhundert gab es Pläne für einen zentralen Bahnhof in Berlin (AO). Die Architekten des heutigen Bahnhofs verliehen dem Gebäude ein modernes Erscheinungsbild. Es sollte den Anforderungen des 21. Jahrhunderts gerecht werden. Es bedurfte demnach auch der Hilfe vieler talentierter Ingenieurinnen und Ingenieure. Während des Baus wurden viele Herausforderungen gemeistert. Die Ingenieurinnen und Ingenieure des Projekts mussten innovative Lösungen zur Stabilisierung des Gebäudes finden. Die Eröffnung des Bahnhofs war ein bedeutendes Ereignis für die Stadt Berlin. Viele Besucherinnen und Besucher der Stadt bewundern die Architektur des Bahnhofs und die Ingenieurskunst. Die Bedeutung des Berliner Hauptbahnhofs für den Verkehr der Stadt darf nicht unterschätzt werden: Täglich nutzen Tausende von Reisenden die Züge. Die Geschichte des Berliner Hauptbahnhofs ist eng mit der Entwicklung der Stadt verbunden. Die Planer des Bahnhofs wollten einen Ort, der sowohl funktional als auch ästhetisch ansprechend ist, schaffen. Auch heute noch werden ständig Verbesserungen und Erweiterungen vorgenommen.

Der Berliner Hauptbahnhof

2

Das musst du wissen

Das Präpositionalobjekt

Neben dem Akkusativobjekt, dem Dativobjekt und dem Genitivobjekt gibt es auch noch das **Präpositionalobjekt.** Am Anfang des Präpositionalobjekts steht immer eine **Präposition.**
Der Schüler wendet sich hilfesuchend **an** das Personal der Jugendherberge.
Fabio und Anna wundern sich **über** den Dialekt der Berliner.

Das Präpositionalobjekt kommt nur vor, wenn das Prädikat des Satzes eine Präposition verlangt.
sich **über** etwas aufregen, sich **an** jemanden wenden, **an** jemanden denken

Die **Frage zur Ermittlung** des Präpositionalobjekts **enthält immer eine Präposition.**
An wen denkst du?
Wor**um** kümmert ihr euch?

Der **Kasus** des Präpositionalobjekts hängt von der Präposition ab.
Wir kümmern uns **um** das Abendprogramm. (sich kümmern um + Akkusativ)

Das Präpositionalobjekt kann auch die Form eines **Pronominaladverbs** haben.
Wir kümmern uns **um** das Abendprogramm. ▸ Wir kümmern uns dar**um**.

Wenn das Präpositionalobjekt zu einem **dass-Nebensatz** oder einer **Infinitivkonstruktion erweitert** wird, dann verweist die Präposition mit **da(r)-** auf die Erweiterung.
Wir kümmern uns **darum**, ein tolles Abendprogramm aufzustellen.
Wir sorgen **dafür**, dass ihr auch das Berliner Nachtleben kennenlernt.

▸ AH, S. 42–43

6 Markiere im folgenden Text alle Präpositionalobjekte (PO).

Abends erkunden die Schülerinnen und Schüler das Stadtviertel Kreuzberg. Dort befindet sich ihre Jugendherberge. Die meisten Schülerinnen und Schüler freuen sich über die vielen Imbiss-Restaurants. Hier findet man auch zahlreiche vegetarische und vegane Gerichte. Am folgenden Tag soll das Reichstagsgebäude besichtigt werden. Darauf haben Frau Fernandes und Herr Agovic bestanden. Es ist wohl eines der bekanntesten Gebäude Deutschlands.

Samuele war schon einmal in Berlin und hat diese Sehenswürdigkeit besichtigt. Zwei Schülerinnen sind nicht begeistert von diesem Programmpunkt. Sie wollen ihr Taschengeld für die geplante Shoppingtour aufbewahren. Herr Agovic kann sie jedoch beruhigen: Schülerinnen und Schüler müssen für die Besichtigung nichts zahlen.

Das musst du wissen

Das Prädikativ

Das **Prädikativ** kann sich entweder **auf das Subjekt** oder **auf ein Akkusativobjekt beziehen.**

- Das Prädikativ zum **Subjekt** folgt auf die Verben **sein, werden, bleiben, heißen, scheinen, gelten (als).**
  Es kann **unterschiedliche Formen** annehmen.
  In Berlin sind wir Touristen. (Nomen)
  Du bist derjenige. (Pronomen)
  Viele Gebäude in Berlin sind nicht alt. (Adjektiv)
  Vieles bleibt zu besichtigen. (erweiterter Infinitiv)
  Einige Schülerinnen und Schüler der Klasse sind vierzehn. (Numerale)
- Das Prädikativ, das sich auf ein **Akkusativobjekt** bezieht, steht vor allem bei den Verben **finden, nennen, schimpfen, schelten.**
  Viele nennen Herrn Agovic einen Spaßvogel.

► AH, S. 44

7 Am Nachmittag besucht die Klasse das Deutschlandmuseum am Leipziger Platz. Marie schreibt wieder eine Nachricht an ihre Freundin Laura aus der Parallelklasse. Markiere darin alle Prädikative (PR).

Hallo Laura! Das Museum heißt „Deutschlandmuseum". (Wie unkreativ, haha!) Es ist ein 4D-Museum. Hier sieht man historisch bedeutende Orte also nicht nur in drei

► Fortsetzung auf der nächsten Seite

Dimensionen. Man nimmt auch die passenden Gerüche wahr. Felix und Bogdan nennen das Museum deswegen „Stinkemuseum“. An interaktiven Stationen wird man durch 2000 Jahre Geschichte geführt. Ich gebe zu, dass ich anfangs gar keine Lust darauf hatte, in dieses Museum zu gehen. Museen sind meiner Meinung nach nämlich sehr langweilig. Ich bleibe sicherlich auch weiterhin eine Museum-Skeptikerin. Durch den Besuch bin ich jedoch nun eine Mittelalter-Expertin geworden. Ich kann dieses Museum also wirklich weiterempfehlen! Bis später! Marie

8 **Nach dem Besuch des Deutschlandmuseums bleibt der Gruppe noch Zeit für einen Abstecher zu den Hackeschen Höfen.**
Markiere im folgenden Text die Satzglieder, indem du Abkürzungen benutzt: Subjekt (S), Prädikat (P), Akkusativobjekt (AO), Dativobjekt (DO), Genitivobjekt (GO), Präpositionalobjekt (PO), Prädikativ (PR).

Die Hackeschen Höfe

Die Hackeschen Höfe sind mit Sicherheit eine der beliebtesten Sehenswürdigkeiten Berlins. Sie ziehen täglich sehr viele Besucherinnen und Besucher, darunter sowohl Touristinnen und Touristen als auch echte Berlinerinnen und Berliner, an. Früher waren die Hackeschen Höfe Lagerhallen. Heute gibt es dort Restaurants, Cafés, Theater, ein Kino und verschiedenste Läden zum Shoppen. Den Besucherinnen und Besuchern gefällt vor allem die Vielfalt an Angeboten. Es gibt acht Höfe, die miteinander verbunden sind. In jedem dieser Höfe erwartet einen etwas Spannendes oder Besonderes. In manchen steht auch nur ein Baum oder ein Springbrunnen. Deswegen kann man durchlaufen, ohne Geld auszugeben. Der erste Hof ist der bekannteste. Dort befinden sich das Chamäleon-Theater und ein Kino. Die Fassaden der Häuser sind sehr schön und mit vielen Farben gestaltet. Die Umgebung der Hackeschen Höfe wird „Scheunenviertel" genannt. Der Name des Viertels stammt aus der Zeit, als es dort überall Lagerhallen für Stroh und Weiteres gab. Viele Touristinnen und Touristen sind sich der historischen Bedeutung dieses Ortes jedoch nicht bewusst. Vor den Hackeschen Höfen befindet sich der Hackesche Markt, der auch sehr beliebt ist.

9 **Besprecht, welche Informationen die farbig markierten Satzteile liefern.**

Das musst du wissen

Die adverbialen Bestimmungen

Adverbiale Bestimmungen geben die **näheren Umstände** eines Geschehens oder Sachverhalts an. Man unterscheidet:

- **Lokaladverbiale (Adverbiale des Ortes)**
  in Berlin, nach Berlin, hier, am Potsdamer Platz, ...
  ▸ Wo? Wohin? Woher?
- **Temporaladverbiale (Adverbiale der Zeit)**
  jetzt, nun, vor drei Wochen, bald, bis, ...
  ▸ Wann? Seit wann? Wie lange? Wie oft? Bis wann?
- **Modaladverbiale (Adverbiale der Art und Weise)**
  plötzlich, unerwartet, so, vielleicht, interessiert, hektisch, ...
  ▸ Wie? Auf welche Weise? Womit?
- **Kausaladverbiale (Adverbiale des Grundes)**
  wegen der hohen Eintrittspreise, deswegen, trotz der Hitze, ...
  ▸ Warum? Mit welcher Folge? Unter welcher Bedingung? Trotz wessen?
  (▸ Kasten auf S. 66)

Adverbiale Bestimmungen sind zwar für das Verständnis eines Satzes von großer Bedeutung, für dessen grammatikalische Vollständigkeit aber meistens nicht notwendig.

▸ AH, S. 45–46

10 Am Vormittag ihres letzten Tages in Berlin besucht die Klasse den Mauerpark. Ordne die im Text farbig markierten Satzglieder in einer Tabelle den unterschiedlichen adverbialen Bestimmungen zu: Lokaladverbiale, Temporaladverbiale, Modaladverbiale, Kausaladverbiale.

Jeden Sonntagmorgen strömen die Menschen früh zum Flohmarkt am Berliner Mauerpark. Sie kommen gerne, um nach einzigartigen Schätzen zu suchen. Vor allem im Frühling und Sommer verbringen viele Besucherinnen und Besucher den ganzen Tag dort. An den zahlreichen Ständen kann man Kleidung, Schmuck und Antiquitäten finden. Die Händlerinnen und Händler präsentieren stolz ihre Waren, während die Besucherinnen und Besucher neugierig stöbern. Aufgrund der großen Auswahl findet jeder und jede etwas Passendes. Daneben gibt es auch viele Imbissstände, die leckere Snacks anbieten. Am Nachmittag füllt sich der Markt weiter. Dieser Ort sollte deswegen unbedingt auf der To-do-Liste für Besucherinnen und Besucher, die in kürzester Zeit möglichst viel typische Berliner Stimmung erleben wollen, stehen.

Das musst du wissen

Die Unterscheidung zwischen Präpositionalobjekt und adverbialer Bestimmung

Adverbiale Bestimmungen und Präpositionalobjekte können leicht miteinander **verwechselt** werden, weil am **Anfang** beider Satzglieder **eine Präposition** stehen kann.
Alle erholten sich während der Straßenbahnfahrt. (= Temporaladverbial)
Alle sehnten sich nach einer Erfrischung. (= Präpositionalobjekt)

Die **Frage zur Ermittlung eines Präpositionalobjekts** muss immer eine **Präposition enthalten,** während sich **Adverbiale** auch durch **andere Fragewörter** ermitteln lassen.
Temporaladverbial: Wann erholten sich alle?
▸ während der Straßenbahnfahrt
Präpositionalobjekt: Wonach / Nach was sehnten sich alle?
▸ nach einer Erfrischung
Dies liegt daran, dass das Präpositionalobjekt vom jeweiligen Verb verlangt wird. Der Satz würde ohne das Präpositionalobjekt oft keinen Sinn ergeben. Die Präposition ist demnach **fest mit dem Verb verbunden** und kann auch **nicht** durch eine andere Präposition **ersetzt werden.**
Temporaladverbial: Alle erholten sich nach der Straßenbahnfahrt.
(▸ Auch andere Präpositionen als während sind möglich.)
Präpositionalobjekt: ~~Alle sehnten sich vor einer Erfrischung.~~
(▸ Sich sehnen verlangt die Präposition nach.)

▸ AH, S. 46–47

11 Übertrage die Sätze in dein Heft und bestimme, ob es sich bei den farbig markierten Satzgliedern um Adverbiale oder um Präpositionalobjekte handelt.
- Die Betreiber der Jugendherberge im Viertel Kreuzberg achten sehr auf Sauberkeit.
- Der berühmte Berliner Fernsehturm mit der silbernen Kugel befindet sich auf dem Alexanderplatz.
- Die Schülerinnen, die morgens verspätet zum Frühstück erscheinen, entschuldigen sich bei Frau Fernandes.
- Abends treffen sich alle beim Imbiss neben der Jugendherberge.
- Herr Agovic sagt: „Wir werden über euren Vorschlag, nächstes Jahr gemeinsam nach Paris zu fahren, nachdenken."
- In der Prenzlauer Allee im Viertel Prenzlauer Berg fährt die U-Bahn-Linie 2 größtenteils oberhalb der Straße.
- Gregory und Jonathan beschäftigen sich mit dem Stadtplan.
- Amer kümmert sich am Frühstücksbuffet mit viel Eifer um eine gerechte Verteilung der letzten Croissants.

12 Bestimme alle anderen Satzglieder der Sätze in Aufgabe 11.

Das musst du wissen

Auch ein Nebensatz kann die Funktion eines Adverbiales übernehmen.

Besonderheiten der Modaladverbiale und Kausaladverbiale

Modaladverbiale und Kausaladverbiale lassen sich noch genauer unterscheiden.

Zu den **Kausaladverbialen** gehören:

- das **Finaladverbial**. Es drückt aus, zu welchem **Zweck** etwas getan wird oder welches **Ziel** mit einer Handlung verfolgt wird.
  Um sich in der Großstadt nicht zu verlieren, hatten alle eine Stadtplan-App heruntergeladen.
  Zu diesem Zweck hatte Herr Agovic Sonnencreme eingepackt.
- das **Konsekutivadverbial**. Es drückt aus, dass eine Handlung eine **Folge** hat.
  Der Museumsführer gibt Erklärungen bis zur völligen Erschöpfung der Besucher.
- das **Konditionaladverbial**. Es drückt aus, dass eine Handlung oder ein Ereignis nur unter einer bestimmten **Bedingung** stattfindet.
  Falls die Zeit reicht, kann kurz vor der Abfahrt noch das berühmte Einkaufszentrum KaDeWe aufgesucht werden.
  Im Falle einer Verspätung des Zuges riskiert die Klasse, den Bus in Saarbrücken zu verpassen.
- das **Konzessivadverbial**. Es drückt aus, dass etwas **trotz bestimmter Bedingungen** passiert, oder formuliert eine **Einschränkung**.
  Trotz genauer Planung des Ausflugs kommt es immer wieder zu Verspätungen im Zeitplan.
  Obwohl sie Großstädte eigentlich nicht mag, gefällt Léonie der Ausflug sehr gut.

Zu den **Modaladverbialen** gehört:

- das **Instrumentaladverbial**. Es drückt aus, mit welchem Mittel eine Handlung erfolgt.
  Mit dem Berlin-Guide ausgerüstet macht sich die Schülergruppe auf den Weg Richtung Brandenburger Tor.

► AH, S. 47–48

13 Markiere in den folgenden Sätzen die Final-, Konsekutiv-, Konditional-, Konzessiv- und Instrumentaladverbiale und bestimme sie.

- Nicolas und Philippe wollen vor der Abfahrt noch einmal ins Scheunenviertel, um dort einen besonders tollen Sneakers-Laden aufzusuchen.

....

- Die Klasse legt in Berlin alle Wege mit öffentlichen Transportmitteln zurück.

....

- Trotz einiger stressiger Momente sind auch Herr Agovic und Frau Fernandes sehr zufrieden mit dem Verlauf der Klassenreise.

....

- Alle Schülerinnen und Schüler sammeln ihre Fotos und Videos der Klassenreise, um später ein Reel zur Klassenreise erstellen zu können.

....

- Auch wenn es in Berlin viele Touristinnen und Touristen gibt, hat man selten das Gefühl, dass die Straßen und Plätze überfüllt sind.

....

- Samuele und Bogdan sind so erschöpft, dass sie ihre Koffer fast nicht mehr tragen können.

....

- „Falls wir nächstes Jahr tatsächlich eine Klassenfahrt nach Paris unternehmen, müssen wir einen Tag mehr einplanen", findet Laura.

....

- Trotz sengender Hitze hat am Ende niemand einen Sonnenbrand.

....

Blick über die Straße des 17. Juni und den Tiergarten zum Brandenburger Tor (links davon: der Reichstag; im Hintergrund: der Fernsehturm)

Wenn du unsicher bist, dann formuliere zu jedem markierten Satzteil die passende Frage.

14 Die Klasse darf am letzten Nachmittag die Stadt auf eigene Faust erkunden. Die einzige Voraussetzung ist, dass sie in Gruppen von mindestens fünf Schülerinnen oder Schülern zusammenbleiben. Aus ihren Erfahrungen dieses Nachmittags setzen die Jugendlichen einige Besichtigungstipps für die Schülerzeitung zusammen.
Bestimme die farbig markierten Satzglieder.

Berlin, die lebendige Hauptstadt Deutschlands, bietet ganzjährig eine Vielzahl faszinierender Attraktionen. Ein Highlight ist das **Studio of Wonders**, ein interaktives Museum im obersten Geschoss der Mall of Berlin. Es begeistert Besucherinnen und Besucher mit optischen Täuschungen und kreativen Installationen. Hier könnt ihr wegen der vielen und abwechslungsreichen Kulissen einzigartige Fotos machen.

Ein weiteres Muss ist das **Planetarium am Insulaner**. Es bietet beeindruckende Sternenshows und lehrreiche Vorträge über das Universum. Besonders für Familien und Astronomiebegeisterte ist ein Besuch lohnenswert. Das Planetarium verfügt über modernste Technik, die es ermöglicht, den Nachthimmel in seiner ganzen Pracht zu erleben. Regelmäßige Sonderveranstaltungen und Workshops machen das Planetarium zu einem Ort des Lernens und der Faszination.

Die **Siegessäule**, ein Wahrzeichen Berlins, steht majestätisch im Tiergarten. Sie wurde im 19. Jahrhundert erbaut. Die Säule erinnert an die preußischen Siege in den Einigungskriegen. Von der Aussichtsplattform hat man einen atemberaubenden Blick über die Stadt. Besonders bei Sonnenuntergang bietet sich ein spektakuläres Panorama, das Fotografinnen und Fotografen wie Besucherinnen und Besucher gleichermaßen begeistert.

Die Siegessäule

Das **Anne Frank Zentrum** ist ein bewegendes Museum, welches das Leben und das

Vermächtnis von Anne Frank würdigt. Es zeigt Ausstellungen über ihre Zeit im Versteck und die Schrecken des Holocausts. Den meisten Besucherinnen und Besuchern gefallen vor allem die kurzen Videoausschnitte über Anne Franks Leben. Das Zentrum bietet auch pädagogische Programme und Führungen an.

Das **Tempelhofer Feld** ist ein ehemaliger Flughafen, der heute als riesiger Park genutzt wird. Dort kann man spazieren gehen, Rad fahren oder einfach die Weite genießen. Es ist ein beliebter Ort für Freizeitaktivitäten und Veranstaltungen. Das weitläufige Gelände bietet Platz für Sport, Picknicks und kulturelle Events. Im Sommer zieht das Tempelhofer Feld zahlreiche Besucherinnen und Besucher an, die den Raum und die Freiheit genießen.

Berlin vereint Geschichte und moderne Kultur. Jede dieser Attraktionen bietet einzigartige Einblicke und Erlebnisse, die ihren Besuch unvergesslich machen. Ob ihr die historischen Monumente erkunden oder die modernen Museen besuchen wollt, Berlin hat für jede und jeden etwas zu bieten.

15 Markiere in den folgenden Sätzen das Satzglied, in dem das Wort „Falafel“ vorkommt, und bestimme es.

- Falafel befindet sich in Berlin auf der Karte vieler Restaurants oder Imbissbuden.
- Bevor die Klasse die Rückreise antritt, kauft sich Giulia noch schnell ein Falafel-Gericht am Bahnhof.
- Nachdem das Essen serviert ist, widmet sich Herr Agovic den Falafeln auf seinem Teller.
- Tom erfreut sich der vielen Falafel-Gerichte auf der Speisekarte.
- Nach dem Verzehr der Falafeln mit Knoblauchsoße sollten wir unbedingt unsere Zähne putzen.
- Bevor es zurück in die Jugendherberge geht, treffen sich alle vor dem Falafel-Imbiss.
- Ich freue mich auf knusprige und würzige Falafeln, die zu Hause in Luxemburg ganz anders schmecken.
- Wir suchen sehr lange, bis wir den Falafel-Stand aus dem Reiseführer gefunden haben.
- Mit einem Falafel-Snack versorgt, begibt sich die Klasse auf die Rückreise.
- Dieses Gericht, das aus Kichererbsen hergestellt wird, heißt „Falafel“.

3 Von Mensch und Meer

1 Hört euch das Gedicht an und tauscht euch über die Stimmung aus, die es vermittelt.

2 Diskutiert in der Klasse darüber, wie unterschiedlich das Meer je nach Wetterlage wirken kann.

3 Wart ihr schon einmal an der Nordsee? Beschreibt das Besondere an diesem Meer.

Theodor Storm
Meeresstrand

Ans Haff nun fliegt die Möwe,
Und Dämm'rung bricht herein;
Über die feuchten Watten
Spiegelt der Abendschein.

Graues Geflügel huschet
Neben dem Wasser her;
Wie Träume liegen die Inseln
Im Nebel auf dem Meer.

Ich höre des gärenden Schlammes
Geheimnisvollen Ton,
Einsames Vogelrufen –
So war es immer schon.

Noch einmal schauert leise
Und schweiget dann der Wind;
Vernehmlich werden die Stimmen,
Die über der Tiefe sind.

In diesem Kapitel lernst du,

- eine Novelle anhand ihrer Merkmale zu erkennen,
- den Aufbau einer Novelle zu untersuchen,
- einen Konflikt in einem literarischen Text zu untersuchen,
- ein Dingsymbol zu analysieren,
- Attribute zu bestimmen,
- Satzglieder von Attributen zu unterscheiden.

Des Weiteren wiederholst und vertiefst du,

- eine Figur anhand von Textstellen zu charakterisieren.

3 Die Merkmale einer Novelle

„[...] was ist eine Novelle anders als eine sich ereignete unerhörte Begebenheit?“

Johann Wolfgang von Goethe

„Die Novelle bedarf entscheidender Wendepunkte, sodass die Hauptmassen der Geschichte deutlich in die Augen fallen.“

August Wilhelm Schlegel

„[Die Novelle] gibt nicht das umfassende Bild der Weltzustände, aber einen Ausschnitt daraus, [...] nicht die vollständige Entwicklung einer Persönlichkeit, aber ein Stück aus einem Menschenleben, das eine Spannung, eine Krise hat und uns durch eine Gemüts- und Schicksalswendung mit scharfem Akzente zeigt, was Menschenleben überhaupt ist.“

Theodor Vischer

„[...] die heutige Novelle ist die Schwester des Dramas und die strengste Form der Prosadichtung. Gleich dem Drama behandelt sie die tiefsten Probleme des Menschenlebens; gleich diesem verlangt sie zu ihrer Vollendung einen im Mittelpunkt stehenden Konflikt, von welchem aus das Ganze sich organisiert, und demzufolge [ist sie] die geschlossenste Form und die Ausscheidung alles Unwesentlichen [...].“

Theodor Storm

1 Lest die Aussagen bekannter Autoren zur Novelle und besprecht, welche Merkmale der Novelle hier genannt werden.

Das musst du wissen

Die Merkmale der Novelle

Die Novelle gehört zur Gattung **Epik.** Das Wort kommt von dem italienischen „novella“ = (kleine) **Neuigkeit.**

Die folgenden Merkmale treffen auf viele Novellen zu:

- Eine Novelle hat in der Regel einen **mittleren Umfang**: Sie ist kürzer als ein Roman, aber deutlich länger als eine Kurzgeschichte.
- Sie beinhaltet eine **„unerhörte Begebenheit“** (J. W. von Goethe), d. h. eine außergewöhnliche Situation.
- Sie schildert einen **zentralen Konflikt.**
- Es gibt **ein Leitmotiv oder Dingsymbol** (► Kasten auf S. 88): Ein Motiv, ein Gegenstand oder ein Lebewesen mit symbolischer Bedeutung taucht immer wieder im Verlauf der Geschichte auf.
- Eine Novelle **verläuft meist linear** und steuert auf einen **Wende-/ Höhepunkt** zu.
- Sie beinhaltet oft eine **Rahmenhandlung** (► Kasten auf S. 73), d. h., die eigentliche Geschichte ist eingebettet in eine Erzählung, die sie umgibt.

Der Aufbau einer Novelle

Theodor Storm: „Der Schimmelreiter“ (1888)

Die Novelle „Der Schimmelreiter“ wurde 1888 von Theodor Storm veröffentlicht. Sie verknüpft Sagen von einem gespenstischen Reiter mit der fiktiven Biografie des Deichgrafen Hauke Haien.
Hauke Haien, der „Schimmelreiter“, stammt aus einfachen Verhältnissen und steigt durch seinen Ehrgeiz und dank seiner Frau zu einem nordfriesischen Deichgrafen auf. Er lässt zum Schutz vor der Nordsee einen modernen dauerhaften Deich bauen. Tragischerweise kommen er und seine Familie in einer Sturmflut, bei der die Verbindungsstelle zwischen neuem und altem Deich bricht, zu Tode. Die Binnenhandlung ist in zwei Rahmenerzählungen eingebunden. Die Novelle hat drei verschiedene Erzähler.

Wenn du noch mehr über Nordfrieslands Landschaft oder die Geschichte des Deichbaus wissen möchtest, kannst du dich über den QR-Code informieren.

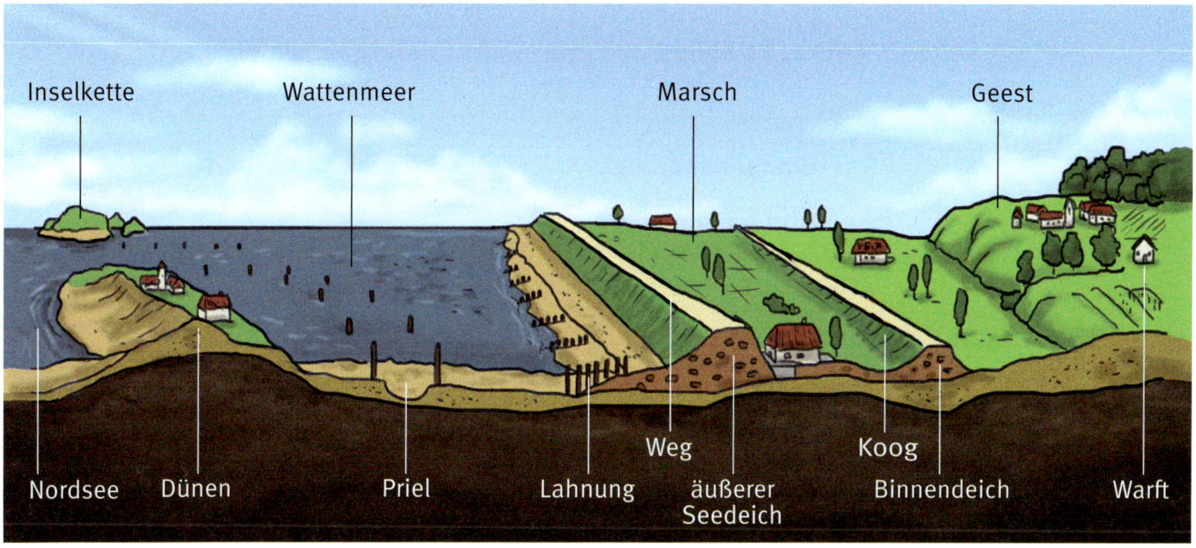

1 Hör dir den Anfang der Novelle „Der Schimmelreiter“ von Theodor Storm an (▸ QR-Code). Notiere deine ersten Eindrücke und besprich diese in der Klasse.

Tipp

Eine Rahmenerzählung verstehen

Manchmal ist die Haupthandlung einer Geschichte in eine Rahmenerzählung eingebettet; die Haupthandlung wird dann als **Binnenhandlung** bezeichnet.
Der **Rahmen** stellt den Anlass für die Erzählung dar: die **Erzählsituation**.
In der Novelle „Der Schimmelreiter“ ist die Binnenhandlung sogar in zwei Rahmen, einen **äußeren** und einen **inneren Rahmen**, eingebettet. In jeder dieser drei Erzählebenen tritt jeweils ein anderer Erzähler auf.

2 Hör dir den Anfang der Novelle ein zweites Mal an. Bestimme den Erzähler und den Zeitpunkt der jeweiligen Rahmenhandlungen. Ergänze das untenstehende Schema, indem du die Begriffe aus dem Wortspeicher einträgst.

Wortspeicher

1888 – Schulmeister – Ich-Erzähler – ca. 1830 – Ich-Erzähler – Reisender – ca. 1750 – Er-Erzähler – alter Mann

Äußere Rahmenhandlung

Erster Erzähler: ....

Innere Rahmenhandlung

Zweiter Erzähler: ....

Binnenhandlung

Dritter Erzähler: ....

....

....

3 Erkläre die Struktur der Novelle, indem du den Inhalt des Schemas mit eigenen Worten beschreibst. Du kannst folgendermaßen beginnen:

Der erste Ich-Erzähler ist ein alter Mann, der im Jahr 1888 eine Geschichte erzählt …

4 Diskutiert in der Klasse, welche Wirkung die Verwendung der unterschiedlichen Rahmen bei den Leserinnen und Lesern hinterlässt.

Das musst du wissen

Die Funktionen des Rahmens in der Novelle

Der Rahmen ist ein typisches Element vieler Novellen und erfüllt folgende Funktionen:

- Der Rahmen schafft einen **Kontext** für die Binnenhandlung und eine klare äußere Struktur: Er liefert wichtige Informationen zu **Ort, Zeit** oder **Umständen** der Novelle.
- Die **Neugier** der Leserinnen und Leser wird geweckt: Es wird angedeutet, dass in der Binnenhandlung **etwas Außergewöhnliches oder Spannendes** vorkommt.
- Die **Glaubwürdigkeit** wird erhöht: Die Binnenhandlung wird oft von einer Figur im Rahmen erzählt, z. B. als Augenzeuge, was die Geschichte **glaubwürdiger** wirken lässt.
- Der Rahmen kann **zentrale Themen oder Motive** der Novelle widerspiegeln und hervorheben.
- Es wird eine **Verbindung zur Realität** hergestellt: Die Binnenhandlung erhält den Charakter einer **„Neuigkeit", die weitererzählt wird.**

5 Lies den Anfang der Novelle (▸ QR-Code), den du gerade gehört hast. Erläutere die Funktionen der beiden Rahmen, indem du dich auf den Text beziehst.
Du kannst folgendermaßen beginnen:

In der Novelle „Der Schimmelreiter", geschrieben 1888 von Theodor Storm, haben die beiden Rahmen verschiedene Funktionen. Die Neugier der Leserinnen und Leser wird geweckt, indem …

3 Eine Figur anhand von Textstellen charakterisieren

Theodor Storm

Der Schimmelreiter

[Auszug 1]

Der Schulmeister erzählt dem Reisenden in der Binnenerzählung die Geschichte des Deichgrafen Hauke Haien. Er beginnt damit, die Jugend Haukes zu beschreiben, und erklärt, wie der Junge sich selbst das Wissen über den Deichbau angeeignet hat.

[Haukes Vater] saß im Winter, wenn der Nordwest von draußen kam und an seinen Läden rüttelte, zu ritzen und zu prickeln, in seiner Stube. Der Junge saß meist dabei und sah über seine Fibel oder Bibel weg dem Vater zu, wie er maß undberechnete, und grub sich mit der Hand in seinen blonden Haaren. Und eines Abends frug er den Alten, warum denn das, was er eben hingeschrieben hatte, gerade so sein müsse und nicht anders sein könne, und stellte dann eine eigene Meinung darüber auf. Aber der Vater, der darauf nicht zu antworten wusste, schüttelte den Kopf und sprach: „Das kann ich dir nicht sagen; genug, es ist so, und du selber irrst dich. Willst du mehr wissen, so suche morgen aus der Kiste, die auf unserem Boden steht, ein Buch; einer, der Euklid hieß, hat's geschrieben; das wird's dir sagen!"
– – Der Junge war tags darauf zu Boden gelaufen und hatte auch bald das Buch gefunden; denn viele Bücher gab es überhaupt nicht in dem Hause; aber der Vater lachte, als er es vor ihm auf den Tisch legte. Es war ein holländischer Euklid, und Holländisch, wenngleich es doch halb Deutsch war, verstanden alle beide nicht. „Ja, ja", sagte er, „das Buch ist noch von meinem Vater, der verstand es; ist denn kein deutscher da?" Der Junge, der von wenig Worten war, sah den Vater ruhig an und sagte nur: „Darf ich's behalten? Ein deutscher ist nicht da." Und als der Alte nickte, wies er noch ein zweites, halbzerrissenes Büchlein vor. „Auch das?", frug er wieder. „Nimm sie alle beide!", sagte Tede Haien; „sie werden dir nicht viel nützen." Aber das zweite Buch war eine kleine holländische Grammatik, und da der Winter noch lange nicht vorüber war, so hatte es, als endlich die Stachelbeeren in ihrem Garten wieder blühten, dem Jungen schon so weit geholfen, dass er den Euklid, welcher damals stark im Schwange war, fast überall verstand.
[...] Als der Alte sah, dass der Junge weder für Kühe noch Schafe Sinn hatte, [...] so schickte er seinen großen Jungen an den Deich, wo er mit andern Arbeitern von Ostern bis Martini Erde karren musste. „Das wird ihn vom Euklid kurieren", sprach er bei sich selber.
Und der Junge karrte; aber den Euklid hatte er allzeit in der Tasche, und wenn die Arbeiter ihr Frühstück oder Vesper aßen, saß er auf seinem umgestülpten Schubkarren mit dem Buche in der Hand. Und wenn im Herbst die Fluten höher stiegen und manch ein Mal die Arbeit eingestellt werden musste, dann ging er nicht mit den andern nach Haus, sondern blieb, die Hände über die Knie gefaltet, an der abfallenden Seeseite des Deiches sitzen und sah stundenlang zu, wie die trüben Nordseewellen immer höher an die Grasnarbe des Deiches hinaufschlugen; erst wenn ihm die Füße überspült waren und der Schaum ihm ins Gesicht spritzte,

rückte er ein paar Fuß höher und blieb dann wieder sitzen. Er hörte weder das Klatschen des Wassers noch das Geschrei der Möwen und Strandvögel, die um [ihn] oder über ihm flogen und ihn fast mit ihren Flügeln streiften, mit den schwarzen Augen in die seinen blitzend; er sah auch nicht, wie vor ihm über die weite, wilde Wasserwüste sich die Nacht ausbreitete; was er allein hier sah, war der brandende Saum des Wassers, der, als die Flut stand, mit hartem Schlage immer wieder dieselbe Stelle traf und vor seinen Augen die Grasnarbe des steilen Deiches auswusch. Nach langem Hinstarren nickte er wohl langsam mit dem Kopfe oder zeichnete, ohne aufzusehen, mit der Hand eine weiche Linie in die Luft, als ob er dem Deiche damit einen sanfteren Abfall geben wollte.

Wurde es so dunkel, dass alle Erdendinge vor seinen Augen verschwanden und nur die Flut ihm in die Ohren donnerte, dann stand er auf und trabte halbdurchnässt nach Hause.

Als er so eines Abends zu seinem Vater in die Stube trat, der an seinen Messgeräten putzte, fuhr dieser auf: „Was treibst du draußen? Du hättest ja versaufen können; die Wasser beißen heute in den Deich."

Hauke sah ihn trotzig an.

– „Hörst du mich nicht? Ich sag, du hättest versaufen können."

„Ja", sagte Hauke; „ich bin doch nicht versoffen!"

„Nein", erwiderte nach einer Weile der Alte und sah ihm wie abwesend ins Gesicht, – „diesmal noch nicht."

„Aber", sagte Hauke wieder, „unsere Deiche sind nichts wert!"

– „Was für was, Junge?"

„Die Deiche, sag ich!"

– „Was sind die Deiche?"

„Sie taugen nichts, Vater!", erwiderte Hauke.

Der Alte lachte ihm ins Gesicht. „Was denn, Junge? Du bist wohl das Wunderkind aus Lübeck!"

Aber der Junge ließ sich nicht irren. „Die Wasserseite ist zu steil", sagte er; „wenn es einmal kommt, wie es mehr als einmal schon gekommen ist, so können wir hier auch hinterm Deich ersaufen!" [...]

Auch als zu Ende Oktober die Deicharbeit vorbei war, blieb der Gang nordwärts nach dem Haff hinaus für Hauke Haien die beste Unterhaltung; den Allerheiligentag, um den herum die Äquinoktialstürme zu tosen pflegen, von dem wir sagen, dass Friesland ihn wohl beklagen mag, erwartete er wie heut die Kinder das Christfest. Stand eine Springflut bevor, so konnte man sicher sein, er lag trotz Sturm und Wetter weit draußen am Deiche mutterseelenallein; und wenn die Möwen gackerten, wenn die Wasser gegen den Deich tobten und beim Zurückrollen ganze Fetzen von der Grasdecke mit ins Meer hinabrissen, dann hätte man Haukes zorniges Lachen hören können. „Ihr könnt nichts Rechtes", schrie er in den Lärm hinaus, „so wie die Menschen auch nichts können!" Und endlich, oft im Finstern, trabte er aus der weiten Öde den Deich entlang nach Hause, bis seine aufgeschossene Gestalt die niedrige Tür unter seines Vaters Rohrdach erreicht hatte und darunter durch in das kleine Zimmer schlüpfte.

Manchmal hatte er eine Faust voll Kleierde mitgebracht; dann setzte er sich neben den Alten, der ihn jetzt gewähren ließ, und knetete bei dem Schein der dünnen Unschlittkerze allerlei Deichmodelle, legte sie in ein flaches Gefäß mit Wasser und suchte darin die Ausspülung der Wellen nachzumachen, oder er nahm seine Schiefertafel und zeichnete darauf das Profil der Deiche nach der Seeseite, wie es nach seiner Meinung sein musste.

Mit denen zu verkehren, die mit ihm auf der Schulbank gesessen hatten, fiel ihm nicht ein; auch schien es, als ob ihnen an dem Träumer nichts gelegen sei. [...]

So für sich, und am liebsten nur mit Wind und Wasser und mit den Bildern der Einsamkeit verkehrend, wuchs Hauke zu einem langen, hageren Burschen auf. Er war schon über ein Jahr lang eingesegnet, da wurde es auf einmal anders mit ihm, und das kam von dem alten weißen Angorakater, welchen der alten Trien' Jans einst ihr später verunglückter Sohn von seiner spanischen Seereise mitgebracht hatte.

Trien' wohnte ein gut Stück hinaus auf dem Deiche in einer kleinen Kate, und wenn die Alte in ihrem Hause herumarbeitete, so pflegte diese Unform von einem Kater vor der Haustür zu sitzen und in den Sommertag und nach den vorüberfliegenden Kiebitzen hinauszublinzeln. Ging Hauke vorbei, so mauzte der Kater ihn an, und Hauke nickte ihm zu; die beiden wussten, was sie miteinander hatten.

Nun aber war's einmal im Frühjahr, und Hauke [...] hatte sich tags zuvor droben auf der Geest die Taschen voll von Kieseln gesammelt, und als in der Ebbezeit die Watten bloßgelegt waren und die kleinen grauen Strandläufer schreiend darüber hinhuschten, holte er jählings einen Stein hervor und warf ihn nach den Vögeln. Er hatte das von Kindesbeinen an geübt, und meistens blieb einer auf dem Schlicke liegen; aber ebenso oft war er dort auch nicht zu holen; Hauke hatte schon daran gedacht, den Kater mitzunehmen und als apportierenden Jagdhund zu dressieren. Aber es gab auch hier und dort feste Stellen oder Sandlager; solchenfalls lief er hinaus und holte sich seine Beute selbst. Saß der Kater bei seiner Rückkehr noch vor der Haustür, dann schrie das Tier vor nicht zu bergender Raubgier so lange, bis Hauke ihm einen der erbeuteten Vögel zuwarf.

Als er heute, seine Jacke auf der Schulter, heimging, trug er nur einen ihm noch unbekannten, aber wie mit bunter Seide und Metall gefiederten Vogel mit nach Hause, und der Kater mauzte wie gewöhnlich, als er ihn kommen sah. Aber Hauke wollte seine Beute – es mag ein Eisvogel gewesen sein – diesmal nicht hergeben und kehrte sich nicht an die Gier des Tieres. „Umschicht!", riet er ihm zu, „heute mir, morgen dir; das hier ist kein Katerfressen!" Aber der Kater kam vorsichtigen Schrittes herangeschlichen; Hauke stand und sah ihn an, der Vogel hing an seiner Hand, und der Kater blieb mit erhobener Tatze stehen. Doch der Bursche schien seinen Katzenfreund noch nicht so ganz zu kennen; denn während er ihm seinen Rücken zugewandt hatte und eben fürbass wollte, fühlte er mit einem Ruck die Jagdbeute sich entrissen, und zugleich schlug eine scharfe Kralle ihm ins Fleisch. Ein Grimm, wie gleichfalls eines Raubtiers, flog dem jungen Menschen ins Blut; er griff wie rasend um sich und hatte den Räuber schon am Genicke gepackt. Mit der Faust hielt er das mächtige Tier empor und würgte es, dass die Augen ihm aus den rauen Haaren vorquollen, nicht achtend, dass die starken Hintertatzen ihm den Arm zerfleischten.

„Hoiho!", schrie er und packte ihn noch fester; „wollen sehen, wer's von uns beiden am längsten aushält!" Plötzlich fielen die Hinterbeine der großen Katze schlaff herunter, und Hauke ging ein paar Schritte zurück und warf sie gegen die Kate der Alten. Da sie sich nicht rührte, wandte er sich und setzte seinen Weg nach Hause fort. [...]

– – Eine Weile später, als der alte Haien in dem engen Stüblein auf und ab schritt, trat Hauke herein und warf seinen bunten Vogel auf den Tisch; als er aber auf der weiß gescheuerten Platte den noch kennbaren Blutfleck sah, frug er, wie beiläufig: „Was ist denn das?"

Der Vater blieb stehen: „Das ist Blut, was du hast fließen machen!"

Dem Jungen schoss es doch heiß ins Gesicht: „Ist denn Trien' Jans mit ihrem Kater hier gewesen?"

Der Alte nickte: „Weshalb hast du ihr den totgeschlagen?"

Hauke entblößte seinen blutigen Arm. „Deshalb", sagte er; „er hatte mir den Vogel fortgerissen!" Der Alte sagte nichts hierauf; er begann eine Zeitlang wieder auf und ab zu gehen; dann blieb er vor dem Jungen stehen und sah eine Weile wie abwesend auf ihn hin. „Das mit dem Kater hab ich rein gemacht", sagte er dann; „aber, siehst du, Hauke, die Kate ist hier zu klein; zwei Herren können darauf nicht sitzen – es ist nun Zeit, du musst dir einen Dienst besorgen!"

„Ja, Vater", entgegnete Hauke; „hab dergleichen auch gedacht."

„Warum?", frug der Alte.

– „Ja, man wird grimmig in sich, wenn man's nicht an einem ordentlichen Stück Arbeit auslassen kann."

„So?", sagte der Alte, „und darum hast du den Angorer totgeschlagen? Das könnte leicht noch schlimmer werden?"

– „Er mag wohl Recht haben, Vater; aber der Deichgraf hat seinen Kleinknecht fortgejagt; das könnt ich schon verrichten!"

1 Mach dir ein genaues Bild von Hauke Haien. Markiere im Text Informationen über ihn. Erstelle dann eine Mind-Map (▶ Kasten unten), in der du die wichtigsten Informationen zu Aussehen, Charakter und Verhalten der Figur festhältst.

Das musst du können

So charakterisierst du eine literarische Figur

Markiere zunächst **Informationen zu der Figur im Text** und notiere sie dann **übersichtlich**, z. B. in einer **Mind-Map**. Sammle sowohl **äußere** als auch **innere Merkmale**.

Man unterscheidet zwischen direkter und indirekter Charakterisierung:

- Bei einer **direkten Charakterisierung** werden Merkmale, etwa Äußerlichkeiten oder bestimmte Eigenschaften, konkret benannt.
  Hauke ist trotzig. (vgl. Z. 52)
- Von einer **indirekten Charakterisierung** spricht man, wenn die Eigenschaften einer Figur aus deren Verhalten oder Sprechweise ersichtlich sind. Auch Reaktionen anderer Figuren können Hinweise geben.
  „Als der Alte sah, dass der Junge weder für Kühe noch Schafe Sinn hatte …" (▶ Z. 24) ▶ Hauke interessiert sich nicht für Landwirtschaft.

Belege deine Aussagen **mit Beispielen aus dem Text** und füge die Seite sowie die Zeile in Klammern hinzu (**Seiten-/Zeilenangabe** ▶ Kasten auf S. 254).

Eine Charakterisierung sollte folgenden **Aufbau** haben:

- **Einleitung:** Nenne **allgemeine Informationen** zur Figur wie Name, Alter, Beruf und Wohnort sowie den Titel sowie den Autor oder die Autorin des Textes, in dem sie vorkommt.
- **Hauptteil:** Beschreibe die **äußeren Merkmale** wie Aussehen, Lebensumstände, Verhältnis zu anderen Figuren sowie die **inneren Merkmale** wie Verhaltensweisen und Eigenschaften **genau** und **anschaulich**. Den Hauptteil kannst du mit der **Entwicklung der Figur** abschließen.
- **Schluss:** Ordne die Figur in den **Gesamtzusammenhang** ein und/oder **beurteile** sie, indem du auf ihr Verhalten und ihren Charakter eingehst.
  Haukes Starrsinn zeigt sich einerseits darin …
  Im Schlussteil kannst du eine **persönliche Wertung** formulieren. Hierbei kannst du die Figur auch kritisieren.
  Ich finde, dass Hauke Haien …
  Meiner Meinung nach ist Hauke Haien …

Verwende **aussagekräftige Adjektive** (▶ QR-Code) und als Tempus das **Präsens**.

2 Verfasse eine Charakterisierung von Hauke Haien.

3

Einen Konflikt untersuchen

Theodor Storm

Der Schimmelreiter
[Auszug 2]

Hauke bewirbt sich als Kleinknecht beim Deichgrafen, übernimmt Berechnungen und kontrolliert den Deich. Damit macht er sich den Großknecht Ole Peters zum Feind. Hauke und Elke, die Tochter des Deichgrafen, verloben sich heimlich. Nach dem Tod ihres Vaters überschreibt Elke Hauke ihren Besitz, sie heiraten und er wird Deichgraf.
Die Dorfbewohner misstrauen Haukes sozialem Aufstieg und lehnen die steigenden Deichkosten ab. Als Ole Peters behauptet, Hauke sei nur „Deichgraf seines Weibes wegen", wächst dessen Ehrgeiz. Er will nun unbedingt seinen abgeflachten Deich bauen.

Zur gleichen Zeit haben ein Tagelöhner und ein Knecht eine unheimliche Vision: Sie sehen abwechselnd ein grasendes Pferd und ein Pferdegerippe auf einer Hallig. Kurz darauf kauft Hauke einen ausgemergelten Schimmel von einem unheimlichen Mann mit klauenartigen Händen und teuflischem Lachen. Der verängstigte Tagelöhner kündigt und erzählt Ole Peters von der seltsamen Begebenheit.
Beim Deichbau ist die Stimmung angespannt. Die Arbeiter sind feindselig gegenüber Hauke, der auf seinem Schimmel alles streng überwacht. In dieser Zeit entsteht die Bezeichnung „Schimmelreiter".
Als Elke ein Kind bekommt, erkrankt sie schwer. In seiner Verzweiflung stellt Hauke die Allmacht Gottes infrage. Eine Pflegerin hört seine Worte und erzählt es weiter. Die Dorfbewohner sehen darin Gotteslästerung und Hauke wird immer mehr von ihnen ausgegrenzt.

der Schimmel: *hier* ein weißes Pferd

Zu Ende November, wo Sturm und Regen eingefallen waren, blieb nur noch, hart am alten Deich die Schlucht zu schließen, auf deren Grunde an der Nordseite das Meerwasser durch den Priel in den neuen Koog hineinschoss. Zu beiden Seiten standen die Wände des Deiches; der Abgrund zwischen ihnen musste jetzt verschwinden. Ein trocken Sommerwetter hätte die Arbeit wohl erleichtert; aber auch so musste sie getan werden; denn ein aufbrechender Sturm konnte das ganze Werk gefährden. Und Hauke setzte alles daran, um jetzt den Schluss herbeizuführen. Der Regen strömte, der Wind pfiff; aber seine hagere Gestalt auf dem feurigen Schimmel tauchte bald hier, bald dort aus den schwarzen Menschenmassen empor, die oben wie unten an der Nordseite des Deiches neben der Schlucht beschäftigt waren. [...] Durch das Geklatsch des Regens und das Brausen des Windes klangen von Zeit zu Zeit die scharfen Befehlsworte des Deichgrafen, der heute hier allein gebieten wollte; er rief die Karren nach den Nummern vor und wies die Drängenden zurück; ein „Halt!" scholl von seinem Munde; dann ruhte

unten die Arbeit; „Stroh! ein Fuder Stroh hinab!“, rief er denen droben zu, und von einem der oben haltenden Fuder stürzte es auf den nassen Klei hinunter. Unten sprangen Männer dazwischen und zerrten es auseinander und schrien nach oben, sie nur nicht zu begraben. Und wieder kamen neue Karren, und Hauke war schon wieder oben und sah von seinem Schimmel in die Schlucht hinab, und wie sie dort schaufelten und stürzten; dann warf er seine Augen nach dem Haff hinaus. Es wehte scharf, und er sah, wie mehr und mehr der Wassersaum am Deich hinaufklimmte und wie die Wellen sich noch höher hoben; er sah auch, wie die Leute trieften und kaum atmen konnten in der schweren Arbeit vor dem Winde, der ihnen die Luft am Munde abschnitt, und vor dem kalten Regen, der sie überströmte. „Ausgehalten,

Leute! Ausgehalten!", schrie er zu ihnen hinab. „Nur einen Fuß noch höher; dann ist's genug für diese Flut!" Und durch alles Getöse des Wetters hörte man das Geräusch der Arbeiter: das Klatschen der hineingestürzten Kleimassen, das

Rasseln der Karren und das Rauschen des von oben hinabgelassenen Strohes ging unaufhaltsam vorwärts; dazwischen war mitunter das Winseln eines kleinen gelben Hundes laut geworden, der frierend und wie verloren zwischen Menschen und Fuhrwerken herumgestoßen wurde; plötzlich aber scholl ein jammervoller Schrei des kleinen Tieres von unten aus der Schlucht herauf. Hauke blickte hinab; er hatte es von oben hinunterschleudern sehen; eine jähe Zornröte stieg ihm ins Gesicht. „Halt! Haltet ein!", schrie er zu den Karren hinunter; denn der nasse Klei wurde unaufhaltsam aufgeschüttet.

„Warum?", schrie eine raue Stimme von unten herauf; „doch um die elende Hundekreatur nicht?"

„Halt! sag ich", schrie Hauke wieder; „bringt mir den Hund! Bei unserem Werke soll kein Frevel sein!"

Aber es rührte sich keine Hand; nur ein paar Spaten zähen Kleis flogen noch neben das schreiende Tier. Da gab er seinem Schimmel die Sporen, dass das Tier einen Schrei ausstieß, und stürmte den Deich hinab, und alles wich vor ihm zurück. „Den Hund!", schrie er; „ich will den Hund!"

Eine Hand schlug sanft auf seine Schulter, als wäre es die Hand des alten Jewe Manners; doch als er umsah, war es nur ein Freund des Alten. „Nehmt Euch in Acht, Deichgraf!", raunte der ihm zu. „Ihr habt nicht Freunde unter diesen Leuten; lasst es mit dem Hunde gehen!"

Der Wind pfiff, der Regen klatschte; die Leute hatten die Spaten in den Grund gesteckt, einige sie fortgeworfen. Hauke neigte sich zu dem Alten: „Wollt Ihr meinen Schimmel halten, Harke Jens?", frug er; und als jener noch kaum den Zügel in der Hand hatte, war Hauke schon in die Kluft gesprungen und hielt das kleine winselnde Tier in seinem Arm; und fast im selben Augenblicke saß er auch wieder hoch im Sattel und sprengte auf den Deich zurück. Seine Augen flogen über die Männer, die bei den Wagen standen. „Wer war es?", rief er. „Wer hat die Kreatur hinabgeworfen?"

Einen Augenblick schwieg alles; denn aus dem hageren Gesicht des Deichgrafen sprühte der Zorn, und sie hatten abergläubische Furcht vor ihm. Da trat von einem Fuhrwerk ein stiernackiger Kerl vor ihn hin: „Ich tat es nicht, Deichgraf", sagte er und biss von einer Rolle Kautabak ein Endchen ab, das er sich erst ruhig in den Mund schob; „aber der es tat, hat recht getan; soll Euer Deich sich halten, so muss was Lebiges hinein!“

– „Was Lebiges? Aus welchem Katechismus hast du das gelernt?“

„Aus keinem, Herr!“, entgegnete der Kerl, und aus seiner Kehle stieß ein freches Lachen; „das haben unsere Großväter schon gewusst, die sich mit Euch im Christentum wohl messen durften! Ein Kind ist besser noch; wenn das nicht da ist, tut's auch wohl ein Hund!“

„Schweig du mit deinen Heidenlehren!“, schrie ihn Hauke an, „es stopfte besser, wenn man dich hineinwürfe.“

„Oho!“, erscholl es; aus einem Dutzend Kehlen war der Laut gekommen, und der Deichgraf gewahrte ringsum grimmige Gesichter und geballte Fäuste; er sah wohl, dass das keine Freunde waren; der Gedanke an seinen Deich überfiel ihn wie ein Schrecken: Was sollte werden, wenn jetzt alle ihre Spaten hinwürfen? – Und als er nun den Blick nach unten richtete, sah er wieder den Freund des alten Jewe Manners; der ging dort zwischen den Arbeitern, sprach zu dem und jenen, lachte hier einem zu, klopfte dort mit freundlichem Gesicht einem auf die Schulter, und einer nach dem andern fasste wieder seinen Spaten; noch einige Augenblicke, und die Arbeit war wieder in vollem Gange. – Was wollte er denn noch? Der Priel musste geschlossen werden, und den Hund barg er sicher genug in den Falten seines Mantels. Mit plötzlichem Entschluss wandte er seinen Schimmel gegen den nächsten Wagen: „Stroh an die Kante!“, rief er herrisch, und wie mechanisch gehorchte ihm der Fuhrknecht; bald rauschte es hinab in die Tiefe, und von allen Seiten regte es sich aufs Neue und mit allen Armen.

Eine Stunde war noch so gearbeitet; es war nach sechs Uhr, und schon brach tiefe Dämmerung herein; der Regen hatte aufgehört; da rief Hauke die Aufseher an sein Pferd: „Morgen früh vier Uhr“, sagte er, „ist alles wieder auf dem Platz; der Mond wird noch am Himmel sein; da machen wir mit Gott den Schluss! Und dann noch eines!“, rief er, als sie gehen wollten; „kennt ihr den Hund?“ und er nahm das zitternde Tier aus seinem Mantel.

Sie verneinten das; nur einer sagte: „Der hat sich taglang schon im Dorf herumgebettelt; der gehört gar keinem!“

„Dann ist er mein!“, entgegnete der Deichgraf. „Vergesset nicht: morgen früh vier Uhr!“ und ritt davon.

1 Analysiere das Verhalten Hauke Haiens den Arbeitern gegenüber (▸ Z. 1–25).

2 Beschreibe, wie Hauke Haien mit dem Aberglauben der Männer umgeht.

3 Erkläre in eigenen Worten, welche Konflikte hier dargestellt werden.

4 Diskutiert in der Klasse, ob Hauke Haien im Recht ist.

3

Das Dingsymbol

Theodor Storm

Der Schimmelreiter
[Auszug 3]

Nach dem Deichbau kehrt Ruhe im Haus des Deichgrafen ein. Elke nimmt die 80-jährige Trien' Jans auf. Diese glaubt, dass Haukes geistig zurückgebliebene Tochter eine Strafe Gottes sei. Hauke erkrankt schwer am Marschfieber. Er übersteht die Krankheit, ist aber geschwächt und verändert. Von nun an wendet sich sein Schicksal zum Schlechten.
Nach einem Frühjahrssturm entdeckt Hauke schwere Schäden am alten Deich, genau dort, wo er an den neuen grenzt. Mit mehr Sorgfalt hätte man sie verhindern können. Doch er ist zu schwach, um eine gründliche Reparatur gegen den Widerstand der Dorfbewohner durchzusetzen.
In einer schweren Sturmnacht bricht der alte Deich genau an dieser Stelle.

Da warf er seine Augen seitwärts nach dem neuen Koog; um ihn schäumte das Meer; aber in ihm lag es wie nächtlicher Friede. Ein unwillkürliches Jauchzen brach aus des Reiters Brust: „Der Hauke-Haien-Deich, er soll schon halten; er wird es noch nach hundert Jahren tun!"

Ein donnerartiges Rauschen zu seinen Füßen weckte ihn aus diesen Träumen; der Schimmel wollte nicht mehr vorwärts. Was war das? – Das Pferd sprang zurück, und er fühlte es, ein Deichstück stürzte vor ihm in die Tiefe. Er riss die Augen auf und schüttelte alles Sinnen von sich: Er hielt am alten Deich, der Schimmel hatte mit den Vorderhufen schon daraufgestanden. Unwillkürlich riss er das Pferd zurück; da flog der letzte Wolkenmantel von dem Mond, und das milde Gestirn beleuchtete den Graus, der schäumend, zischend vor ihm in die Tiefe stürzte, in den alten Koog hinab. Wie sinnlos starrte Hauke darauf hin; eine Sündflut war's, um Tier und Menschen zu verschlingen. Da blinkte wieder ihm der Lichtschein in die Augen; es war derselbe, den er vorhin gewahrt hatte; noch immer brannte der auf seiner Werfte; und als er jetzt ermutigt in den Koog hinabsah, gewahrte er wohl, dass hinter dem sinnverwirrenden Strudel, der tosend vor ihm hinabstürzte, nur noch eine Breite von etwa hundert Schritten überflutet war; dahinter konnte er deutlich den Weg erkennen, der vom Koog heranführte. Er sah noch mehr: Ein Wagen, nein, eine zweirädrige Karriole kam wie toll gegen den Deich herangefahren; ein Weib, ja auch ein Kind saßen darin. Und jetzt – war das nicht das kreischende Gebell eines kleinen Hundes, das im Sturm vorüberflog? Allmächtiger Gott! Sein Weib, sein Kind waren es; schon kamen sie dicht heran, und die schäumende Wassermasse drängte auf sie zu. Ein Schrei, ein Verzweiflungsschrei brach aus der Brust des Reiters: „Elke!", schrie er; „Elke! Zurück! Zurück!"

Aber Sturm und Meer waren nicht barmherzig, ihr Toben zerwehte seine Worte; nur seinen Mantel hatte der Sturm erfasst, es hätte ihn bald vom Pferd herabgerissen; und das Fuhrwerk flog ohne Aufenthalt der stürzenden Flut entgegen. Da sah er, dass das Weib wie gegen ihn hinauf die Arme streckte: Hatte sie ihn erkannt? Hatte die Sehnsucht, die Todesangst um ihn sie aus dem sicheren Haus getrieben? Und jetzt – rief sie ein letztes Wort ihm zu? – Die Fragen fuhren durch sein Hirn; sie blieben ohne Antwort: Von ihr zu ihm, von ihm zu ihr waren die Worte all verloren; nur ein Brausen wie vom Weltenuntergang füllte ihre Ohren und ließ keinen andern Laut hinein.

„Mein Kind! O Elke, o getreue Elke!", schrie Hauke in den Sturm hinaus. Da sank aufs Neu ein großes Stück des Deiches vor ihm in die Tiefe, und donnernd stürzte das Meer sich hinterdrein; noch einmal sah er drunten den Kopf des Pferdes, die Räder des Gefährtes aus dem wüsten Gräuel emportauchen und dann quirlend darin untergehen. Die starren Augen des Reiters, der so einsam auf dem Deiche hielt, sahen weiter nichts. „Das Ende!", sprach er leise vor sich hin; dann ritt er an den Abgrund, wo unter ihm die Wasser, unheimlich rauschend, sein Heimatsdorf zu überfluten begannen; noch immer sah er das Licht von seinem Hause schimmern; es war ihm wie entseelt. Er richtete sich hoch auf und stieß dem Schimmel die Sporen in die Weichen; das Tier bäumte sich, es hätte sich fast überschlagen; aber die Kraft des Mannes drückte es herunter. „Vorwärts!“, rief er noch einmal, wie er es so oft zum festen Ritt gerufen hatte: „Herr Gott, nimm mich; verschon die andern!“

Noch ein Sporenstich; ein Schrei des Schimmels, der Sturm und Wellenbrausen überschrie; dann unten aus dem hinabstürzenden Strom ein dumpfer Schall, ein kurzer Kampf.

Der Mond sah leuchtend aus der Höhe; aber unten auf dem Deiche war kein Leben mehr als nur die wilden Wasser, die bald den alten Koog fast völlig überflutet hatten. Noch immer aber ragte die Werfte von Hauke Haiens Hofstatt aus dem Schwall hervor, noch schimmerte von dort der Lichtschein, und von der Geest her, wo die Häuser allmählig dunkel wurden, warf noch die einsame Leuchte aus dem Kirchturm ihre zitternden Lichtfunken über die schäumenden Wellen.

1 Mit der Sturmflut nimmt „die unerhörte Begebenheit“ (Johann Wolfgang von Goethe) ihren Lauf. Diskutiert in Zweierteams, worin diese besteht, und notiert die wichtigsten Punkte.

Das musst du wissen

Das Leitmotiv und das Dingsymbol

Ein Leitmotiv ist ein **inhaltliches Motiv oder Bildelement**, das im Text bewusst wiederholt wird und durch diese **Wiederholung** eine **besondere Bedeutung** erhält. Leitmotive unterstützen das Verständnis und die **Interpretation** des Textes.

Ein zentrales Leitmotiv in der Novelle „Der Schimmelreiter“ ist der Konflikt zwischen Aberglauben und Aufklärung. Hauke Haiens rationale, zukunftsorientierte Denkweise steht im Gegensatz zum Aberglauben der Dorfbewohner.

Als **Dingsymbol** werden in der Literatur **Gegenstände, Tiere oder auch Pflanzen** bezeichnet, die im jeweiligen Text eine symbolische Bedeutung (▸ Kasten auf S. 112) haben. Solche Dingsymbole sind besonders charakteristisch für die Ballade, die Kurzgeschichte sowie die Novelle.

In der Novelle „Der Schimmelreiter“ steht die Nordsee für die unberechenbaren und mächtigen Naturgewalten, die den Menschen herausfordern. Sie symbolisiert die Unterlegenheit des Menschen gegenüber der Natur.

2 Besprecht, welche Dingsymbole in der Novelle „Der Schimmelreiter“ verwendet werden. Erklärt die jeweilige Funktion.

3 Belegt anhand der gelesenen Auszüge (▸ S. 77–88), wie die Dingsymbole die Entwicklung Hauke Haiens verbildlichen.

Die Attribute

A Vor der Küste Großbritanniens hat sich eine schwere Umweltkatastrophe ereignet. Eine Woche nach der Kollision der „Stena Immaculate" mit dem Containerschiff „Solong" hat das ausgetretene Kerosin die britische Nordseeküste auf 50 Kilometern Länge verschmutzt. Andauernder Nordwestwind droht nun, den gesamten riesigen Teppich von etwa 8.000 Tonnen Treibstoff an die Küste im Nordosten Englands zu treiben. Das britische Schiff „Argus" hat den Kampf gegen das Kerosin trotz der bis zu fünf Meter hohen Wellen heute wieder aufgenommen. Der britische Umweltminister hat den Menschen an den verschmutzten Küsten Mut zugesprochen.

B Vor der Küste hat sich eine Umweltkatastrophe ereignet. Nach einer Woche hat das Kerosin die Nordseeküste verschmutzt. Nordwestwind droht nun, den Teppich an die Küste zu treiben. Das Schiff hat den Kampf trotz der Wellen heute wieder aufgenommen. Der Umweltminister spricht den Menschen Mut zu.

1 Vergleicht die Texte A und B in Zweierteams und notiert eure Ergebnisse.

3

Das musst du wissen

Das Attribut

Ein **Attribut** (eine Beifügung) ist ein Wort oder eine Wortgruppe, die ein **Bezugswort** (im Folgenden unterstrichen) näher bestimmt. Häufig handelt es sich bei diesem Bezugswort um ein Nomen.

Eine **schwere** Umweltkatastrophe hat sich ereignet.
Attribut Bezugswort

Attribute lassen sich oft **vom Bezugswort aus erfragen (Frageprobe).**
Frage: Was für eine / Welche Umweltkatastrophe?
Antwort: eine **schwere** (Umweltkatastrophe)

Attribute können **vor oder nach dem Bezugswort** stehen.

Sie sind keine eigenständigen Satzglieder, sondern **Teile von Satzgliedern**. Sie sind im Satz **nicht einzeln verschiebbar**, sondern können nur gemeinsam mit ihrem Bezugswort umgestellt werden (**Umstellprobe**).
Eine **schwere** Umweltkatastrophe hat sich vor der Küste ereignet.
Vor der Küste hat sich eine **schwere** Umweltkatastrophe ereignet.

Da es sich bei den Attributen um Zusatzinformationen handelt, kann man diese **Satzgliedteile** weglassen, ohne dass der Satz ein Satzglied verliert (**Weglassprobe**).
Eine ~~schwere~~ Umweltkatastrophe hat sich vor der Küste ereignet.
Satzglied Subjekt

► AH, S. 50

2 **a)** Markiere in Text A auf S. 89 alle Wörter und Wortgruppen, die in Text B fehlen.
b) Trage sie in eine Tabelle wie die folgende ein.

vorangestelltes Attribut	Bezugswort	nachgestelltes Attribut
	Küste	Großbritanniens
schwere	Umweltkatastrophe	
	Woche	…

3 Diskutiert, inwiefern ihr Attribute inhaltlich für nötig haltet. Geht in diesem Zusammenhang auf ihre Funktion in Erzählungen, Berichten und Beschreibungen ein.

Formen von Attributen

Attribute können **unterschiedliche sprachliche Formen** annehmen.

Die wichtigsten Attribute sind:

- **Adjektivattribut**
  Eine **schwere** Umweltkatastrophe hat sich ereignet.
- **Pronomen und Numerale als Attribut**
  seine Ladung
  8.000 Tonnen
- **Genitivattribut** (Nomen im Genitiv)
  Die Ladung **des Öltankers** läuft ins Meer.
- **Präpositionales Attribut**
  Die Küste **vor Großbritannien** ist betroffen.
- **Apposition**
  Viele Menschen **wie die Fischer und die Küstenbewohner** helfen.
- **Adverbiales Attribut**
  Der Küstenstreifen **dort** ist verschmutzt.
- **Infinitivattribut**
  Der Wunsch, **diese Katastrophe schnell hinter sich zu lassen,** war groß.
- **Nebensätze als Attribute: Attributsätze**
  Der Umweltminister spricht den Menschen, **die an der Küste leben,** Mut zu.

Das musst du wissen

► AH, S. 51

Das Adjektivattribut

Vor der nordfriesischen Küste ereignet sich eine schwere Umweltkatastrophe. Ein schwimmender Öltanker ist vor fünf Tagen in stürmischer Nacht auf ein verstecktes Riff gelaufen. Durch seinen aufgerissenen Rumpf strömt nun giftiges Rohöl ins empfindliche Ökosystem des Wattenmeers. Weite Sandstrände sind bereits mit schwarzer Flüssigkeit bedeckt. Besonders betroffen sind hilflose Seevögel. Das verklebte Gefieder hindert sie am Fliegen. Auch kleine Fische und Meeresbewohner leiden unter der gefährlichen Verschmutzung. Freiwillige Helferinnen und Helfer sammeln mühsam ölverschmierte Vögel ein und reinigen die schmutzigen Küsten. Trotz großer Anstrengungen bleibt die ökologische Katastrophe ein schwerwiegendes Problem für die gesamte Region.

1 Markiere alle Adjektivattribute und unterstreiche die Bezugswörter.

Das musst du wissen

Das Adjektivattribut
Adjektivattribute sind **Adjektive** und **adjektivisch gebrauchte Partizipien.**
ein **verstecktes** Riff (Adjektiv)
andauernde Nordwestwinde (Partizip I)
bedrohte Küstentiere (Partizip II)

▸ AH, S. 52

2 Verfasse einen kurzen Text, in dem du beschreibst, wie du zusammen mit freiwilligen Helferinnen und Helfern bei der Beseitigung der Ölpest hilfst. Verwende möglichst viele Adjektivattribute, um den Text anschaulich zu gestalten.

Das Pronomen und das Numerale als Attribut

Das musst du wissen

Das Pronomen und das Numerale als Attribut
Wenn ein **Numerale** (Zahlwort) ein Nomen begleitet, stimmt es mit ihm im Genus (männlich, weiblich, sächlich) und im Numerus (Singular, Plural) überein.
viele Tonnen (Numerale)
neuntausend Tonnen Rohöl (Numerale)
im Jahr **2025** (Numerale)

Auch **Pronomen** haben diese kennzeichnende Funktion. So gibt das Possessivpronomen an, wem oder zu wem das Nomen gehört, während das Demonstrativpronomen auf dieses hinweist.
sein/unser Einsatz (Possessivpronomen)
dieser Ölteppich (Demonstrativpronomen)

▸ AH, S. 53

Nach drei Tagen erreichte der Ölteppich jenen langen Strand und bedeckte dessen hellen Sand mit einer dunklen Schicht.
Mehrere Reinigungsteams versuchten, diese Verschmutzung mit ihren Geräten zu entfernen. Doch der Ölteppich erwies sich als sehr hartnäckig und seine zähe Konsistenz erschwerte die Reinigung des stark verschmutzten Sandes erheblich.

1 Markiere alle Pronomen und Numeralien, die als Attribute verwendet werden. Unterstreiche das jeweilige Bezugswort.

Das Genitivattribut

Die Folgen einer Ölpest sind verheerend. Das Öl eines Tankerunglücks verklebt das Gefieder der Vögel. Deswegen können die Vögel nicht mehr fliegen und ihr Gefieder verliert die Funktion der Wärmeisolierung. Beim Versuch, ihr Fell zu säubern, nehmen Meeressäuger große Mengen des giftigen Öls auf. Viele der betroffenen Tiere sterben an den Folgen der Vergiftung oder an der Kälte des Wassers. Auch der Lebensraum der Küstenbewohner wird zerstört, da das Öl der verschmutzten Strände lange Zeit nicht abgebaut wird.

1 Markiere alle Genitivattribute und unterstreiche das jeweilige Bezugswort.

Das Genitivattribut

Das musst du wissen

Das Genitivattribut ist ein **Nomen im Genitiv**, das **meistens hinter dem Nomen**, manchmal aber auch vor dem Nomen steht, **auf das es sich bezieht.**

Die Folgen **des Tankerunglücks** sind unabsehbar.

Deutschlands Bundeskanzler ermutigt die Helferinnen und Helfer.

▶ AH, S. 54

Die Unterscheidung zwischen Genitivattribut und Genitivobjekt

Das musst du wissen

Das **Genitivobjekt** wird **vom Verb verlangt** (▶ QR-Code) und ist ein **Satzglied**. Es wird mit der **Frage „Wessen + Prädikat + Subjekt?“** ermittelt.

Viele Tiere bedürfen **intensiver Pflege.** ▶ Verb: einer Sache bedürfen

Frage: **Wessen** bedürfen die Tiere?

Antwort: (Sie bedürfen) **intensiver Pflege** (= Genitivobjekt).

Das **Genitivattribut** bezieht sich auf ein **Nomen als Bezugswort** und ist ein **Teil eines Satzgliedes.** Es wird mit den **Fragen „Was für ein/eine …? / Welcher/Welche …?“** ermittelt.

Die Verschmutzung **der Meere** hat schlimme Folgen für die Tiere.

Frage: **Was für eine / Welche** Verschmutzung hat schlimme Folgen für die Tiere?

Antwort: (die Verschmutzung) **der Meere** (= Genitivattribut)

▶ AH, S. 54–55

2 Markiere in den folgenden Sätzen Genitivobjekte und Genitivattribute in zwei verschiedenen Farben. Unterstreiche bei den Genitivattributen das Bezugswort.

- Die Freiwilligen erbarmen sich der ölverschmierten Vögel.
- Die Reinigung der Federn erfordert viel Geduld.
- Die Rettung der Meeressäuger ist eine mühsame Aufgabe.
- Nach einer Ölpest nehmen sich viele Organisationen der verletzten Tiere an.
- Die Säuberung des Küstenstreifens dauert oft Wochen.
- Tierschützer gedenken der verendeten Seevögel.
- Die Helferinnen und Helfer bedürfen der Unterstützung aus der Politik.

Das präpositionale Attribut

Nach einer Ölpest beginnt die aufwendige Reinigung der Strände anhand spezieller Maschinen. Die Säuberung von Ölverschmutzungen kostet viel Zeit und Geld. Besonders schwierig ist es, Felsbrocken mit dicken Ölrückständen zu reinigen, da das Öl in die Poren des Gesteins eindringt. Die Unterstützung durch internationale Umweltorganisationen ist oft entscheidend, um die Folgen der Katastrophe zu bewältigen. Die Wiederherstellung nach einer Ölverschmutzung kann Jahre dauern.

1 Markiere alle präpositionalen Attribute und unterstreiche das jeweilige Bezugswort.

Das musst du wissen

Das präpositionale Attribut

Das präpositionale Attribut besteht **aus einer Präpositionalgruppe,** die **hinter dem Nomen** steht, auf das es sich bezieht.

das Schweröl **aus dem Tanker**
der Teppich **von etwa neuntausend Tonnen**
die Küste **im Nordwesten**
der Kampf **gegen das Öl**

▸ AH, S. 55

2 Bilde aus den folgenden zwei Sätzen jeweils einen Satz, indem du ein präpositionales Attribut benutzt. Markiere es und unterstreiche das Bezugswort in deinem Satz.

Beispiel: Der Erdölteppich schädigt das Meeresleben. Er breitet sich auf dem Meer aus. ▸ Der Erdölteppich auf dem Meer schädigt das Meeresleben.

- Der Ölteppich bedeckt die Küste. Der Ölteppich verursacht große Schäden.
- Die Rettungsaktionen dauern lange. Sie finden in den betroffenen Gebieten statt.
- Viele Vögel sind verendet. Sie liegen an den Stränden.

Die Apposition

Im Jahr 1989 ereignete sich eine der schlimmsten Öltankerkatastrophen der Geschichte, die „Exxon Valdez"-Katastrophe. Der Tanker „Exxon Valdez", ein gigantisches Schiff, lief vor der Küste Alaskas auf ein Riff und entleerte etwa 40.000 Tonnen Rohöl in den Pazifik. Der Kapitän des Schiffes, Joseph Hazelwood, wurde für die Katastrophe verantwortlich gemacht. Das Öl verschmutzte unzählige Küstenabschnitte und führte zu einer schweren Umweltkrise. Tausende von Vögeln, Fischen und Meeressäugern, auch Robben und Wale, kamen ums Leben. Dieses Unglück hatte weitreichende Auswirkungen nicht nur auf die Umwelt, sondern auch auf zahlreiche Erwerbszweige wie Fischerei und Tourismus.

1 Markiere alle Appositionen und unterstreiche die Bezugswörter.

2 Erläutere die Funktion der Appositionen im Text (▸ Kasten unten).

Das musst du wissen

Die Apposition

Die Apposition ist ein **Nomen** oder eine **Nominalgruppe**, das/die **im gleichen Kasus** steht **wie das Nomen oder Pronomen, auf das es/sie sich bezieht.** Sie liefert zusätzliche Informationen, macht eine Person oder Sache klarer erkennbar und hilft, den Text besser zu verstehen.

Die Küstentiere, **Seevögel, Meeressäuger und Fische,** sind von einem Massensterben bedroht.

Appositionen können mit den Konjunktionen wie oder als angeschlossen werden.

Ganze Erwerbszweige **wie Fischerei und Tourismus** sind ruiniert.
Der Kapitän **als Hauptverantwortlicher** stand vor Gericht.

Auch **(Vor-/Bei-)Namen, Bezeichnungen des Berufs** sowie **Titel** sind Appositionen.

Der Protest der bekannten Umweltaktivistin **Greta Thunberg** ist wichtig.
Joseph Hazelwood, **der Kapitän**
der Tanker **„Exxon Valdez"**

Ebenso stehen **nach Maß- und Mengenbezeichnungen** Appositionen.

5.000 Kilometer **Küstenlinie**
40.000 Tonnen **Rohöl**

▸ AH, S. 56

3 Bilde aus den beiden Sätzen jeweils einen neuen Satz, der eine Apposition enthält. Markiere die Apposition und unterstreiche das Bezugswort in deinem neuen Satz.

Beispiel: Der Tanker „Exxon Valdez“ war verantwortlich für die Katastrophe. Er entleerte Millionen Liter Öl in den Ozean. ▸ Der Tanker „Exxon Valdez“, verantwortlich für die Katastrophe, entleerte Millionen Liter Öl in den Ozean.

- Der Kapitän des Schiffes hieß Joseph Hazelwood. Er wurde für die Katastrophe verantwortlich gemacht.
- Tausende Tiere starben aufgrund der Ölverschmutzung. Es waren Seelöwen, Wale und Robben.
- Die Reparaturkosten von mehreren Millionen Dollar mussten von der Exxon Corporation getragen werden. Es handelt sich um einen internationalen Energiekonzern.

Das adverbiale Attribut

Die Rettungsaktion gestern verlief schwierig. Der Wind draußen war stark. Ein breiter Ölteppich zog sich die Küste entlang. Die Angst davor schreckte alle auf. Die Küstenbewohner allein waren bald am Ende ihrer Kräfte. Fast gerieten sie in einen Konflikt untereinander. Schnell eilten Freiwillige zur Hilfe. In den Medien lief die Berichterstattung darüber den ganzen Tag. In den Nachrichten gab es Meldungen dazwischen, welche die Lage noch schlimmer erscheinen ließen.

1 Markiere alle adverbialen Attribute und unterstreiche das jeweilige Bezugswort.

Das musst du wissen

Das adverbiale Attribut

Das adverbiale Attribut ist ein **Adverb**, das **meistens hinter** dem Bezugswort steht.

Aus den Wrackteilen **dort** tritt noch immer Öl aus.

Die Helfer **hier** stehen der Ölpest machtlos gegenüber.

Das Adverb kann aber auch ein Adjektivattribut näher beschreiben. Dann steht es vor dem Adjektivattribut und dem gemeinsamen Bezugswort.

Eine **äußerst** wichtige Entscheidung musste getroffen werden.

▸ AH, S. 56

Das Infinitivattribut

Im Jahr 2010 ereignete sich eine der schlimmsten Umweltkatastrophen der Geschichte, als eine Ölplattform im Golf von Mexiko explodierte. Der Wunsch, das auslaufende Öl schnell zu stoppen, stellte sich als Mammutaufgabe heraus. Das Öl verteilte sich schnell und richtete verheerende Schäden an den Küsten an.

Die Idee, die Rettungsmaßnahmen zentral zu koordinieren, erwies sich zudem als äußerst schwierig, da große Mengen Öl das Meer verschmutzten. Die Angst, angesichts der Ölpest hilflos zu sein, war groß.

1 Markiere die Infinitivattribute im Text und unterstreiche das jeweilige Bezugswort.

Das Infinitivattribut

Das Infinitivattribut ist ein **einfacher oder erweiterter Infinitiv**, der **hinter** dem Bezugswort steht.

Die Bereitschaft **zu helfen** (einfacher Infinitiv) ist groß, doch die Angst, **der Ölpest ohnmächtig gegenüberzustehen** (erweiterter Infinitiv), entmutigt manche Helferinnen und Helfer.

Das musst du wissen

▶ AH, S. 56

Nebensätze als Attribute: die Attributsätze

Die Plattform, die als „Deepwater Horizon“ bekannt war, gehörte der BP, einem internationalen Energiekonzern. Bei einem Bohrunfall, der eine Explosion verursachte, wurden Tausende Liter Rohöl in den Ozean freigesetzt. Das Unglück, das sich über mehrere Monate hinzog, führte zu erheblichen Schäden am Meeresökosystem und bedrohte viele Tierarten, die in dieser Region leben. Rettungskräfte, die mit der Bekämpfung des Ölteppichs beauftragt wurden, hatten enorme Schwierigkeiten, den Ölfluss zu stoppen. Die Folgen des Vorfalls, dessen Auswirkungen bis heute spürbar sind, forderten enorme finanzielle Entschädigungen und eine umfassende Untersuchung der Sicherheitsvorkehrungen.

1 Markiere alle Attributsätze und unterstreiche jeweils das Bezugswort.

2 Ersetze die Attributsätze in deinem Heft durch andere, einfache Attribute (▶ **Kasten auf S. 98**), die du in diesem Kapitel kennengelernt hast. Beginne wie folgt:

Die Plattform „Deepwater Horizon“ gehörte dem internationalen Energiekonzern BP.

Das musst du wissen

Der Attributsatz

Attributsätze liefern **ergänzende Informationen zu ihrem Bezugswort.** Es handelt sich meistens um **Relativsätze** (▸ Kästen auf S. 129 und 244). Weil sie Teile von Satzgliedern sind, bezeichnet man sie auch als **Gliedteilsätze.**

Im Jahr 2010 explodierte die Bohrplattform, **die im Golf von Mexiko stand.**

Der Unfall, **der durch eine technische Panne verursacht worden war,** führte zu einer Umweltkatastrophe.

Die Befürchtung, **dass sich eine ähnliche Explosion wiederholen könnte,** führte zu strengeren Sicherheitsvorkehrungen.

Attributsätze können **durch andere, einfache Attribute ersetzt** werden. Jedoch können dadurch Informationen verloren gehen.

Die Folgen, **die das Unglück hinterließ,** waren verheerend.

▸ Die Folgen **des Unglücks** waren verheerend.
Genitivattribut

Nach der Explosion wurden Schiffe, **die speziell ausgestattet waren,** eingesetzt.

▸ Nach der Explosion wurden speziell **ausgestattete** Schiffe eingesetzt.
Adjektivattribut

Trotz der **bis zu fünf Meter hohen** Wellen nahmen die Skimmer-Schiffe den Kampf gegen den Ölteppich wieder auf.

▸ Trotz der Wellen, **die bis zu fünf Meter hoch schlugen,** nahmen die Skimmer-Schiffe den Kampf gegen den Ölteppich wieder auf.

Umgekehrt kann man auch **Attribute zu Attributsätzen umformen.** Sie bieten die Möglichkeit für detaillierte Erläuterungen und komplexe Informationen.

Die Angst, **dass sich immer neue Ölteppiche bilden könnten,** beherrschte die Rettungskräfte.

▸ Die Angst **vor neuen Ölteppichen** beherrschte die Rettungskräfte.
Präpositionales Attribut

▸ AH, S. 57

Die Verwendung der Attribute

1 Durch die Häufung von Attributsätzen wirkt der folgende Text etwas umständlich. Überarbeite ihn und schreibe eine flüssigere Version in dein Heft, indem du die Attributsätze durch andere Attribute ersetzt (▸ Kasten oben).

Es stimmt, dass sich mit Tankerunglücken Folgen verbinden, die verheerend sind. Eine Umweltkatastrophe, die durch ein Leck verursacht wird, ereignet sich folgendermaßen: Ein Öltanker, der eine enorme Größe hat und auf dem Meer unterwegs ist, kollidiert mit einem Riff, das sich unter der Wasseroberfläche befindet und nicht sichtbar ist. Durch das Leck, das in seinem Rumpf entsteht, tritt Öl aus, das

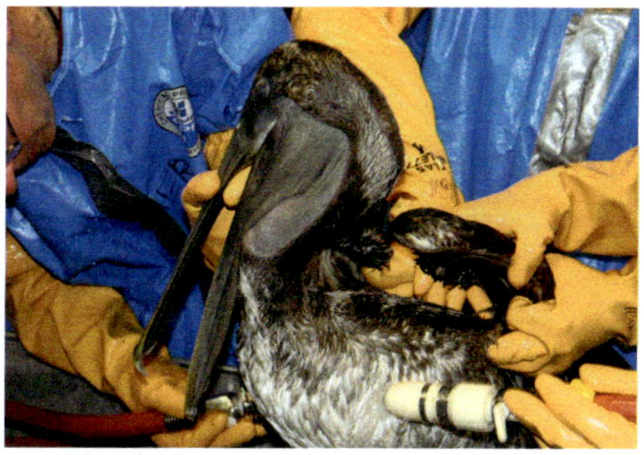

ein großes Volumen hat und sich rasch im Wasser ausbreitet. Nichts kann das Meer, das sonst klar ist, davor bewahren, von einer Schicht aus Öl überzogen zu werden, die dick und schwarz ist und sich auf der Oberfläche ausbreitet. Nach kurzer Zeit sterben zahlreiche Tiere, die in diesem Gebiet leben und deren Lebensraum zerstört ist. Besonders betroffen sind Seevögel, die mit ihrem Gefieder in die klebrige Masse geraten, die sie daran hindert, zu fliegen. Auch zahlreiche Fische, die in dem Wasser schwimmen, das verschmutzt ist, verenden. Die Rettungskräfte, die sich bemühen, die Ausbreitung der Ölteppiche einzudämmen, haben mit Schwierigkeiten zu kämpfen, die erheblich und nicht zu unterschätzen sind.

2 Recherchiere eine andere Umweltkatastrophe.

a) Schreibe zu dieser einen kurzen Text, in den du viele Attributsätze einbaust, auch wenn der Text dann – wie derjenige oben – umständlich klingt.

b) Tauscht eure Texte in Zweierteams aus und formuliert aus dem Text der/des jeweils anderen eine flüssigere, klarere Variante. Verwendet dabei eine Mischung aus Attributen und Attributsätzen, um Abwechslung zu schaffen (▸ Kasten unten).

Das musst du können

So gebrauchst du Attribute

Anstatt immer nur Genitivattribute, Adjektive oder Attributsätze zu verwenden, kannst du deinen Text **abwechslungsreicher gestalten und Überfrachtung vermeiden**, indem du **verschiedene Attributformen** einsetzt.

Die Folgen der Ölkatastrophe waren nur Fachleuten bekannt. Das Ausmaß der Schäden war nicht unbedingt sofort sichtbar. Aber die Schwierigkeiten der Rettungskräfte waren offenkundig.

▸ Die Folgen der Ölkatastrophe waren nur Fachleuten bekannt. Ihr Ausmaß war nicht unbedingt sofort sichtbar. Aber man konnte deutlich die Schwierigkeiten, mit denen sich die Rettungskräfte konfrontiert sahen, erkennen.

Überladene oder schwer verständliche Sätze kannst du vermeiden, indem du **Attributsätze** bildest, die **mehr Klarheit** bieten.

Man konnte keine genaue Bestimmung des Zeitpunktes des schwerwiegenden Tankerunfalls vornehmen.

▸ Man konnte den Zeitpunkt, an dem der schwerwiegende Tankerunfall passiert war, nicht genau bestimmen.

Bei nebensächlichen Ergänzungen solltest du umständliche Formulierungen meiden und **kürzere Ausdrücke verwenden.**

Eine Umweltkatstrophe, die schlimm war, ereignete sich gestern.

▸ Eine schlimme Umweltkatstrophe ereignete sich gestern.

Zum Abschluss

1 Bestimme die im folgenden Text farbig hinterlegten Attribute und unterstreiche die Bezugswörter (► Kasten auf S. 90).

Die Gefahr der Ölkatastrophen

Immer wieder kommt es zu gefährlichen Ölkatastrophen, bei denen große Mengen von schwarzem Erdöl ins Meer gelangen. Diese Umweltkatastrophen, die oft durch Unfälle mit riesigen Öltankern oder beschädigten Bohrinseln verursacht werden, haben schwerwiegende Folgen. Besonders betroffen sind Seevögel, deren mit Öl verklebtes Gefieder seine isolierende Wirkung verliert. Auch Meeressäuger wie Robben oder Delfine, die auf eine saubere Wasseroberfläche angewiesen sind, leiden unter den dichten Ölschichten.

Die Verschmutzung der Ozeane durch Erdöl hat fatale Konsequenzen für die gesamte Nahrungskette der Meeresbewohner. Fische, die in kontaminierten Gebieten leben, nehmen die schädlichen Stoffe auf und geben sie an größere Raubtiere weiter. Dadurch gelangt das Gift in die Nahrung des Menschen. Das bringt gesundheitliche Risiken mit sich.

Die Beseitigung der Ölschicht, die sich wie eine tödliche Falle auf der Wasseroberfläche ausbreitet, ist aufwendig und teuer. Freiwillige Helferinnen und Helfer, engagierte Umweltorganisationen und spezialisierte Einsatzkräfte arbeiten unermüdlich daran, die Schäden zu begrenzen. Doch selbst moderne Reinigungsmethoden, von denen viele eine schnelle Lösung versprechen, können nicht verhindern, dass ein Teil des Öls auf den Meeresboden sinkt und dort langfristig Schaden anrichtet.

Um zukünftige Ölkatastrophen zu vermeiden, sind strengere Sicherheitsvorschriften für Öltanker und Bohrplattformen unerlässlich. Auch alternative Energiequellen, deren Nutzung die Abhängigkeit von Erdöl reduziert, spielen eine entscheidende Rolle im Kampf gegen die Verschmutzung der Meere.

2 Formuliere folgenden Text mithilfe von Attributen so um, dass er lebendiger und detaillierter wird (► Kasten auf S. 99).

Nach einer Tankerkatastrophe ist die Rettung der Tiere wichtig. Viele Seevögel und Meerestiere kämpfen ums Überleben. Helferinnen und Helfer sammeln die Tiere ein. Sie bringen sie in Stationen. Dort werden die Tiere versorgt. Manche brauchen Medikamente. Andere müssen gefüttert werden. Wenn sie sich erholt haben, werden sie wieder in ihre Umgebung entlassen.

3 Die Folgen einer Ölpest im Meer:

a) Sieh dir das Video über die Folgen einer Ölpest im Meer an (► QR-Code).
b) Notiere die wichtigsten Inhalte stichwortartig.
c) Verfasse einen ausführlichen Text, in dem du die Inhalte des Videos abwechslungsreich und detailliert mithilfe von treffenden Attributen beschreibst (► Kasten auf S. 99).

Die Satzanalyse: Satzglieder und Attribute

In Kapitel 2 hast du die Satzglieder wiederholt. Zur Erinnerung: Ein Satz besteht nicht aus willkürlich aneinandergereihten Wörtern, sondern aus verschiedenen Bauteilen – den Satzgliedern. Satzglieder lassen sich im Satz nur als Ganzes verschieben (Umstellprobe). Die vier Satzglieder sind: Subjekt, Prädikat, Objekte und Adverbiale (▸ S. 54–69). Innerhalb dieser Satzglieder findest du die Attribute (▸ Kästen auf S. 90–103).

1 Bestimme in den folgenden Sätzen die Satzglieder.

2 Markiere die in den Satzgliedern enthaltenen Attribute und bestimme sie. Wenn du dir unsicher bist, suche das Bezugswort (▸ Kasten auf S. 90).

Beispiel: Während unseres Schullandheimaufenthalts erkundeten wir

Pronomen als Attribut

Temporaladverbial | Prädikat | Subjekt

die faszinierende Wattlandschaft an der Nordseeküste.

Adjektivattribut | präpositionales Attribut

Akkusativobjekt

a) Ein starker Wind pfiff uns kalt um die Ohren.

b) Der hohe Deich schützt die kleine Küstenstadt zuverlässig vor Sturmfluten.

c) Hinter dem breiten Deich erstrecken sich weite grüne Wiesen bis zum Horizont.

d) Mit großer Geduld erklärte Herr Günter Klein, unser freundlicher

Wattführer, die bemerkenswerten Eigenheiten des Wattenmeers.

3

e) Das salzige Meerwasser hinterließ auf unserer Kleidung kleine Salzränder.

f) Die neugierigen Schülerinnen und Schüler beobachteten fasziniert

die unzähligen Vögel des Wattenmeeres.

g) Fünf mutige Schüler wagten bei Ebbe einen barfüßigen Spaziergang durch das Watt.

h) Nach einem langen Spaziergang über den Deich wärmten wir uns in dem

gemütlichen Gasthaus „Der Schimmelreiter“ auf.

i) Spannende Geschichten über das Seefahrerleben erzählten die Lehrerinnen

am Abend den begeisterten Schülerinnen und Schülern.

Für die Beispielsätze ab hier lies zuerst den Kasten auf der nächsten Seite.

▸ **j)** Unser Wattführer, ein erfahrener Biologe, erklärte uns die besondere

Anpassungsfähigkeit der Wattbewohner, die bei Ebbe und Flut überleben müssen.

k) Die Nordsee, ein beeindruckendes und oft stürmisches Gewässer, zieht jedes

Jahr zahlreiche neugierige Touristen an, die das einzigartige Wattenmeer

erkunden wollen.

l) Der Deich, eine massive Schutzmauer aus Erde und Gras, wurde errichtet, um

die Küstenbewohner vor Sturmfluten zu schützen, die besonders im Herbst und

Winter auftreten.

Attribute zu Attributen

Das musst du wissen

Innerhalb eines Attributs können **weitere Attribute** vorkommen, die dann als Attribute zweiten oder dritten Grades bezeichnet werden: Ein **Attribut zweiten Grades** beschreibt ein anderes Attribut (also ein Attribut ersten Grades). Ein **Attribut dritten Grades** wiederum präzisiert das Attribut zweiten Grades. Diese **Verschachtelung** kann theoretisch beliebig fortgesetzt werden und findet **vor allem in literarischen und wissenschaftlichen Texten** Anwendung. Sie kann jedoch die **Lesbarkeit beeinträchtigen**, wenn sie übermäßig eingesetzt wird.
Sinnvoll angewendet, ermöglicht eine Verschachtelung durch mehrere voneinander abhängige Attribute aber, ein Bezugswort noch **detaillierter** zu beschreiben und **zusätzliche Informationen** zu geben.

Eine Stimmung **von Trauer und Sorge**

Bezugswort — Attribut ersten Grades (bestimmt die Stimmung näher)

nach schweren Verlusten und langer Unsicherheit lag über dem Küstenort.

Attribute dritten Grades (bestimmen Verluste bzw. Unsicherheit näher)

Attribut zweiten Grades (bestimmt Trauer und Sorge näher)

► AH, S. 58–60

4 Zwischen Trümmern und Hoffnung

Köln, 1945

1 Nennt Wörter, die euch zum Begriff „Trümmer“ einfallen.

2 Diskutiert, welche Gefühle und Gedanken die Bilder in euch auslösen.

3 **a)** Schaut euch das Video im QR-Code zur Nachkriegszeit an.
b) Sammelt Fragen und Themen, die Autorinnen und Autoren nach 1945 beschäftigt haben könnten.

In diesem Kapitel lernst du,

- anhand von Trümmerliteratur Kurzgeschichten und Erzählungen im historischen Kontext zu deuten.

Des Weiteren wiederholst und vertiefst du

- die Merkmale der Kurzgeschichte,
- die Personengestaltung und Erzählweise,
- den Unterschied zwischen Haupt- und Nebensatz,
- die unterschiedlichen Formen und Funktionen von Nebensätzen.

Kurzgeschichten aus der Nachkriegszeit

Wolfgang Borchert

Nachts schlafen die Ratten doch

Das hohle Fenster in der vereinsamten Mauer gähnte blaurot voll früher Abendsonne. Staubgewölke flimmerten zwischen den steilgereckten Schornsteinresten. Die Schuttwüste döste. Er hatte die Augen zu. Mit einmal wurde es noch dunkler. Er merkte, dass jemand gekommen war und nun vor ihm stand, dunkel, leise. Jetzt haben sie mich!, dachte er. Aber als er ein bisschen blinzelte, sah er nur zwei etwas ärmlich behoste Beine. Die standen ziemlich krumm vor ihm, dass er zwischen ihnen hindurchsehen konnte. Er riskierte ein kleines Geblinzel an den Hosenbeinen hoch und erkannte einen älteren Mann. Der hatte ein Messer und einen Korb in der Hand. Und etwas Erde an den Fingerspitzen.

Du schläfst hier wohl, was?, fragte der Mann und sah von oben auf das Haargestrüpp herunter. Jürgen blinzelte zwischen den Beinen des Mannes hindurch in die Sonne und sagte: Nein, ich schlafe nicht. Ich muss hier aufpassen. Der Mann nickte: So, dafür hast du wohl den großen Stock da?

Ja, antwortete Jürgen mutig und hielt den Stock fest.

Worauf passt du denn auf?

Das kann ich nicht sagen. Er hielt die Hände fest um den Stock.

Wohl auf Geld, was? Der Mann setzte den Korb ab und wischte das Messer an seinem Hosenboden hin und her.

Nein, auf Geld überhaupt nicht, sagte Jürgen verächtlich. Auf ganz etwas anderes.

Na, was denn?

Ich kann es nicht sagen. Was anderes eben.

Na, denn nicht. Dann sage ich dir natürlich auch nicht, was ich hier im Korb habe. Der Mann stieß mit dem Fuß an den Korb und klappte das Messer zu.

Pah, kann mir denken, was in dem Korb ist, meinte Jürgen geringschätzig; Kaninchenfutter.

Donnerwetter, ja!, sagte der Mann verwundert; bist ja ein fixer Kerl. Wie alt bist du denn?

Neun.

Oha, denk mal an, neun also. Dann weißt du ja auch, wie viel drei mal neun sind, wie?

Klar, sagte Jürgen, und um Zeit zu gewinnen, sagte er noch: Das ist ja ganz leicht. Und er sah durch die Beine des Mannes hindurch. Dreimal neun, nicht?, fragte er noch mal, siebenundzwanzig. Das wusste ich gleich.

Stimmt, sagte der Mann, und genau so viel Kaninchen habe ich.

Jürgen machte einen runden Mund: Siebenundzwanzig?

Du kannst sie sehen. Viele sind noch ganz jung. Willst du?

Ich kann doch nicht. Ich muss doch aufpassen, sagte Jürgen unsicher.
Immerzu?, fragte der Mann, nachts auch?
Nachts auch. Immerzu. Immer. Jürgen sah an den krummen Beinen hoch. Seit Sonnabend schon, flüsterte er.
Aber gehst du denn gar nicht nach Hause? Du musst doch essen.
Jürgen hob einen Stein hoch. Da lag ein halbes Brot. Und eine Blechschachtel.
Du rauchst?, fragte der Mann, hast du denn eine Pfeife?
Jürgen fasste seinen Stock fest an und sagte zaghaft: Ich drehe. Pfeife mag ich nicht.
Schade, der Mann bückte sich zu seinem Korb, die Kaninchen hättest du ruhig mal ansehen können. Vor allem die Jungen. Vielleicht hättest du dir eines ausgesucht. Aber du kannst hier ja nicht weg.

Nein, sagte Jürgen traurig, nein nein.
Der Mann nahm den Korb hoch und richtete sich auf. Na ja, wenn du hierbleiben musst – schade. Und er drehte sich um. Wenn du mich nicht verrätst, sagte Jürgen da schnell, es ist wegen der Ratten.
Die krummen Beine kamen einen Schritt zurück: Wegen der Ratten?
Ja, die essen doch von den Toten. Von Menschen. Da leben sie doch von.
Wer sagt das?
Unser Lehrer.
Und du passt nun auf die Ratten auf?, fragte der Mann.
Auf die doch nicht! Und dann sagte er ganz leise: Mein Bruder, der liegt nämlich da unten. Da. Jürgen zeigte mit dem Stock auf die zusammengesackten Mauern. Unser Haus kriegte eine Bombe. Mit einmal war das Licht weg im Keller. Und er auch. Wir haben noch gerufen. Er war viel kleiner als ich. Erst vier. Er muss hier ja noch sein. Er ist doch viel kleiner als ich.
Der Mann sah von oben auf das Haargestrüpp. Aber dann sagte er plötzlich: Ja, hat euer Lehrer euch denn nicht gesagt, dass die Ratten nachts schlafen?
Nein, flüsterte Jürgen und sah mit einmal ganz müde aus, das hat er nicht gesagt.
Na, sagte der Mann, das ist aber ein Lehrer, wenn er das nicht mal weiß. Nachts schlafen die Ratten doch. Nachts kannst du ruhig nach Hause gehen. Nachts schlafen sie immer. Wenn es dunkel wird, schon.
Jürgen machte mit seinem Stock kleine Kuhlen in den Schutt.
Lauter kleine Betten sind das, dachte er, alles kleine Betten. Da sagte der Mann (und seine krummen Beine waren ganz unruhig dabei): Weißt du was? Jetzt füttere

ich schnell meine Kaninchen, und wenn es dunkel wird, hole ich dich ab. Vielleicht kann ich eins mitbringen. Ein kleines oder, was meinst du?
Jürgen machte kleine Kuhlen in den Schutt. Lauter kleine Kaninchen. Weiße, graue, weißgraue. Ich weiß nicht, sagte er leise und sah auf die krummen Beine, wenn sie wirklich nachts schlafen.
Der Mann stieg über die Mauerreste weg auf die Straße. Natürlich, sagte er von da, euer Lehrer soll einpacken, wenn er das nicht mal weiß.
Da stand Jürgen auf und fragte: Wenn ich eins kriegen kann? Ein weißes vielleicht? Ich will mal versuchen, rief der Mann schon im Weggehen, aber du musst hier so lange warten. Ich gehe dann mit dir nach Hause, weißt du? Ich muss deinem Vater doch sagen, wie so ein Kaninchenstall gebaut wird. Denn das müsst ihr ja wissen. Ja, rief Jürgen, ich warte. Ich muss ja noch aufpassen, bis es dunkel wird. Ich warte bestimmt. Und er rief: Wir haben auch noch Bretter zu Hause, Kistenbretter, rief er. Aber das hörte der Mann schon nicht mehr. Er lief mit seinen krummen Beinen auf die Sonne zu. Die war schon rot vom Abend und Jürgen konnte sehen, wie sie durch die Beine hindurchschien, so krumm waren sie. Und der Korb schwankte aufgeregt hin und her. Kaninchenfutter war da drin. Grünes Kaninchenfutter, das war etwas grau vom Schutt.

1. Besprecht, wie der Anfang der Kurzgeschichte (▸ Z. 1–4) auf euch wirkt.

2. Beschreibe die Situation des Jungen.

3. Untersuche, wie der Dialog zwischen dem Mann und dem Jungen verläuft.

4. Erkläre den Titel in Zusammenhang mit der Handlung der Kurzgeschichte.

5. Wolfgang Borchert schafft in dieser Kurzgeschichte Stimmungen durch Farben. Unterstreiche alle Farben im Text und ordne sie anschließend in einer Tabelle entweder den Stimmungen „Freude und Hoffnung“ oder „Trauer und Hoffnungslosigkeit“ zu.

6. Erläutere, woran man erkennen kann, dass dieser Text aus der Nachkriegszeit stammt. Markiere dazu in unterschiedlichen Farben, wie der Schauplatz und die Personen beschrieben werden.

Heinrich Böll

Die Toten parieren nicht mehr

Der Leutnant sagte, wir sollten uns hinlegen, und wir legten uns hin. Es war an einem Waldrand, und die Sonne schien, es war Frühling, alles war still, und wir wussten, dass der Krieg jetzt bald zu Ende war. Die noch Tabak hatten, fingen an zu rauchen, und wir anderen versuchten zu schlafen, denn wir waren müde, hatten seit drei Tagen nicht viel gegessen und viele Gegenstöße gemacht. Es war so wunderbar still, und irgendwo sangen auch Vögel, und die ganze Luft war voll einer sanften feuchten Zärtlichkeit ...

Plötzlich fing der Leutnant an zu brüllen. Er schrie: „He!“ Dann wurde er wütend und rief: „He, Sie da!“ Und dann wurde er ganz rasend, und seine Stimme überschlug sich: „Eh, Sie, eh, Sie, Sie!“ Und dann sahen wir, wen er meinte. Drüben an der anderen Seite des Waldweges saß jemand, der an einen Baum gelehnt schlief. Es war ein ganz simpler grauer Soldat, der, an einem Baum gelehnt, schlief; und dieser Soldat lächelte ganz süß mit seinem Sommersprossengesicht, und wir dachten, der Leutnant würde verrückt, denn der Leutnant schrie immer mehr und der Schlafende lächelte immer mehr ...

Schlafende Soldaten im Zweiten Weltkrieg

Die angefangen hatten zu rauchen, hörten jetzt auf zu rauchen, und die, die hatten schlafen wollen, waren jetzt wach, und manche von uns lächelten auch.
Es war Frühling, mild und süß, und wir wussten, dass der Krieg jetzt bald zu Ende war.
Plötzlich schrie der Leutnant nicht mehr, er sprang auf, setzte mit zwei Schritten über den Waldweg und schlug dem Schlafenden ins Gesicht.
Aber jetzt sahen wir, dass der Schlafende tot war. Ohne ein Wort zu sagen, fiel er um, und er lächelte nicht mehr: In seinem Gesicht war ein furchtbares Grinsen, und der Leutnant, der blass zurückkam, tat uns gar nicht leid, denn wir hatten keine Freude mehr an der Sonne, keine Lust mehr an dieser sanften, feuchten, zärtlichen Frühlingsluft, und es schien uns gleichgültig, ob der Krieg nun zu Ende ging oder nicht. Wir spürten plötzlich, dass wir alle tot waren, auch der Leutnant, denn er grinste jetzt und hatte gar keine Uniform mehr an ...

1 Vergleiche die Stimmung zu Beginn und am Ende der Geschichte.

2 Untersuche das Verhalten des Leutnants und beurteile es.

3 Erläutere den letzten Satz der Kurzgeschichte, indem du einen Bezug zur Trümmerliteratur (► Kasten auf S. 112 unten) herstellst.

4

Wolfgang Borchert

Das Holz für morgen

Er machte die Etagentür hinter sich zu. Er machte sie leise und ohne viel Aufhebens hinter sich zu. Obgleich er sich das Leben nehmen wollte. Das Leben, das er nicht verstand und in dem er nicht verstanden wurde. Er wurde nicht von denen verstanden, die er liebte. Und gerade das hielt er nicht aus, dieses Aneinandervorbeisein mit denen, die er liebte. Aber es war noch mehr da, das so groß wurde, dass es alles überwuchs, und das sich nicht wegschieben lassen wollte. Das war, dass er nachts weinen konnte, ohne dass die, die er liebte, ihn hörten. Das war, dass er sah, dass seine Mutter, die er liebte, älter wurde, und dass er das sah. Das war, dass er mit den anderen im Zimmer sitzen konnte, mit ihnen lachen konnte und dabei einsamer war als je. Das war, dass die anderen es nicht schießen hörten, wenn er es hörte. Dass sie das nie hören wollten. Das war dieses Aneinandervorbeisein mit denen, die er liebte, das er nicht aushielt.

Nun stand er im Treppenhaus und wollte zum Boden hinaufgehen und sich das Leben nehmen. Er hatte die ganze Nacht überlegt, wie er das machen wollte, und er war zu dem Entschluss gekommen, dass er vor allem auf den Boden hinaufgehen müsse, denn da wäre man allein und das war die Vorbedingung für alles andere. Zum Erschießen hatte er nichts und Vergiften war ihm zu unsicher. Keine Blamage wäre größer gewesen, als dann mithilfe eines Arztes wieder in das Leben zurückzukommen, und die vorwurfsvollen mitleidigen Gesichter der anderen, die so voll Liebe und Angst für ihn waren, ertragen zu müssen. Und sich ertränken, das fand er zu pathetisch, und sich aus dem Fenster stürzen, das fand er zu aufgeregt. Nein, das Beste würde es sein, man ginge auf den Boden. Da war man allein. Da war es still. Da war alles ganz unauffällig und ohne viel Aufhebens. Und da waren vor allem die Querbalken vom Dachstuhl. Und der Wäschekorb mit der Leine. Als er die Etagentür leise hinter sich zugezogen hatte, fasste er ohne zu zögern nach dem Treppengeländer und ging langsam nach oben. Das kegelförmige Glasdach über dem Treppenhaus, das von ganz feinem Maschendraht wie von Spinngewebe durchzogen war, ließ einen blassen Himmel hindurch, der hier oben dicht unter dem Dach am hellsten war. Fest umfasste er das saubere, hellbraune Treppengeländer und ging leise und ohne viel Aufhebens nach oben.

Da entdeckte er auf dem Treppengeländer einen breiten, weißen Strich, der vielleicht auch etwas gelblich sein konnte. Er blieb stehen und fühlte mit dem Finger darüber, dreimal, viermal. Dann sah er zurück. Der weiße Strich ging auf dem ganzen Geländer entlang. Er beugte sich etwas vor. Ja, man konnte ihn bis tief in die dunkleren Stockwerke nach unten verfolgen. Dort wurde er ebenfalls bräunlicher, aber er blieb doch einen ganzen Farbton heller als das Holz des Geländers. Er ließ seinen Finger ein paar Mal auf dem weißen Strich entlangfahren, dann sagte er plötzlich: Das hab' ich ja ganz vergessen. Er setzte sich auf die Treppe. Und jetzt wollte ich mir das Leben nehmen und hatte das beinahe vergessen. Dabei war ich es doch. Mit der kleinen Feile, die Karlheinz gehörte. Die habe ich in

die Faust genommen und dann bin ich in vollem Tempo die Treppe runtergesaust und habe dabei die Feile tief in das weiche Geländer gedrückt. In den Kurven habe ich besonders stark gedrückt, um zu bremsen. Als ich unten war, ging über das Treppengeländer vom Boden bis zum Erdgeschoss eine tiefe, tiefe Rille. Das war ich. Abends wurden alle Kinder verhört. Die beiden Mädchen unter uns, Karlheinz und ich. Und der nebenan. Die Hauswirtin sagte, das würde mindestens vierzig Mark kosten. Aber unsere Eltern wussten sofort, dass es von uns keiner gewesen war. Dazu gehörte ein ganz scharfer Gegenstand, und den hatte keiner von uns, das wussten sie genau. Außerdem verschandelte doch kein Kind das Treppengeländer in seinem eigenen Haus. Und dabei war ich es. Ich mit der kleinen spitzen Feile. Als keiner von den Familien die vierzig Mark für die Reparatur des Treppengeländers bezahlen wollte, schrieb die Hauswirtin auf die nächste Mieterrechnung je Haushalt fünf Mark mehr drauf für Instandsetzungskosten des stark demolierten Treppenhauses. Für dieses Geld wurde dann gleich das ganze Treppenhaus mit Linoleum ausgelegt. Und Frau Daus bekam ihren Handschuh ersetzt, den sie sich an dem aufgesplitterten Geländer zerrissen hatte. Ein Handwerker kam, hobelte die Ränder der Rille glatt und schmierte sie dann mit Kitt aus. Vom Boden bis zum Erdgeschoss. Und ich, ich war es.
Und jetzt wollte ich mir das Leben nehmen und hatte das beinahe vergessen. Er setzte sich auf die Treppe und nahm einen Zettel. Das mit dem Treppengeländer war ich, schrieb er da drauf. Und dann schrieb er oben darüber: An Frau Kaufmann, Hauswirtin. Er nahm das ganze Geld aus seiner Tasche, es waren zweiundzwanzig Mark, und faltete den Zettel da herum. Er steckte ihn oben in die kleine Brusttasche. Da finden sie ihn bestimmt, dachte er, da müssen sie ihn ja finden. Und er vergaß ganz, dass sich keiner mehr daran erinnern würde. Er vergaß, dass es schon elf Jahre her war, das vergaß er. Er stand auf, die Stufe knarrte ein wenig. Er wollte jetzt auf den Boden gehen. Er hatte das mit dem Treppengeländer erledigt und konnte jetzt nach oben gehen. Da wollte er sich noch einmal aufsagen, dass er es nicht mehr aushielte, das Aneinandervorbeisein mit denen, die er liebte, und dann wollte er es tun. Dann würde er es tun. Unten ging eine Tür. Er hörte, wie seine Mutter sagte: Und dann sag ihr, sie soll das Seifenpulver nicht vergessen. Dass sie auf keinen Fall das Seifenpulver vergisst. Sag ihr, dass der Junge extra mit dem Wagen los ist, um das Holz zu holen, damit wir morgen waschen können. Sag ihr, das wäre für Vater eine große Erleichterung, dass er nicht mehr mit dem Holzwagen los braucht und dass der Junge wieder da ist. Der Junge ist extra los heute. Vater sagt, das wird ihm Spaß machen. Das hat er die ganzen Jahre nicht tun können. Nun kann er Holz holen. Für uns. Für morgen zum Waschen. Sag ihr das, dass er extra mit dem Wagen los ist und dass sie mir nicht das Seifenpulver vergisst. Er hörte eine Mädchenstimme antworten. Dann wurde die Tür zugemacht, und das Mädchen lief die Treppen hinunter. Er konnte ihre kleine rutschende Hand das ganze Treppengeländer entlang bis unten verfolgen. Dann hörte er nur ihre Beine noch. Dann war es still. Man hörte das Geräusch, das die Stille machte.

Er ging langsam die Treppe abwärts, langsam Stufe um Stufe abwärts. Ich muss das Holz holen, sagte er, natürlich, das hab' ich ja ganz vergessen. Ich muss ja das Holz holen, für morgen. Er ging immer schneller die Treppen hinunter und ließ seine Hand dabei kurz hintereinander auf das Treppengeländer klatschen. Das Holz, sagte er, ich muss ja das Holz holen. Für uns. Für morgen. Und er sprang die letzten Stufen mit großen Sätzen abwärts. Ganz oben ließ das dicke Glasdach einen blassen Himmel hindurch. Hier unten aber mussten die Lampen brennen. Jeden Tag. Alle Tage.

1. Erkläre den Plan des jungen Mannes und nenne seine Gründe (▸ Z. 15–32).
2. Notiere in einem Flussdiagramm, wie sich der junge Mann im Verlauf des Geschehens fühlt. Erläutere, wann und warum sich seine Einstellung ändert.
3. Beschreibe das Verhältnis des jungen Mannes zu seinem Umfeld.
4. Erkläre den Schluss der Erzählung. Berücksichtige dabei auch den Titel.
5. Untersuche Form (Sprache) und Symbolik der Erzählung: Inwiefern besteht eine Verbindung zum Inhalt?

Das musst du wissen

Die Symbolik

Symbolik bedeutet, dass ein konkretes Element im Text nicht nur seine wörtliche Bedeutung hat, sondern zugleich **für etwas anderes (Abstraktes) steht**. In der Literatur werden häufig Gegenstände, Lebewesen oder wiederkehrende Ausdrücke symbolisch gebraucht, sie haben eine **übertragene Bedeutung** und spielen für die Aussage des Werks eine **wichtige Rolle**.
Die Ratten in Borcherts Kurzgeschichte „Nachts schlafen die Ratten doch" symbolisieren den Tod und die Zerstörung nach dem Krieg.

▸ AH, S. 6–11

6. Erläutere, inwiefern es sich bei der Kurzgeschichte „Das Holz für morgen" um Trümmerliteratur (▸ Kasten unten) handelt.

Das musst du wissen

Die Trümmerliteratur

In der direkten **Nachkriegszeit, 1945–1950**, setzten sich einige Autorinnen und Autoren mit dem **Krieg und dessen Folgen** für Einzelne und die Gesellschaft auseinander. Oft stehen **Schuld** und **Wertvorstellungen** oder die **Heimkehr** der Soldaten und Kriegsgefangenen und deren **Existenz in Nachkriegsdeutschland** im Zentrum. Die Literatur dieser Zeit wird als **Trümmerliteratur** oder **Literatur der Stunde Null** bezeichnet, da viele Städte in Trümmern lagen und die Menschen von vorne anfangen mussten.

▸ AH, S. 12–13

Trümmerfrauen – Mythos oder Realität?

Die Bilder zeigen typische Szenen der deutschen Nachkriegszeit, in der u. a. Borcherts Text auf S. 106 spielt.

1 Beschreibe die Bilder. Was fällt dir auf?
Tipp: Achte auf Kleidung, Werkzeuge und Atmosphäre.

2 **a)** In der Nachkriegszeit wurde das Bild der sogenannten „Trümmerfrauen“ oft als Symbol für den Wiederaufbau Deutschlands genutzt. Informiert euch mithilfe des Artikels im QR-Code über dieses Thema.
b) Vergleicht das, was ihr aus dem Artikel erfahren habt, mit dem Film hinter dem QR-Code auf S. 104.
Tipp: Bezieht euch dabei auf die Aussagen der Zeitzeuginnen.
c) Diskutiert, warum das Bild der Trümmerfrauen später politisch wichtig geworden ist.

3 Erläutere, inwiefern der Mythos der „Trümmerfrauen“ andere Aspekte der Zeit nach 1945 ausblendet.

4

Sich mit literarischen Texten auseinandersetzen

Texte im historischen und biografischen Kontext interpretieren

Der Zweite Weltkrieg und die Stunde Null

Adolf Hitler glaubte in seinem Größenwahn, mit seiner Armee, der Wehrmacht, die ganze Welt besiegen zu können. Im September 1939 überfiel die deutsche Armee Polen, woraufhin England und Frankreich dem Deutschen Reich den Krieg erklärten. Indem Hitler im Jahr darauf den „Westfeldzug" in die Wege leitete, setzte er seinen „Blitzkrieg" fort: Am 10. Mai 1940 überfiel Deutschland die Niederlande, Belgien und Luxemburg. Kurze Zeit später marschierten deutsche Truppen in Frankreich ein und besetzten das Land innerhalb von nur sechs Wochen. Schließlich befand sich Deutschland mit fast allen europäischen Ländern im Krieg. Zuerst schienen die Deutschen überall zu siegen. Erst im Kampf gegen die Sowjetunion erlitten ihre Truppen zunehmend schwere Niederlagen: Der eisige und lange russische Winter 1941 stoppte die deutsche Offensive. Im Frühjahr 1942 drang die Wehrmacht in Südrussland weiter vor, doch bei der Stadt Stalingrad (heute Wolgograd) zog sich eine Schlacht immer mehr in die Länge und wurde schließlich zum Wendepunkt des deutschen Krieges im Osten: Die deutschen Truppen wurden hier eingekesselt und besiegt. Bis 1943 waren auf deutscher und auf russischer Seite Hunderttausende gefallen. Zu Hause in Deutschland waren die Jahre zwischen 1942 und 1945 für die Bevölkerung besonders schlimm. Bei den Luftangriffen der Alliierten wurden viele deutsche Städte zerstört und es gab viele Todesopfer. Nach fünf Jahren war für die Deutschen die Lage aussichtslos, doch eine Kapitulation kam für Hitler nicht infrage. Er schickte in den letzten Kriegsmonaten sogar Kinder als Soldaten in den Kampf, ehe er sich am 30. April das Leben nahm und der Krieg schließlich im Mai 1945 zu Ende und Deutschland besiegt war. Große Teile Europas waren zerstört. Viele Kinder hatten ihre Eltern verloren und lebten auf der Straße. Die Bevölkerung litt Hunger und Not.

Hamburg, 1945

1 **a)** Lies den Text und schau dir den Film-Beitrag an (▸ QR-Code).
b) Beschreibe das Leben in Deutschland in der direkten Nachkriegszeit.

2 **Stelle einen Zusammenhang zwischen dem geschichtlichen Hintergrund und den folgenden Stellen aus den bisher gelesenen Texten her. Beurteile, inwiefern die Informationen über den historischen Hintergrund für die Deutung der Textstellen wichtig sind.**

„Es war Frühling, mild und süß, und wir wussten, dass der Krieg jetzt bald zu Ende war.“ (▸ **S. 109, Z. 3–5**)

„Das war, dass die anderen es nicht schießen hörten, wenn er es hörte. Dass sie das nie hören wollten.“ (▸ **S. 110, Z. 12–13**)

„Jürgen zeigte mit dem Stock auf die zusammengesackten Mauern. Unser Haus kriegte eine Bombe. Mit einmal war das Licht weg im Keller. Und er auch. Wir haben noch gerufen. Er war viel kleiner als ich. Erst vier. Er muss hier ja noch sein.“ (▸ **S. 107, Z. 68–70**)

Wolfgang Borchert

Draußen vor der Tür
[Auszug]

[Untertitel:] Ein Stück, das kein Theater spielen und kein Publikum sehen will (Schauspiel, 1946)

Weitere Auszüge aus diesem Drama findest du im **AH, S. 14–24**.

Beckmann: [...] Das ist das Leben! Ein Mensch ist da, und der Mensch kommt nach Deutschland, und der Mensch friert. Der hungert und der humpelt! Ein Mann kommt nach Deutschland! Er kommt nach Hause, und da ist sein Bett besetzt. Eine Tür schlägt zu, und er steht draußen.
Ein Mann kommt nach Deutschland! Er findet ein Mädchen, aber das Mädchen hat einen Mann, der hat nur ein Bein und der stöhnt andauernd einen Namen. Und der Name heißt Beckmann. Eine Tür schlägt zu, und er steht draußen.
Ein Mann kommt nach Deutschland! Er sucht Menschen, aber ein Oberst lacht sich halb tot. Eine Tür schlägt zu, und er steht wieder draußen.
Ein Mann kommt nach Deutschland! Er sucht Arbeit, aber ein Direktor ist feige, und die Tür schlägt zu, und wieder steht er draußen.
Ein Mann kommt nach Deutschland! Er sucht seine Eltern, aber eine alte Frau trauert um das Gas, und die Tür schlägt zu, und er steht draußen.
Ein Mann kommt nach Deutschland! Und dann kommt der Einbeinige – teck – tock – teck – kommt er, teck – tock, und der Einbeinige sagt: [...] Und der Mörder bin ich. Ich? Der Gemordete, ich, den sie gemordet haben, ich bin der Mörder? Wer schützt uns davor, dass wir nicht Mörder werden? Wir werden jeden Tag ermordet, und jeden Tag begehn wir einen Mord! Wir gehen jeden Tag an einem Mord vorbei! Und der Mörder Beckmann hält das nicht mehr aus, gemordet zu werden und Mörder zu sein. Und er schreit der Welt ins Gesicht: Ich sterbe! Und dann liegt er irgendwo auf der Straße, der Mann, der nach Deutschland kam, und stirbt. Früher lagen Zigarettenstummel, Apfelsinenschalen und Papier auf der Straße, heute sind es Menschen, das sagt weiter nichts.

4

1 Erläutere, worum es in Borcherts Theaterstück „Draußen vor der Tür“ geht. Beachte hierbei auch den Untertitel.

2 Arbeite die Parallelen zwischen dem Autor, Wolfgang Borchert (▸ folgende Biografie), und Beckmann, dem Mann, der nach Deutschland kommt, heraus.

Wolfgang Borchert – einer der wichtigsten deutschen Autoren der Nachkriegszeit

Wolfgang Borchert wurde am **20. Mai 1921** in Hamburg als Sohn eines Volksschullehrers und einer Schriftstellerin geboren. Bereits mit fünfzehn Jahren schrieb er erste Gedichte. **1939** begann er eine Lehre als Buchhändler, die er jedoch Ende 1940 abbrach. Anschließend nahm er Schauspielunterricht.
Im März **1941** wurde er an einer Lüneburger Wanderbühne als Schauspieler engagiert. Doch schon im Juni musste er zum Kriegsdienst antreten. Er selbst bezeichnete die kurze Periode am Theater als die schönste seines Lebens.
1942/43 wurde Borchert verwundet und erkrankte an Diphterie. Er wurde wegen Selbstverstümmlung angeklagt, jedoch freigesprochen. Aber er blieb in Untersuchungshaft und wurde wegen „defätistischer Äußerungen“ zu mehreren Monaten Gefängnis verurteilt. Im November wurde er zur „Bewährung“ an die Ostfront versetzt. Aufgrund von Krankheit wurde er im Dezember in ein Lazarett eingeliefert und Anfang 1943 aus der Armee entlassen.
1943 trat Borchert als Kabarettist auf, wurde jedoch wegen einer Parodie auf Joseph Goebbels, den Reichsminister für Volksaufklärung und Propaganda, verhaftet.
1944 wurde Borchert wegen Defätismus erneut zu neun Monaten Gefängnis verurteilt. Er wurde jedoch vorzeitig entlassen.
Kurz vor Kriegsende wurde er noch einmal als Soldat eingesetzt, doch er und seine Kameraden ergaben sich den Amerikanern, die ihn daraufhin in die französische Kriegsgefangenschaft übergaben.
1945 floh Borchert aus der französischen Kriegsgefangenschaft und legte den rund 600 Kilometer langen Weg in seine Heimatstadt Hamburg schwerkrank zu Fuß zurück. Als er am 10. Mai dort ankam, war er körperlich und psychisch schwer mitgenommen. In den Wochen und Monaten nach Kriegsende ging es ihm wie vielen, die den Krieg erlebt haben: Er sprach ungern von seinen Erfahrungen und Erlebnissen im Krieg und in der Haft und hielt sich stattdessen an Zukunftsplänen fest. Die verlorene Zeit, so hatte er sich vorgenommen, wollte er nachholen.

defätistisch, der Defätismus: die Einstellung eines Menschen, der nicht an den Sieg glaubt

Borchert schrieb in den Jahren nach Kriegsende zahlreiche Kurzgeschichten, in denen er Menschenschicksale in Kriegs- und Nachkriegszeit thematisierte. Sein berühmtes Drama „Draußen vor der Tür" verfasste er im **Januar 1947**, schon unheilbar an der Leber erkrankt, in nur einer Woche. Das Drama machte ihn über Nacht berühmt. Er beschreibt darin realistisch die Situation eines Kriegsheimkehrers sowie das Elend und die Einsamkeit, welche die Kriegsgeneration nach dem desillusionierenden Kriegsende erwartete.
Am **20. November 1947** starb Wolfgang Borchert während eines Kuraufenthalts in Basel in der Schweiz. Sein Grab befindet sich auf dem großen Friedhof im Hamburger Stadtteil Ohlsdorf.

3 Nennt die negativen Erfahrungen, die Borchert unter dem Nationalsozialismus gemacht hat.

4 Besprecht, welche Bedeutung das Schreiben für Borchert nach seiner Rückkehr aus der Kriegsgefangenschaft gehabt hat.

5 Diskutiert, inwiefern Informationen zum geschichtlichen Hintergrund und biografische Angaben zum Autor (z. B. ▸ QR-Code) für das Verständnis eines literarischen Textes dieses Autors von Bedeutung sind.

Das musst du können

So nutzt du zusätzliche Informationen zur Interpretation

Bei der **Deutung eines Textes** solltest du auch **zusätzliche Informationen und historisches Wissen** einbeziehen. Wichtig sind

- der **Zeitbezug** der dargestellten Ereignisse (historischer Kontext),
- der **Zusammenhang** des Textes **mit anderen Texten** des Autors oder der Autorin,
- der **Lebenslauf** des Autors oder der Autorin.

Das Einbeziehen zusätzlicher Informationen darf jedoch nicht dazu führen, dass du dich vom eigentlichen Text entfernst: Du musst deine Deutung **immer auf Textstellen beziehen.**

▸ AH, S. 12–13

4

Wolfgang Borchert

Die Küchenuhr

Sie sahen ihn schon von Weitem auf sich zukommen, denn er fiel auf. Er hatte ein ganz altes Gesicht, aber wie er ging, daran sah man, dass er erst zwanzig war. Er setzte sich mit seinem alten Gesicht zu ihnen auf die Bank. Und dann zeigte er ihnen, was er in der Hand trug. Das war unsere Küchenuhr, sagte er und sah sie alle der Reihe nach an, die auf der Bank in der Sonne saßen. Ja, ich habe sie noch gefunden. Sie ist übrig geblieben. Er hielt eine runde tellerweiße Küchenuhr vor sich hin und tupfte mit dem Finger die blau gemalten Zahlen ab. Sie hat weiter keinen Wert, meinte er entschuldigend, das weiß ich auch. Und sie ist auch nicht so besonders schön. Sie ist nur wie ein Teller, so mit weißem Lack. Aber die blauen Zahlen sehen doch ganz hübsch aus, finde ich. Die Zeiger sind natürlich nur aus Blech. Und nun gehen sie auch nicht mehr. Nein. Innerlich ist sie kaputt, das steht fest. Aber sie sieht noch aus wie immer. Auch wenn sie jetzt nicht mehr geht. Er machte mit der Fingerspitze einen vorsichtigen Kreis auf dem Rand der Telleruhr entlang. Und er sagte leise: Und sie ist übrig geblieben. Die auf der Bank in der Sonne saßen, sahen ihn nicht an. Einer sah auf seine Schuhe und die Frau in ihren Kinderwagen. Dann sagte jemand: Sie haben wohl alles verloren?

Ja, ja, sagte er freudig, denken Sie, aber auch alles! Nur sie hier, sie ist übrig. Und er hob die Uhr wieder hoch, als ob die anderen sie noch nicht kannten. Aber sie geht doch nicht mehr, sagte die Frau. Nein, nein, das nicht. Kaputt ist sie, das weiß ich wohl. Aber sonst ist sie doch noch ganz wie immer: weiß und blau. Und wieder zeigte er ihnen seine Uhr. Und was das Schönste ist, fuhr er aufgeregt fort, das habe ich Ihnen ja noch überhaupt nicht erzählt. Das Schönste kommt nämlich noch: Denken Sie mal, sie ist um halb drei stehengeblieben. Ausgerechnet um halb

drei, denken Sie mal! Dann wurde Ihr Haus sicher um halb drei getroffen, sagte der Mann und schob wichtig die Unterlippe vor.
Das habe ich schon oft gehört. Wenn die Bombe runtergeht, bleiben die Uhren stehen. Das kommt von dem Druck.
Er sah seine Uhr an und schüttelte überlegen den Kopf. Nein, lieber Herr, nein, da irren Sie sich. Das hat mit den Bomben nichts zu tun. Sie müssen nicht immer von den Bomben reden. Nein. Um halb drei war ganz etwas anderes, das wissen Sie nur nicht. Das ist nämlich der Witz, dass sie gerade um halb drei stehengeblieben ist. Und nicht um viertel nach vier oder um sieben.
Um halb drei kam ich nämlich immer nach Hause. Nachts, meine ich. Fast immer um halb drei. Das ist ja gerade der Witz. Er sah die anderen an, aber die hatten ihre Augen von ihm weggenommen. Er fand sie nicht. Da nickte er seiner Uhr zu: Dann hatte ich natürlich Hunger, nicht wahr? Und ich ging immer gleich in die Küche. Da war es dann immer fast halb drei. Und dann, dann kam nämlich meine Mutter. Ich konnte noch so leise die Tür aufmachen, sie hat mich immer gehört. Und wenn ich in der dunklen Küche etwas zu essen suchte, ging plötzlich das Licht an. Dann stand sie da in ihrer Wolljacke und mit einem roten Schal um. Und barfuß. Immer barfuß. Und dabei war unsere Küche gekachelt. Und sie machte ihre Augen ganz klein, weil ihr das Licht so hell war. Denn sie hatte ja schon geschlafen. Es war ja Nacht. So spät wieder, sagte sie dann. Mehr sagte sie nie. Nur: So spät wieder. Und dann machte sie mir das Abendbrot warm und sah zu, wie ich aß. Dabei scheuerte sie immer die Füße aneinander, weil die Kacheln so kalt waren. Schuhe zog sie nachts nie an. Und sie saß so lange bei mir, bis ich satt war. Und dann hörte ich sie noch die Teller wegsetzen, wenn ich in meinem Zimmer schon das Licht ausgemacht hatte. Jede Nacht war es so. Und meistens immer um halb drei. Das war ganz selbstverständlich, fand ich, dass sie mir nachts um halb drei in der Küche das Essen machte. Ich fand das ganz selbstverständlich. Sie tat das ja immer. Und sie hat nie mehr gesagt als: So spät wieder. Aber das sagte sie jedes Mal. Und ich dachte, das könnte nie aufhören. Es war mir so selbstverständlich. Das alles war doch immer so gewesen.
Einen Atemzug lang war es ganz still auf der Bank. Dann sagte er leise: Und jetzt? Er sah die anderen an. Aber er fand sie nicht. Da sagte er der Uhr leise ins weißblaue runde Gesicht: Jetzt, jetzt weiß ich, dass es das Paradies war. Auf der Bank war es ganz still. Dann fragte die Frau: Und Ihre Familie? Er lächelte sie verlegen an: Ach, Sie meinen meine Eltern? Ja, die sind auch mit weg. Alles ist weg. Alles, stellen Sie sich vor. Alles weg.
Er lächelte verlegen von einem zum anderen. Aber sie sahen ihn nicht an. Da hob er wieder die Uhr hoch und er lachte. Er lachte: Nur sie hier. Sie ist übrig. Und das Schönste ist ja, dass sie ausgerechnet um halb drei stehengeblieben ist. Ausgerechnet um halb drei. Dann sagte er nichts mehr. Aber er hatte ein ganz altes Gesicht. Und der Mann, der neben ihm saß, sah auf seine Schuhe. Aber er sah seine Schuhe nicht. Er dachte immerzu an das Wort Paradies.

1 Lest den ersten Satz und diskutiert darüber, aus welchen Gründen „er" auffällt.

2 Beschreibe die Hauptfigur. Beziehe die historischen Hintergründe mit ein (▶ S. 114).

3 Beurteile das Verhalten der anderen Figuren.

4 Bestimme den Wendepunkt der Kurzgeschichte und begründe deine Entscheidung (▶ Kasten unten).

5 Erläutere, welche Bedeutung die Küchenuhr in dieser Geschichte hat (▶ Kästen auf S. 88 und 112 oben).

6 Erkläre den letzten Satz: „Er dachte immerzu an das Wort Paradies."

Das musst du wissen

Die Kurzgeschichte

Die **Kurzgeschichte** ist eine **epische Kleinform** mit folgenden Merkmalen:

- **unmittelbarer Anfang:** Es gibt keine Einleitung, der Leser oder die Leserin wird **direkt** ins Geschehen versetzt.
- **alltägliches Geschehen:** Die Handlung ist in der Regel nicht außergewöhnlich.
- **alltägliche Figuren:** Die Figuren sind **durchschnittliche Menschen**, die durch ihr Handeln indirekt charakterisiert werden.
- **Ort und Zeit** werden **kaum beschrieben**.
- **Wendepunkt:** Viele Kurzgeschichten enthalten einen Wendepunkt, also einen Punkt, an dem das Geschehen einen **anderen Verlauf** nimmt als vermutet.
- **offener Schluss:** Die Handlung bricht oft unmittelbar ab, damit die Leserinnen und Leser sich selbst Gedanken über die **Folgen des Geschehens** machen.
- **einfache, schlichte Sprache:** Die Sprache ist meist **leicht verständlich,** wirkt aber durch die Wahl **rhetorischer Mittel** (z. B. Metaphern, Vergleiche, Personifikationen, Anaphern) kunstvoll.
- Oft enthält die Kurzgeschichte auch ein **Leitmotiv** (▶ Kästen auf S. 72 und 88).

▶ AH, S. 10–11

7 Wähle einen Text aus diesem Kapitel aus (▶ S. 106–119) und erkläre anhand von Textbelegen, welche Merkmale aus dem Kasten auf ihn zutreffen.

Die Personengestaltung untersuchen

Heinrich Böll

Mein Onkel Fred

Mein Onkel Fred ist der einzige Mensch, der mir die Erinnerung an die Jahre nach 1945 erträglich macht. Er kam an einem Sommernachmittag aus dem Kriege heim, schmucklos gekleidet, als einzigen Besitz eine Blechbüchse an einer Schnur um den Hals tragend sowie beschwert durch das unerhebliche Gewicht einiger Kippen, die er sorgfältig in einer kleinen Dose aufbewahrte. Er umarmte meine Mutter, küsste meine Schwester und mich, murmelte die Worte „Brot, Schlaf, Tabak" und rollte sich auf unser Familiensofa, und so entsinne ich mich seiner als eines Menschen, der bedeutend länger war als unser Sofa, ein Umstand, der ihn zwang, seine Beine entweder anzuwinkeln oder sie einfach überhängen zu lassen. Beide Möglichkeiten veranlassten ihn, sich wütend über das Geschlecht unserer Großeltern auszulassen, dem wir die Anschaffung dieses wertvollen Möbelstücks verdankten. Er nannte diese biedere Generation muffig und pyknisch, verachtete ihren Geschmack für jenes säuerliche Rosa des Stoffes, mit dem das Sofa überzogen war, fühlte sich aber keineswegs gehindert, einem sehr ausgiebigen Schlaf zu frönen. Ich selbst übte damals eine undankbare Funktion in unserer unbescholtenen Familie aus: Ich war vierzehn Jahre alt und das einzige Bindeglied zu jener denkwürdigen Institution, die wir Schwarzmarkt nannten. Mein Vater war gefallen, meine Mutter bezog eine winzige Pension, und so bestand meine Aufgabe darin, fast täglich kleine Teile unseres geretteten Besitzes zu verscheuern oder sie gegen Brot, Kohle und Tabak zu tauschen. [...]

Onkel Freds Ankunft weckte in uns allen die Erwartung starker männlicher Hilfe. Aber zunächst enttäuschte er uns. Schon vom ersten Tage an erfüllte mich sein Appetit mit großer Sorge, und als ich diese meiner Mutter ohne Zögern mitteilte, bat sie mich, ihn erst einmal „zu sich kommen zu lassen". Es dauerte fast acht Wochen,

Lebensmittelverteilung in Berlin, 1945

ehe er zu sich kam. Trotz aller Flüche über das unzulängliche Sofa schlief er dort recht gut, verbrachte den Tag dösend oder indem er uns mit leidender Stimme erklärte, welche Stellung er im Schlaf bevorzuge.

Ich glaube, es war die Stellung eines Sprinters vor dem Start, die er damals allen anderen vorzog. Er liebte es, nach dem Essen auf dem Rücken liegend, mit angezogenen Beinen, ein großes Stück Brot genussvoll in sich hineinzubröckeln, dann eine Zigarette zu drehen und dem Abendessen entgegenzuschlafen.

Er war sehr groß und blass und hatte am Kinn eine kranzförmige Narbe, die seinem Gesicht etwas von einem angeschlagenen Marmordenkmal gab. Obwohl mich sein Appetit und sein Schlafbedürfnis weiterhin beunruhigten, mochte ich ihn sehr gern. Er war der Einzige, mit dem ich wenigstens über den Schwarzmarkt theoretisieren konnte, ohne Streit zu bekommen. [...]

Unserem Drängen, vom Kriege zu erzählen, gab er nie nach; er behauptete, es lohne sich nicht. Er beschränkte sich darauf, uns hin und wieder von seiner Musterung zu berichten, die offenbar überwiegend darin bestanden hatte, dass ein uniformierter Mensch Onkel Fred mit heftiger Stimme aufgefordert hatte, in ein Reagenzglas zu urinieren, eine Aufforderung, der Onkel Fred nicht gleich hatte nachkommen können, womit seine militärische Laufbahn von vornherein unter einem ungünstigen Zeichen stand.

Er behauptete, dass das lebhafte Interesse des Deutschen Reiches für seinen Urin ihn mit erheblichem Misstrauen erfüllt habe, mit einem Misstrauen, das er in sechs Jahren Krieg bedenklich bestätigt fand.

Er war früher Buchhalter gewesen, und als die ersten vier Wochen auf unserem Sofa vorüber waren, forderte meine Mutter ihn mit schwesterlicher Sanftmut auf, sich nach seiner alten Firma zu erkundigen – er gab diese Aufforderung behutsam an mich weiter, aber alles, was ich ermitteln konnte, war ein absoluter Trümmerhaufen von zirka acht Meter Höhe, den ich nach einstündiger mühsamer Pilgerschaft in einem zerstörten Stadtteil auffand, Onkel Fred war über das Ergebnis meiner Ermittlung sehr beruhigt.

Er lehnte sich zurück, drehte sich eine Zigarette, nickte meiner Mutter triumphierend zu und bat sie, seine Habseligkeiten herauszusuchen. In einer Ecke unseres Schlafraumes fand sich eine sorgfältig vernagelte Kiste, die wir unter großer Spannung mit Hammer und Zange öffneten; es kamen heraus: zwanzig Romane mittleren Umfangs und mittlerer Qualität, eine goldene Taschenuhr, verstaubt aber unbeschädigt, zwei Paar Hosenträger, einige Notizbücher, das Diplom der Handelskammer und ein Sparkassenbuch über zwölfhundert Mark. Das Sparkassenbuch wurde mir zum Abholen des Geldes, alles andere zum Verscheuern übergeben, einschließlich des Diploms von der Handelskammer, das aber keinen Abnehmer fand, weil Onkel Freds Name mit schwarzer Tusche geschrieben war.

So waren wir vier Wochen jegliche Sorge um Brot, Tabak und Kohlen los, ein Umstand, den ich sehr erleichternd fand, zumal alle Schulen wieder einladend ihre Tore öffneten und ich aufgefordert wurde, meine Bildung zu vervollständigen.

Noch heute, wo meine Bildung längst komplett ist, bewahre ich den Suppen, die es damals gab, eine zärtliche Erinnerung, vor allem, weil man fast kampflos zu dieser zusätzlichen Mahlzeit kam, die dem gesamten Bildungswesen eine erfreuliche, zeitgemäße Note gab.

Aber das Ereignis in dieser Zeit war die Tatsache, dass Onkel Fred gut acht Wochen nach seiner erfreulichen Heimkehr die Initiative ergriff.

Er erhob sich an einem Spätsommertag morgens von seinem Sofa, rasierte sich so umständlich, dass wir erschraken, verlangte saubere Wäsche, lieh sich mein Fahrrad und verschwand.

Seine späte Heimkehr stand unter dem Zeichen großen Lärms und eines heftigen Weingeruchs; der Weingeruch entströmte dem Munde meines Onkels, der Lärm rührte von einem halben Dutzend Zinkeimern, die er mit einem großen Seil zusammengebunden hatte. Unsere Verwirrung legte sich erst, als wir erfuhren, dass er entschlossen sei, den Blumenhandel in unserer arg zerstörten Stadt zum Leben zu erwecken. Meine Mutter [...] verwarf den Plan und behauptete, für Blumen bestehe kein Bedürfnis. Aber sie täuschte sich.

Es war ein denkwürdiger Morgen, als wir Onkel Fred halfen, die frischgefüllten Eimer an die Straßenbahnhaltestelle zu bringen, wo er sein Geschäft startete. Und ich habe den Anblick der gelben und roten Tulpen, der feuchten Nelken noch heute im Gedächtnis und werde nie vergessen, wie schön er aussah, als er inmitten der grauen Gestalten und der Trümmerhaufen stand und mit schallender Stimme anfing zu rufen: „Blumen ohne!“ Über die Entwicklung seines Geschäftes brauche ich nichts zu sagen: Sie war kometenhaft. Schon nach vier Wochen war er Besitzer von drei Dutzend Zinkeimern, Inhaber zweier Filialen, und einen Monat später war er Steuerzahler. Die ganze Stadt schien mir verändert: An vielen Ecken tauchten

nun Blumenstände auf, der Bedarf war nicht zu decken; immer mehr Zinkeimer wurden angeschafft, Bretterbuden errichtet und Karren zusammengezimmert. Jedenfalls waren wir nicht nur dauernd mit frischen Blumen, sondern auch mit Brot und Kohlen versehen, und ich konnte meine Vermittlertätigkeit niederlegen, eine Tatsache, die viel zu meiner moralischen Festigung beigetragen hat. Onkel Fred ist längst ein gemachter Mann: Seine Filialen blühen immer noch, er hat ein Auto, und ich bin als sein Erbe vorgesehen und habe den Auftrag, Volkswirtschaft zu studieren, um die steuerliche Betreuung des Unternehmens schon vor Antritt der Erbschaft übernehmen zu können.

Wenn ich ihn heute sehe, einen Menschen am Steuer seines rotlackierten Wagens, kommt es mir merkwürdig vor, dass es wirklich eine Zeit in meinem Leben gab, in der mir sein Appetit schlaflose Nächte bereitete.

Biografie Heinrich Bölls:

1 Markiere alle Informationen über Onkel Fred, z. B. über seine äußere Erscheinung, seine Selbstdarstellung, seine gesellschaftliche Stellung oder wie er von anderen Figuren wahrgenommen wird.

2 Verfasse eine Charakterisierung von Onkel Fred (▸ Kasten auf S. 81).

3 „Meine Mutter […] verwarf den Plan und behauptete, für Blumen bestehe kein Bedürfnis. Aber sie täuschte sich.“ (▸ Z. 83–84)
Versetze dich in die Situation der Mutter und verfasse einen inneren Monolog, in dem ihre Gedanken und Gefühle zum Ausdruck kommen (▸ Kasten unten).

4 Begründe, warum Onkel Freds Geschäft so erfolgreich ist.

Das musst du wissen

Die erlebte Rede und der innere Monolog

Die **erlebte Rede** gibt das innere Geschehen einer Figur in der **dritten Person Singular** wieder. Sie steht im **Präteritum**.

Beim **inneren Monolog** versetzt sich der Erzähler oder die Erzählerin in eine Figur hinein und stellt das Geschehen aus deren Perspektive dar, in der **Ich-Form**. Ein innerer Monolog steht meist im **Indikativ Präsens**.

Die Erzählweise untersuchen

Beim Untersuchen von Erzähltexten ist es wichtig, den Erzähler oder die Erzählerin nicht mit dem Autor oder der Autorin gleichzusetzen und die Erzählweise des Textes zu beachten.

1 Bestimme die Erzählform (▸ Kasten auf S. 125) für „Die Küchenuhr“ (▸ S. 118) und „Mein Onkel Fred“ (▸ S. 121).

Das musst du können

So untersuchst du die Erzählweise

Bei der Untersuchung der Erzählweise bestimmst du:

- die **Erzählform**: Er-/Sie-Form oder Ich-Form;
- die **Erzählperspektive**: Das Geschehen wird aus der **Innen- oder Außensicht** erzählt. Bei der Außensicht wird das geschildert, was von einem Betrachter oder einer Betrachterin von außen wahrnehmbar ist. Bei der Innensicht werden Wahrnehmungen, Gedanken und Gefühle der Figuren dargestellt.
  - **Auktorialer Erzähler oder auktoriale Erzählerin (A)**: Der Erzähler oder die Erzählerin ist **allwissend**. Die Handlung oder das Verhalten der Figuren wird kommentiert, der weitere Verlauf des Geschehens überblickt.

  - **Personaler Erzähler oder personale Erzählerin (B)**: Das Geschehen wird aus der Sicht einer oder abwechselnd mehrerer Figuren erzählt. Gefühle und Gedanken können dargestellt werden, aber die **Wahrnehmung** des äußeren Geschehens ist **begrenzt**. Die Ich-Form wie auch die Er-/Sie-Form ist möglich.

  - **Neutraler Erzähler oder neutrale Erzählerin (C)**: Der Erzähler oder die Erzählerin erzählt **objektiv und distanziert**.

- die **Erzählhaltung**: Die Einstellung des Erzählers oder der Erzählerin zu den Geschehnissen ist entweder **neutral oder wertend** (begeistert, kritisch, ironisch, zustimmend ...).

▶ AH, S. 10–11

4

Eine Interpretation verfassen

Um die Aussageabsicht eines Textes zu verstehen, solltest du den historischen Kontext und die biografischen Hintergründe des Autors oder der Autorin kennen. Die Klärung bestimmter Aspekte hilft dir, einen Text zu interpretieren.

Weitere Aufgaben zum Interpretieren findest du im **AH, S. 6–13.**

1. Arbeite die „Aspekte der Interpretation“ (▸ **Übersicht unten**) für den Text „Mein Onkel Fred“ (▸ **S. 121**) heraus und notiere deine Ergebnisse in Stichworten.

2. Formuliere deine Ergebnisse aus **Aufgabe 1** in ganzen Sätzen.

3. Verfasse auf der Grundlage deiner Sätze aus **Aufgabe 2** einen gegliederten Interpretationstext (▸ **QR-Code**).

Aspekte der Interpretation

Textsorte:
Um welche Textart handelt es sich (Kurzgeschichte, Gedicht, Ballade, ...)?

Inhalt:
Worum geht es im Text? Welche Konflikte werden thematisiert? ...

Figuren:
Was erfährt man über die Figuren? Wie werden sie dargestellt?
Wie können sie charakterisiert werden? In welcher Beziehung stehen sie zueinander? ...

Ort und Zeit:
Wo ereignet sich das Geschehen?
Vor welchem zeitlichen Hintergrund spielt das Geschehen? Welche Bedeutung haben Ort und Zeit für die Handlung? ...

Zeitstruktur:
Wird zeitdeckend, zeitraffend, zeitdehnend oder zeitneutral erzählt?
Wird linear erzählt oder gibt es Zeitsprünge, Vorausdeutungen und/oder Rückblenden?

Aufbau:
Wie ist der Text gegliedert? Wo gibt es Höhe-/Wendepunkte? Welche Funktion erfüllen Anfang und Ende des Textes?

Erzählweise:
Um welche Erzählform handelt es sich?
Welche Erzählperspektive wird gewählt? Gibt es einen auktorialen, personalen oder neutralen Erzähler? Welche Perspektive nimmt der Erzähler oder die Erzählerin ein?

Sprache:
Welcher Satzbau (Para- und Hypotaxe ▸ **S. 128**) herrscht vor? Welche stilistischen Mittel werden eingesetzt? Gibt es Symbole oder Leitmotive (▸ **Kästen auf S. 72 und 88 und QR-Code**)? Gibt es weitere sprachliche Auffälligkeiten? ...

Eigene Deutung:
Wie wirkt der Text auf die Leserinnen und Leser? Welche Textstellen fallen auf?
Wie ist der Text zu verstehen? Welche Aussage enthält der Text? Welche Fragen bleiben offen? ...

Haupt- und Nebensätze

Satzreihen und Satzgefüge

Wie sieht das Land bei Kriegsende aus?

Im Mai 1945 ist mehr als die Hälfte des Wohnraums in den Städten zerstört, Millionen Menschen haben kein festes Dach über dem Kopf. [.......] Einen geregelten Alltag gibt es für die wenigsten. [.......] Jeder sieht zu, dass er irgendwie über die Runden kommt. [.......] Aber das ist nicht leicht. [.......] Lebensmittel sind knapp, selbst Trinkwasser ist nicht überall in ausreichender Menge vorhanden. [.......] Das ist vor allem für kleine Kinder und alte Menschen lebensbedrohlich. [.......] Viele werden krank oder sterben sogar. [.......] Weil es in den Geschäften fast nichts zu kaufen gibt, versucht man sein Glück auf dem Schwarzmarkt. [.......] Geld hat hier allerdings kaum einen Wert. [.......] Die wichtigste Währung sind Zigaretten, es wird aber auch alles mögliche andere getauscht: Pelzmäntel gegen Butter, Werkzeug gegen Kartoffeln. [.......] Doch die Not macht erfinderisch, und die Menschen fangen zum Beispiel an, überflüssig gewordenes Kriegsmaterial für neue Zwecke zu nutzen: [.......] Aus Autoreifen werden Schuhsohlen, aus Stahlhelmen werden Kochtöpfe. [.......] Obwohl die Alliierten in ihren jeweiligen Besatzungszonen bald anfangen, eigene Lebensmittelmarken auszugeben, wird die Lage für die Bevölkerung erst einmal nicht besser. [.......] Den Tiefpunkt erreicht sie im Winter 1946/47, der außergewöhnlich früh einsetzt und ungewohnt hart ist. [.......] In vielen Städten gibt es nicht einmal ausreichend Brennstoff zum Heizen, sodass die Menschen die Bäume an Straßen und in Parks abholzen, um an Feuerholz zu kommen. [.......] Erschwerend kommt hinzu, dass viele Transportwege – vor allem Bahnlinien und Brücken – kaputt sind. [.......] Das heißt für unzählige Flüchtlinge, dass der Weg für sie oftmals abgeschnitten ist. [.......]

Schwarzmarkt in Berlin, 1945

1 Markiere im Text alle Hauptsätze blau und alle Nebensätze grün.

Das musst du wissen

Die Unterscheidung zwischen Haupt- und Nebensatz

Ein **Hauptsatz** kann für sich **allein stehen.**
Hauptsätze werden, sofern sie nicht ein Punkt voneinander trennt, entweder durch **nebenordnende Konjunktionen** miteinander verbunden oder durch **ein Komma** voneinander getrennt.
Das **konjugierte Verb** steht in Aussagesätzen im Hauptsatz **an zweiter Satzgliedstelle** (▸ Kasten auf S. 55).
Am 8. Mai 1945 kapituliert die deutsche Wehrmacht, der Krieg ist nach fünfeinhalb Jahren vorbei.
Deutschland liegt in Trümmern **und** fast alles ist zerstört.

Ein **Nebensatz** kann **nicht allein stehen**. Er ist **abhängig von einem Hauptsatz oder einem anderen Nebensatz.**
Zwischen Haupt- und Nebensatz steht immer ein **Komma.**
Das **konjugierte Verb** steht im Nebensatz **an letzter Satzgliedstelle.**
Deutschland liegt in Trümmern, da fast alles zerstört ist.
Als die deutsche Wehrmacht am 8. Mai 1945 kapituliert, ist der Krieg nach fünfeinhalb Jahren vorbei.
Ein Sonderfall der Nebensätze sind **Infinitivsätze**: Sie haben kein konjugiertes Verb.
Viele tauschen auf dem Schwarzmarkt ihr Hab und Gut gegen Lebensmittel, um etwas zu essen zu haben.

Die Verbindung von mindestens zwei Hauptsätzen nennt man **Satzreihe (Parataxe).** Verbindungen zwischen Haupt- und Nebensätzen nennt man **Satzgefüge (Hypotaxe).**

▸ AH, S. 61

2 Gib im Text auf S. 127 in den eckigen Klammern an, ob es sich bei den Sätzen um einfache Hauptsätze [S], um Satzreihen [SR] oder um Satzgefüge [SG] handelt.

Die Formen der Nebensätze

1 Markiere im folgenden Text alle Nebensätze.

Weil viele Transportwege zerstört sind, können auch wichtige Güter nicht mehr ohne Weiteres von einem Ort zum anderen gebracht werden. Es ist auch keine Versorgung über die Wasserstraßen, die aufgrund des kalten Winters 1946/47 zugefroren

Wiederaufbau in Dresden, 1946

und daher nicht befahrbar sind, mehr möglich. Wirklich viel gäbe es aber ohnehin nicht zu verteilen, nachdem viele Fabriken und Betriebe einfach nicht mehr genügend Arbeitskräfte haben. Auf die Rückkehr der Kriegsgefangenen hoffend, muss der Mangel an Männern ausgeglichen werden, indem die Frauen als Arbeitskräfte eingesetzt werden. Um dies umzusetzen, wird schon Ende Mai 1945 in Berlin eine Meldepflicht für Frauen zwischen 15 und 65 Jahren eingeführt. Sie sollen vor allem beim Wiederaufbau helfen, der darin besteht, in den Städten Trümmer wegzuräumen, während auf dem Land die Wälder wieder aufgeforstet werden.

Das musst du wissen

Die Formen von Nebensätzen

Relativsätze werden durch ein Relativpronomen eingeleitet und beziehen sich auf ein Bezugswort im Hauptsatz.	Die Lebensmittel, **die in der Nachkriegszeit sehr knapp sind,** sind besonders teuer.
Konjunktionalsätze werden durch eine unterordnende Konjunktion oder ein unterordnendes Adverb eingeleitet.	**Weil so viele Männer im Krieg gefallen sind,** wachsen viele Kinder ohne Vater auf. In der Nachkriegszeit sind Fleischprodukte knapp, **weswegen sich viele Menschen unfreiwillig vegetarisch ernähren.**
Infinitivsätze enthalten kein konjugiertes Verb, sondern enden auf zu + Infinitiv des Verbs. Sie werden oft durch die Wörter um, ohne, statt, anstatt oder außer eingeleitet. Sie beziehen sich oft auf ein Nomen oder ein anderes Verweiswort im Hauptsatz.	**Statt aufs Kochen zu verzichten,** stellen die Menschen Kochtöpfe aus Stahlhelmen her. Die Mütter haben den Wunsch, **ihren Kindern auch in der schwierigen Nachkriegszeit eine schöne Kindheit zu ermöglichen.** Die Eltern bitten ihre Kinder, **ihnen zu helfen.**
Partizipialsätze beinhalten ein Partizip I oder ein Partizip II und beziehen sich ebenfalls auf ein Bezugswort im Hauptsatz.	Der Kriegsgefangene, **von den Erfahrungen traumatisiert,** sehnt sich nach der Rückkehr in seine Heimat. Der Kriegsgefangene leistet, **stets an seine traumatischen Kriegserfahrungen denkend,** Schwerstarbeit.

▶ AH, S. 62

2 Schreibe alle Nebensätze aus Aufgabe 1 in dein Heft. Bestimme die Nebensatz-Form und markiere jeweils das Wort, an dem du diese erkennst.

3 Die folgenden Satzgefüge enthalten Relativsätze und Konjunktionalsätze.

a) Markiere diese Nebensätze und bestimme sie.

b) Wandle die Relativsätze und Konjunktionalsätze in Infinitivsätze oder Partizipialsätze um, ohne die Bedeutung grundlegend zu verändern.

c) Besprecht, welche Form von Nebensatz jeweils verständlicher bzw. stilistisch besser ist.

Beispiel: In der Nachkriegszeit wünschen sich viele Kinder, dass sie endlich wieder einen geregelten und kindgerechten Alltag haben. (Konjunktionalsatz)

► In der Nachkriegszeit wünschen sich viele Kinder, endlich wieder einen geregelten und kindgerechten Alltag zu haben. (Infinitivsatz = die stilistisch bessere Variante)

- In den Jahren davor haben sie gelernt, dass sie auf sich selbst aufpassen.
- Viele Mütter, die wegen der Abwesenheit ihrer Ehemänner mehr Aufgaben übernehmen, haben wenig Zeit für ihre Kinder.
- Sie müssen ihre Kinder oft darum bitten, dass diese ihnen bei der Bewältigung der Aufgaben helfen.
- Es fehlen funktionierende Schulgebäude und Lehrpersonen, damit man einen geregelten Schullalltag für die Kinder organisieren kann.
- Die meisten Kinder freuen sich darauf, dass sie bald wieder für die Schule lernen können.
- Als sie sich mit alten Lehrbüchern aus der Vorkriegszeit beschäftigen, müssen die verbliebenen Lehrer deren Unbrauchbarkeit feststellen.
- Bestimmte Bücher, die fast nur Gedankengut der Nazis enthalten, können nicht mehr für den Schulunterricht verwendet werden.
- Die Nachkriegszeit, die sich für die meisten Kinder als eine Herausforderung herausstellt, prägt auch die nächste Generation.

Kinder im Ruhrgebiet, 1946

Die Funktionen der Nebensätze

Das musst du wissen

Die Funktionen der Nebensätze

Nebensätze haben nicht nur unterschiedliche Formen (▸ Kasten auf S. 129), sondern auch **verschiedene Funktionen in einem Satzgefüge.**

- Wenn ein Nebensatz die Rolle eines **Satzglieds übernimmt** (▸ Kasten auf S. 56), spricht man von einem **Gliedsatz.** Gliedsätze können die Funktion eines **Subjekts**, eines **Objekts** oder eines **Adverbials** übernehmen. Je nach Funktion spricht man dann von Subjekt-, Objekt- oder Adverbialsätzen.
  Dass so viele Deutsche nach dem Ende des Krieges noch immer am Nationalsozialismus festhalten, erschwert den Neuanfang.
  (Wer/was erschwert den Neuanfang? ▸ **Subjektsatz**)
  Die Siegermächte beschließen, **dass in Deutschland neue Strukturen aufgebaut werden müssen.**
  (Wen/was beschließen die Siegermächte? ▸ **Objektsatz**; Akkusativobjekt)
  Weil Deutschland eine Demokratie werden soll, werden bereits 1946 erste Wahlen organisiert.
  (▸ **Adverbialsatz**; weil: Kausaladverbial; ▸ Kästen auf S. 64 und 134)
  Nachdem auch Radiosender und Zeitungen wieder verfügbar gemacht wurden, können sich die Menschen über die neuen politischen Parteien informieren.
  (▸ **Adverbialsatz**; nachdem: Temporaladverbial)
- Ein Nebensatz kann aber auch nur einen **Teil eines Satzglieds** übernehmen. In diesem Fall spricht man von einem **Attributsatz** (▸ Kasten auf S. 98).
  Die Siegermächte, **die Deutschland in vier Besatzungszonen eingeteilt haben,** sind sich oft uneins.
  (▸ **Attributsatz**; Teil des Subjekts)

▸ AH, S. 63–64

1 Bestimme im folgenden Text die markierten Nebensätze. Schreibe jeweils in Klammern, um welches Satzglied es sich handelt oder ob der Nebensatz ein Attribut ist. Benutze dafür die nebenstehenden Abkürzungen.

S = Subjektsatz
O = Objektsatz
Adv. = Adverbialsatz
Attr. = Attributsatz

Bereits Anfang 1945 beschließen die alliierten Siegermächte des Zweiten Weltkriegs, Deutschland unter sich aufzuteilen [O], sobald der Krieg vorbei wäre [............]. Dass dabei rund ein Drittel des ehemaligen Staatsgebiets Deutschlands im Osten an Polen fällt [............], stellt eine erste grundlegende Veränderung dar. Außerdem bekommt jede der vier Siegermächte USA, Großbritannien, Frankreich und Sowjetunion eine Besatzungszone unterstellt. Es wird auch entschieden, die Hauptstadt Berlin in vier verschiedene Besatzungszonen aufzuteilen [............], obwohl dies mit großen organisatorischen Schwierigkeiten verbunden ist [............]. Indem sie Besatzungssoldaten nach Deutschland schicken [............], übernehmen die Alliierten somit bereits vier Wochen nach Kriegsende die Regierungsgewalt in Deutschland. Die Siegermächte sind auf der Suche nach einem Ort, wo man über die Zukunft Deutschlands verhandeln kann [............], und ihre Wahl fällt letztlich auf Potsdam. Weil die Deutschen zwölf Jahre in einer Diktatur gelebt haben [............], soll das Land nun vom Nationalsozialismus befreit werden. Hierfür gilt es zunächst, die Bevölkerung zu entnazifizieren, zu demokratisieren und zu entmilitarisieren [............]. Das bedeutet nicht nur die Auflösung von Armee, Marine und Luftwaffe, sondern das Ende aller Nazi-Organisationen, wie etwa der Hitler-Jugend. Wer während des Dritten Reiches in der Verwaltung oder an anderer wichtiger Stelle gearbeitet hat [............], wird überprüft. Ist er nur teilnahmsloser Zuschauer gewesen? Oder ist er einzustufen als Mitläufer, der die Verbrechen der Nazis mitgetragen hat [............]? Sind ihm gar konkrete Verbrechen nachzuweisen? Obwohl viele Fälle in den kommenden Jahren verhandelt werden [............], entgehen viele Schuldige einer Bestrafung.

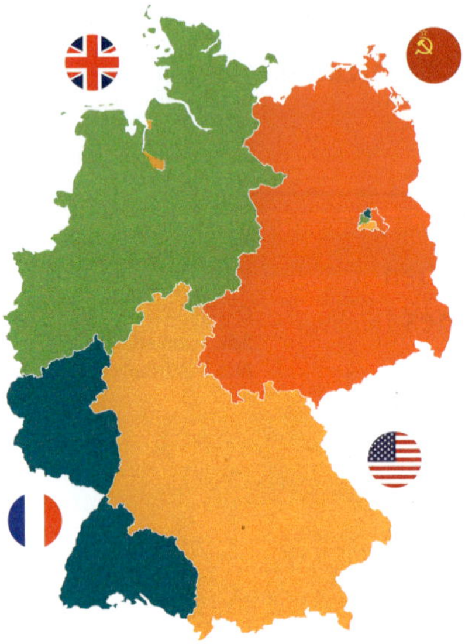

2 **a)** Bilde aus den folgenden Hauptsätzen jeweils ein sinnvolles Satzgefüge. Achte darauf, verschiedene unterordnende Konjunktionen bzw. Adverbien zu verwenden. Anregungen findest du im Wortspeicher.
In manchen Fällen benötigst du keine Konjunktion.

b) Markiere die Nebensätze in deinem Satzgefüge und bestimme, ob es sich um Subjektsätze, Objektsätze, Adverbialsätze oder Attributsätze handelt.

Wortspeicher

obwohl – nachdem – dass – weswegen – weil – wenn – indem – um

- Die Alliierten haben gesiegt. Sie stehen vor einer Aufgabe. Die Aufgabe ist groß. Eine Zukunft für Deutschland und Europa muss organisiert werden.
- Die Sowjetunion hat andere Ziele als die USA. Die Sowjetunion will für ihre Kriegsverluste entschädigt werden. Sie transportiert Rohstoffe und wertvolle Maschinen aus Deutschland ab.
- Die Briten und die Amerikaner glauben an Folgendes: Das Zusammenleben der europäischen Länder kann wieder funktionieren. Deutschland soll möglichst schnell wieder auf eigenen Beinen stehen.
- Die USA wollen möglichst viel Einfluss auf Europa haben. Sie pumpen jede Menge Geld nach Europa. Ihrer Meinung nach ist eine blühende Wirtschaft ein gutes Mittel. Das Mittel soll die Menschen dauerhaft von den Vorzügen der Demokratie überzeugen.

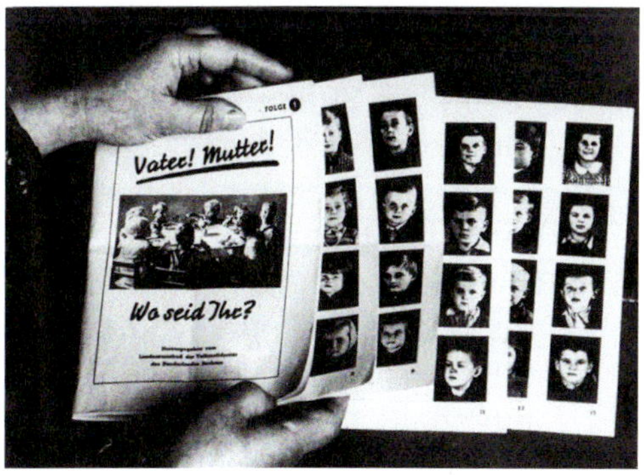

links oben: Beratung der Siegermächte (von links nach rechts): der britische Premierminister Winston Churchill, der US-amerikanische Präsident Harry S. Truman und der sowjetische Diktator Josef Stalin auf der Konferenz von Potsdam im Sommer 1945

rechts: Die Grenze zwischen dem amerikanischen und dem russischen Sektor in Berlin, 1948

links unten: Die verzweifelte Suche nach Familienmitgliedern nach dem Krieg: Seiten aus einer Suchzeitschrift, 1946

4 Die Funktionen der Adverbialsätze

Das musst du wissen

Die Funktionen der Adverbialsätze

Der **Temporalsatz gibt Auskunft über den Zeitpunkt** des Geschehens. Er drückt entweder Gleichzeitigkeit, Vorzeitigkeit oder Nachzeitigkeit aus.	einleitende Wörter: während; solange; seit; wenn; als; nachdem; sobald; bis; bevor; ehe; …	**Während viele Menschen noch unter den Verlusten des Zweiten Weltkriegs leiden,** bahnen sich bereits neue Konflikte an. (Gleichzeitigkeit) **Nachdem Deutschland im Mai 1945 kapituliert hat,** nimmt der Zweite Weltkrieg nach fünf Jahren ein Ende. (Vorzeitigkeit) Viele Familien müssen jahrelang warten, **bis ihre Angehörigen aus der Kriegsgefangenschaft zurückkehren.** (Nachzeitigkeit)
Der **Lokalsatz** liefert Informationen zum **Ort** eines Geschehens.	einleitende Wörter: wo; woher; wohin; soweit; …	**Wo viele Gebäude zerstört wurden,** gestaltet sich der Wiederaufbau schwer.
Der **Modalsatz** liefert Informationen zur **Art und Weise**, wie etwas geschieht, oder zu den **Mitteln**, die eingesetzt werden, damit etwas geschieht.	einleitende Wörter: indem; ohne dass; …	Die Alliierten garantieren in ihren Besatzungszonen die Versorgung der Bevölkerung, **indem sie Lebensmittelmarken ausgeben.**
Der **Kausalsatz** nennt den **Grund**, warum etwas geschieht.	einleitende Wörter: weil; da; zumal; …	**Weil es im kalten Winter 1946/47 nicht ausreichend Brennstoff zum Heizen gibt,** müssen in vielen Städten Bäume am Straßenrand abgeholzt werden.
Der **Finalsatz** drückt das **Ziel oder die Absicht** eines Geschehens aus.	einleitende Wörter: damit; um … zu; …	**Damit Deutschland nach dem Krieg wieder als eigenständiges Land funktionieren kann,** müssen neue Strukturen aufgebaut werden.

Der **Konsekutivsatz** drückt die **Folge** eines Geschehens aus.	einleitende Wörter: sodass; so ... dass; ...	Viele Schulgebäude sind zerstört, **sodass kein Unterricht stattfinden kann**.
Der **Konzessivsatz** nennt einen Gegengrund, also einen Grund, trotz dessen etwas geschieht.	einleitende Wörter: obwohl; obgleich; obschon; selbst wenn; ...	**Obwohl die Nationalsozialisten nicht mehr an der Macht sind,** bleiben viele von dieser Ideologie überzeugt.
Der **Konditionalsatz** drückt aus, welche **Bedingungen** es braucht, damit etwas geschehen kann (► Kasten auf S. 25).	einleitende Wörter: wenn; falls	**Falls neue Lehrpersonen ausgebildet werden,** kann in der Nachkriegszeit wieder geregelter Unterricht stattfinden.
Der **Adversativsatz** drückt einen **Gegensatz** zwischen Geschehnissen aus.	einleitende Wörter: während; statt dass; anstatt dass; ...	**Während in Amerika die Wirtschaft blüht,** gibt es in Deutschland nach dem Krieg wenig Wohlstand.
Der **Komparativsatz** drückt einen **Vergleich** zwischen zwei Geschehnissen aus.	einleitende Wörter: je ... desto; als wenn; so ... wie; ...	**Je** mehr praktische Produkte wie Mäntel oder Werkzeug man auf dem Schwarzmarkt tauschen konnte, **desto** mehr Lebensmittel konnte man bekommen.

► AH, S. 64–65

1 Bestimme in den Klammern, welche Funktion der Adverbialsatz jeweils übernimmt, und markiere die Konjunktion, die bei der Bestimmung hilft.

Nachdem der Zweite Weltkrieg 1945 geendet hatte (Temporalsatz), begann in Deutschland eine schwierige Zeit des Wiederaufbaus. Wo viele wichtige Verwaltungsgebäude, Wohnhäuser, Fabriken oder Krankenhäuser zerstört worden waren (..), mussten die Menschen, indem sie viele Anstrengungen unternahmen und eine große Entschlossenheit aufbrachten

(..............................), ihr Zuhause und überlebenswichtige Infrastruktur wiederherstellen. Um eine bessere Zukunft und einen Neuanfang für die kommende Generation zu schaffen (..............................), arbeiteten sie unermüdlich und oft unter extremen Bedingungen. Die Zerstörung durch die Bombardierungen der Alliierten war so groß, dass viele Menschen obdachlos waren (..............................).

Wenn sie Hilfe von den Alliierten erhielten (..............................), kamen sie schneller voran. Indem sie einfache Werkzeuge und Materialien benutzten (..............................), bauten sie ihre Häuser wieder auf, obwohl sie oft auf viele Annehmlichkeiten verzichten mussten (..............................). Die Lebensbedingungen waren schlechter, als sie vor dem Krieg gewesen waren (..............................), aber die Menschen waren entschlossen, ihre Heimat wieder aufzubauen, anstatt aufzugeben (..............................). Weil die Wirtschaft durch den Krieg in vielen Bereichen lahmgelegt worden war (..............................), mussten viele improvisieren und kreative Lösungen finden, um zu überleben (..............................).

Flüchtlinge in Berlin, 1945

2 Warum flüchten gegen Kriegsende Millionen von Menschen nach Westen?

a) Verbinde die Sätze jeweils zu einem Satzgefüge mit mindestens einem Adverbialsatz.
Anregungen für Verbindungen findest du im Wortspeicher.

Wortspeicher

sodass – anstatt dass – weil – noch bevor – da – obwohl – um – als

b) Bestimme, welche Funktionen die Adverbialsätze in deinen Satzgefügen jeweils übernehmen. Markiere dazu die Konjunktion oder das Verbindungswort, das auf die Funktion des Adverbialsatzes verweist.
Beispiel: Die Rote Armee beginnt im Herbst 1944 mit der Eroberung Ostpreußens. Hunderttausende klauben ihr nötigstes Hab und Gut zusammen. Sie wollen in den Westen fliehen.
▸ Als die Rote Armee im Herbst 1944 mit der Eroberung Ostpreußens beginnt (Temporalsatz), klauben Hunderttausende ihr nötigstes Hab und Gut zusammen, um in den Westen zu fliehen (Finalsatz).

- Viele Deutsche behaupten, von den Verbrechen der Nazis nichts gewusst zu haben. Sie müssen jedoch zumindest eine Ahnung gehabt haben.
- Die Angst vor den sowjetischen Truppen ist berechtigt. Die Rote Armee macht bei ihrem Vorrücken oftmals wenig Unterschied zwischen Soldaten und Zivilisten.
- Die Soldaten vergewaltigen Frauen, plündern Häuser, beschießen sogar die Flüchtlingstrecks. Sie verschonen sie nicht.
- Andere lassen sich zu lange von der nationalsozialistischen Propaganda einlullen und glauben daran, dass die Grenzen verteidigt werden. Sie machen sich zu spät auf den Weg.
- Die Sowjetarmee rückt viel schneller heran als gedacht. Viele können nicht rechtzeitig fliehen.
- Der Krieg ist noch nicht vorbei. Die systematische Vertreibung der Deutschen aus jenen Gebieten, die künftig nicht mehr zu Deutschland gehören werden, beginnt.
- Es wird versucht, Frieden zu schließen. Es kommt zu Rache und Vergeltung. Die Deutschen haben in den Kriegsjahren zu viel Leid und Elend über Europa gebracht.

5 Zwischen zwei Welten zu Hause

1 Schaut euch das Video an und lest die erste Strophe und den Refrain des Liedtextes. Fasst den Inhalt kurz zusammen.

2 Tauscht euch in der Klasse darüber aus, was die Refrainzeile „Zwischen zwei Welten zuhaus“ bedeutet.

3 Besprecht in der Klasse, ob ihr auch Menschen kennt, die sich „zwischen zwei Welten zuhaus“ fühlen, oder ob es euch selbst so ergeht.

Ich hab' ein'n deutschen Akzent, wenn ich die Sprache meiner Vorfahr'n spreche
Und hier fragt man mich, wo ich herkomm'
Bei meinem Nachnamen mussten die Lehrer sich die Zunge brechen
Verwandte fragen mich nach iPhone
Erst wenn ich das Land verlass', dann merk' ich, wie deutsch ich bin
Suche nach mein'n Wurzeln ohne Kompass und verlauf' mich hier
Pass' in keine Box rein
Manchmal konnt ich nicht leiden, was mein Spiegel mir zeigt (Nein, nein, nein)

Leute sagen, ich muss mich entscheiden
Mein Herz sagt, ich bin beides
Der Perso sagt mir, ich gehör' hier hin
Mein Afro sagt mir, ich bin

Zwischen zwei Welten, zwischen zwei Welten
Zwischen zwei Welten zuhaus
Zwischen zwei Welten, zwischen zwei Welten
Zwischen zwei Welten zuhaus, yeah

In diesem Kapitel lernst du,

- einen Sachtext zu analysieren,
- einen Sachtext grafisch darzustellen,
- einen Informationstext zu schreiben,
- ein Interview zu führen.

Des Weiteren wiederholst und vertiefst du,

- Sachtexte zu verstehen.

5 Sachtexte verstehen und analysieren

Das musst du wissen

Der Sachtext

Sachtexte nennt man auch **pragmatische Texte** oder **Gebrauchstexte**.
Die Autorinnen und Autoren wollen die Leserschaft **informieren**, Wissen weitergeben und Fakten erklären.
Sachtexte behandeln oder untersuchen konkrete **Themen** und sind, anders als Literatur, **nichts Erfundenes**. Manche Texte lassen sich jedoch nicht eindeutig als Sachtext oder aber Literatur identifizieren.
Die Sprache ist meist **klar, genau und sachlich**. Es gibt **wenig Ausschmückungen** oder Gefühle. Manchmal äußert der Autor aber auch **seine Meinung**.
Sachtexte haben einen **logischen Aufbau**. Meistens verlaufen sie **geradlinig**, ohne Zeitsprünge oder Wechsel der Erzählperspektive.
Beispiele für Sachtexte sind: Lexikonartikel, Nachrichten, Fragebögen, Texte in Lehrbüchern oder Reiseführern, Gebrauchsanweisungen, Rezensionen, Zeugnisse, Kommentare, Biografien, Werbeanzeigen, Gesetze, Verträge ...

Tahsim Durgun, Jahrgang 1995, wuchs in Oldenburg auf und studierte Deutsch und Geschichte auf Lehramt. Mit scharfem Blick und pointiertem Humor kommentiert er den Alltag von Migrantinnen und Migranten zweiter oder dritter Generation in Deutschland – auf Social Media erreicht er damit ein breites Publikum.
Sein Interviewformat „funk“ nutzt Zynismus als rhetorisches Werkzeug: Ob Felix Lobrecht oder Enissa Amani – seine Gespräche mit prominenten Stimmen aus Kultur und Gesellschaft treffen einen Nerv. 2025 erschien sein erstes Buch „‚Mama, lern bitte Deutsch‘. Unser Eingliederungsversuch in eine geschlossene Gesellschaft“, das nicht nur mit dem Grimme-Publikumspreis und dem Blauen Panther ausgezeichnet wurde, sondern auch Platz 1 der SPIEGEL-Bestsellerliste in der Kategorie Sachbuch erreichte und verfilmt wird.
Seit Anfang 2025 moderiert Durgun seinen eigenen Podcast, in dem er gemeinsam mit Gästen über das Komische und das Ernste im Alltag philosophiert – klug, provokant und immer auf Augenhöhe.

1 Betrachtet das Buchcover auf S. 140 und besonders den Titel des Buches. Arbeitet heraus, worum es in dem Buch gehen könnte.

2 Schaut euch den Trailer zu dem Buch an (▸ QR-Code). Diskutiert, welche Probleme in dem Buch thematisiert werden.

Tahsim Durgun

„Mama, lern bitte Deutsch“ Unser Eingliederungsversuch in eine geschlossene Gesellschaft

Tahsim Durgun beschreibt in seinem Buch sein Aufwachsen in einer deutsch-kurdischen Familie. Durguns Eltern sind jesidische Kurden. Jesiden sind eine eigene Religionsgemeinschaft, in manchen Gegenden im Nahen Osten werden sie verfolgt. Die größte Diaspora, also Gruppe von Menschen, die ihre Heimat unfreiwillig verlassen musste, lebt in Deutschland.
Im folgenden Abschnitt beschreibt Tahsim, wie er am Vorabend seines 16. Geburtstages mit seiner Mutter zusammen das Essen für seine Geburtstagsparty vorbereitet. Für Tahsim fühlt sich das alles wie eine Prüfung an, denn es ist das erste Mal, dass er seinen Geburtstag mit Freunden feiert.

Ich konnte gerade den Rand zwischen Zeige- und Mittelfinger klemmen, als meine Mutter im selben Moment sagte: „Tahsim, übersetze dieses Rezept. Ich verstehe das nicht.“ Die Porzellanschale glitt mir aus den Fingern und zersplitterte auf dem Fliesenboden in 1.000 kleine Teile. Ich spürte, wie ich rot anlief, dann brach es einfach aus mir heraus. Auf Deutsch schrie ich sie an: „WAS VERSTEHST DU ÜBERHAUPT??? Niemanden am Telefon, nicht unseren besoffenen Nachbarn, nicht mal ein dummes Rezept! MAMA, ES REICHT – BITTE LERN DEUTSCH!!!“
Ich bereute es sofort.
Erleichterung und Scham machten sich zeitgleich in mir breit. Es fühlte sich an, als hätte ich etwas ausgesprochen, was schon lange in mir gebrodelt hatte. Ich hatte soeben diesen einen verbotenen Gedanken ausgegraben und ausgesprochen. Es war dieser Tag, der mich zum Monster gemacht hatte. [... Der Geburtstag hatte] mich zu einem gierigen Arschloch gemacht, das Dinge aussprach, die ich immer verdrängt hatte. Vermutlich fühlte es sich deswegen so erleichternd an. Als würde man die engsten Sneaker der Welt ausziehen, nachdem man 20.000 Schritte mit ihnen gelaufen war.
Die Erleichterung verflog aber ganz schnell, und die Scham nahm überhand, als ich bemerkte, wie die Augen meiner Mutter glasig wurden und glitzerten. Ein stechender Schmerz schoss durch meinen Körper. Nichts ist für mich schlimmer, als meine Mutter weinen zu sehen, und ich sehe sie selten weinen. Ich weiß nicht einmal, wann sie zuletzt geweint hat. Lehrer, Elternvertreter, Sachbearbeiter – viele Menschen hatten ihr allen Grund für Zerbrechlichkeit gegeben. Doch sie war immer standhaft geblieben. Und jetzt war es ausgerechnet ihr undankbarer Sohn, der sie zum Weinen brachte.
„Mama ... tu-tut mir leid. Bitte!“, stotterte ich. Ich bettelte förmlich um Erbarmen wie ein Kind, das gleich zu 30 Jahren Hausarrest verdonnert wird.
Es gab jedoch keinen Grund, um nach Vergebung zu suchen, denn meine Mutter wollte mich gar nicht ermahnen. Sie setzte sich auf einen der Holzstühle, während ihr Tränen die Wangen hinabflossen. Ganz still.
„Von wem denn, mein Sohn? Wer hätte mir Deutsch beibringen sollen?“, fragte sie leise.
„Mama, das war ein Spaß!“ Ich holte den Kehrbesen und fegte die Scherben auf, um mich irgendwie abzulenken. „Tut mir wirklich leid, Mama. Du musst kein Deutsch können.“
„Wer hätte es mir beibringen sollen?“, wiederholte sie leise. Ich traute mich, wieder in ihre Richtung zu gucken. Es flossen nun keine Tränen mehr, aber sie hatte einen starren Blick aufgesetzt und guckte regungslos nach vorne. „Ich war doch immer nur hier. Alleine mit euch.“
Ich setzte mich auf den Stuhl gegenüber von ihr.
„Wenn ihr morgens wach werdet, ist Baba schon längst auf der Arbeit. Ihr geht zur Schule, und ich gehe putzen. Dann komme ich nach Hause und bin hier alleine ...“ Sie guckte noch immer ins Leere. „Also, sag mir, mein Sohn: Wer hätte mir Deutsch

beibringen sollen? Etwa dieser Tisch hier?" Sie legte ihre Hand auf den Esstisch. „Es gab Tage, an denen ihr auf Klassenfahrten wart und auch Baba viel unterwegs war und ich mehr Zeit mit diesem Tisch verbracht habe als mit einem Menschen. Ich habe hierauf Gemüse geschnitten, Teig geknetet, saß daran, um zu essen oder meinen Çay zu trinken. Der Tisch war immer hier, aber ich konnte nichts von ihm lernen." Ich umklammerte ihre Hand auf dem Tisch. „Es tut mir leid, Mama. Du bist nicht alleine."

„Das Alleinsein ist nicht das Problem, mein Sohn. Deine Mutter ist gut darin. Wir Kurden sind gut darin, alleine zu sein. Vergiss nicht: Die einzigen Freunde der Kurden sind die Berge. Diese Wohnung, dieser Block ist mein Berg. Er gibt mir Schutz, aber kann mir kein Deutsch beibringen." Ich umklammerte ihre Hand noch fester, während sie weitersprach: „Und wenn ich es dann versucht habe ... rauszugehen, mit Deutschen zu reden. Sie wollten mich nicht –"

„Das stimmt doch nicht. Jeder liebt dich!", unterbrach ich sie, obwohl ich ganz genau wusste, was sie meinte.

„Ich habe alles versucht, mein Sohn. Bin zu euren Schulfesten gegangen, habe Leute im Bus für Gespräche angesprochen. Ich habe sogar in der Kirche ausgeholfen. Da haben die mich gefragt, ob ich ihre Putzfrau werden möchte. Ich habe den Job angenommen, weil die echt gut bezahlt haben", lachte sie. Das habe ich von ihr: in beklemmenden Situationen schlechte Witze machen. „Ach, und ich bin sogar jedes Jahr wieder zu Deutschkursen gegangen. Ich war öfter da als die dumme Lehrerin, die angeblich jedes Mal krank war. Wenn ich zum Kursabschluss aber mal Börek mitgebracht habe, dann war sie da." [...]

„Das Merkwürdige ist: Hier vergeht seit Jahren ein Tag nach dem anderen. Ich weiß gar nicht mehr, was ich hier gestern gemacht habe. Aber ich kann mich an jedes einzelne Detail aus unserem Dorf erinnern." Ihr starrer Blick löste sich, ein Lächeln stahl sich auf ihr Gesicht, und der Knoten um mein Herz begann, sich zu lösen. „Es ist der schönste Fleck auf Gottes Erden. Grünes Land – so was hast du noch nie gesehen, mein Sohn. Die Wassermelonen – so was habe ich seitdem nie wieder geschmeckt. Die Berge haben uns Schutz und Kraft gegeben. Es war unvergleichlich", schwärmte sie vor sich hin.

„Das hört sich aber alles so ... gut an. Wie kommst du dann darauf, diesen Block mit deinen schönen Bergen zu vergleichen?", fragte ich und schaute aus dem Fenster auf die anderen Blocks, die neben unserem in den Himmel ragten.

„Auch in der Heimat war es nicht immer schön, Tahsim. [...]"

Wenn wir mal über ihre Heimat sprachen, kam meine Mutter nie aus dem Schwärmen raus. Immer berichtete sie nur davon, wie gut es ihnen damals gegangen war, wie sie gemeinsam den familiären Hof bewirtschaftet hatten und dass der Zusammenhalt im ganzen Dorf enorm gewesen war. Ich hörte ihr gern dabei zu, stellte mir aber auch

5

immer eine Frage. Nun sprach ich sie zum ersten Mal laut aus: „Wieso seid ihr dann hergekommen – nach Deutschland?“
Meine Mutter löste sich jetzt endgültig aus ihrer Starre.
Es sah aus, als würde sie sich von einer Hypnose frei machen.
Sie stand auf und setzte natürlich Wasser in ihrer Çay-Kanne auf. Mit dem Rücken zu mir, erzählte sie: „Das Geld reichte nicht. Es war das Geld. Und die Leute haben gesprochen. Erzählten, dass es Arbeit in Deutschland gibt, auch für Kurden – sogar für Yeziden. Ohne Angst davor haben zu müssen, die eigene Sprache zu sprechen. Also kamen wir – und es war gut so.“

1. Diskutiert, ob es sich bei diesem Text um einen Sachtext handelt (▸ Kasten auf S. 140).

2. Fasse in eigenen Worten den Konflikt zwischen Tahsim und seiner Mutter zusammen. Nenne die Gründe für diese Auseinandersetzung.

3. Analysiere, wie Tahsims Emotionen sich im Laufe des Gesprächs verändern.

4. Diskutiert in der Klasse:
   a) Welche Erwartungen an Zugewanderte in Bezug auf das Erlernen der Sprache findet ihr gerechtfertigt?
   b) Wie kann ein Zusammenleben verschiedener Kulturen gelingen?

Luxemburg – Vom Auswanderungsland zum Einwanderungsland

Wanderarbeiter

Emigration und Immigration zwischen 1839 und 1945
Luxemburg ist im Jahr 1839 ein armes Agrarland. Damals entsteht das Großherzogtum in seinen heutigen Grenzen. Doch ab der Mitte des 19. Jahrhunderts verändert sich das Land stark. Vor allem im Süden entwickelt sich eine Eisen- und Stahlindustrie. Dafür werden viele Arbeitskräfte gebraucht. Es kommen Facharbeiter aus Deutschland und unqualifizierte Arbeitsmigranten aus Italien.
Zwischen 1875 und 1910 steigt der Ausländeranteil deutlich: von 3 % auf 15 %. In dieser Zeit beginnt die erste italienische Immigration. Viele Männer kommen allein, ohne ihre Familien. Aber es gibt nicht nur Einwanderung, sondern auch Auswanderung. Vor dem Ersten Weltkrieg (1914–1918) verlassen viele Luxemburgerinnen und Luxemburger das Land. Sie wandern

nach Nordamerika, Brasilien oder Argentinien aus – auf der Suche nach besseren Lebensbedingungen. Auch Frankreich ist ein Ziel, besonders für junge Frauen, die dort als Haushaltshilfen arbeiten. Zwischen 1841 und 1891 wandern etwa 72.000 Menschen aus – bei einer damaligen Gesamtbevölkerung von rund 213.000.
In der ersten Hälfte des 20. Jahrhunderts führen Wirtschaftskrisen und die beiden Weltkriege dazu, dass weniger Menschen aus dem Ausland nach Luxemburg kommen.

Migration nach Luxemburg ab 1945

Nach dem Zweiten Weltkrieg (ab 1945) ist Luxemburg teilweise zerstört. Für den Wiederaufbau werden erneut viele Arbeitskräfte benötigt. Deshalb kommt es zu einer zweiten italienischen Immigration.
Ab den 1960er-Jahren beginnt eine neue Phase der Einwanderung nach Luxemburg. Besonders viele Menschen kommen nun aus Portugal, das bis 1976 eine Diktatur ist. Mit den portugiesischen Arbeitskräften reisen auch zahlreiche Menschen von den Kapverdischen Inseln ein, die bis 1975 eine portugiesische Kolonie sind. Viele Kapverdier und Kapverdierinnen waren bereits ab den 1930er-Jahren nach Portugal ausgewandert und kommen nun weiter nach Luxemburg.
Im Jahr 1972 schließt die luxemburgische Regierung ein offizielles Anwerbeabkommen mit Portugal und Jugoslawien. Ziel ist es, dem großen Bedarf an Arbeitskräften in der boomenden Wirtschaft nachzukommen. In der Folgezeit stellen Menschen aus Portugal die größte Gruppe der Einwandernden. Viele von ihnen arbeiten im Bauwesen oder als Reinigungskräfte und Haushaltshilfen. Sie holen nach und nach ihre Familien nach Luxemburg. Die Luxemburger Bevölkerung zieht sich zunehmend aus diesen Berufen zurück.
1975 lassen sich als Folge des Vietnamkriegs (1955–1975) auch 283 Vietnamesen und Vietnamesinnen in Luxemburg nieder.
In den 1980er-Jahren verändert sich die Zusammensetzung der zuwandernden Bevölkerung erneut. Während 1980 der Ausländeranteil bei etwa 25 % liegt, zieht es gegen Ende des Jahrzehnts zunehmend hochqualifizierte Fachkräfte ins Land – vor allem in die wachsende Finanz- und Versicherungsbranche. Diese Branche wird zum neuen Motor der luxemburgischen Wirtschaft und gleicht den Verlust von Arbeitsplätzen durch das Ende der Schwerindustrie im Süden aus. Viele dieser Fachkräfte kommen aus den Nachbarländern Belgien, Deutschland und Frankreich. Vor allem französische Staatsangehörige arbeiten aber auch in weniger gut bezahlten Bereichen wie im Hotel- und Gaststättengewerbe.

Italienische Saisonarbeiter, 1958

Ankunft portugiesischer Arbeiter in Luxemburg, 1958

Ein bedeutender Schritt zur Freizügigkeit innerhalb Europas erfolgt 1993 mit der Einführung des Europäischen Binnenmarktes. Seitdem können sich Menschen, Waren, Dienstleistungen und Kapital frei zwischen den Mitgliedsstaaten bewegen.

Im Jahr 1990 liegt die Ausländerquote in Luxemburg bei etwa 30 %.

In den 1990er-Jahren erlebt das Land mehrere Flüchtlingswellen: Zunächst kommen Menschen aus den zerfallenden Staaten des ehemaligen Jugoslawiens. 1999 – im Zuge des Kosovokrieges – stellen fast 3.000 Menschen einen Asylantrag in Luxemburg.

Im Jahr 2000 erreicht die Ausländerquote 37 %. Nach Beginn des russischen Angriffskriegs auf die Ukraine finden über 4.000 Ukrainerinnen und Ukrainer Zuflucht in Luxemburg.

Zwischen 2005 und 2024 steigt der Anteil der Menschen mit nicht-luxemburgischer Staatsangehörigkeit von 40 % auf zeitweise etwa 48 %. Trotz weltweiter Krisen wie der Finanz- und Wirtschaftskrise im Jahr 2008, der Covid-Pandemie und der Energiekrise bleibt Luxemburg ein Land mit guten Berufsperspektiven. Von 2015 bis 2022 wächst die Zahl der Arbeitskräfte um rund 100.000 Personen.

Bevölkerungszusammensetzung

Von den rund 682.000 in Luxemburg lebenden Menschen haben (im Jahr 2025) 361.000 die luxemburgische Nationalität (ca. 53 %), rund 321.000 Personen sind Nicht-Luxemburger und -Luxemburgerinnen (ca. 47 %).

Das Kirchberg-Plateau sah im Jahr 2013 noch so aus. Links der Europäische Gerichtshof

1 Verschafft euch einen ersten Überblick über den Text (▸ Kasten auf S. 147), indem ihr ihn überfliegt. Besprecht anschließend in der Klasse, was euch aufgefallen ist.
Tipp: Informiere dich im Internet über die Quelle des Textes, das Zentrum fir politesch Bildung (ZpB ▸ QR-Code).

2 Überfliegt den Text erneut und markiert Stellen, aus denen sich seine Struktur erschließt. Tauscht euch in Zweierteams über eure Ergebnisse aus und benennt das Strukturmuster, das ihr gefunden habt.

3 Nennt die zentrale Aussage des Textes. Entscheidet, ob es sich um einen appellierenden, einen informierenden oder einen wertenden Text handelt (▸ Kasten auf S. 219).

4 Fertige mithilfe deines Tablets oder auf Papier eine Zeitleiste an, die den Inhalt des Textes grafisch darstellt.

5 Erarbeite die Push-Faktoren, welche Luxemburgerinnen und Luxemburger dazu veranlasst haben, auszuwandern, und die Pull-Faktoren, die Menschen dazu bewegen, nach Luxemburg zu immigrieren. Halte deine Ergebnisse in einer Grafik fest.

Push- und Pull-Faktoren für Migration = Faktoren, die jemanden dazu bringen auszuwandern (Push) bzw. einzuwandern (Pull); abstoßende bzw. anziehende Faktoren.

Das musst du können

So erfasst du den Inhalt eines Sachtextes

Um den **Inhalt** eines Sachtextes zu verstehen, kannst du folgende Schritte ausführen.

Verschaffe dir zunächst einen Überblick:
- **Überfliege** den Text, um einen groben Überblick zu erhalten: Achte dabei auf die Überschriften, Hervorhebungen, Absätze und Wiederholungen.
- **Beachte den Kontext:** Wer hat den Text verfasst? Wo ist der Text erschienen? Gibt es Illustrationen, Fotos oder Diagramme?

Analysiere den Inhalt und Aufbau:
- **Markiere** wichtige Stellen im Text.
- **Schreibe** die Themen des Textes **heraus**.
- **Fasse** die Abschnitte in Stichpunkten **zusammen**.
- Achte auf typische **Strukturmuster**, z. B.: Ursache – Folge; Pro – Contra; These – Argument – Beispiel; chronologische Abfolge; Positivbeispiel – Negativbeispiel.

Vollziehe den Gedankengang des Autors oder der Autorin nach:
- Stelle dir **Leitfragen** wie: Was ist die zentrale Aussage? An wen richtet sich der Text?
- Erarbeite die **Intention** des Verfassers oder der Verfasserin (▸ S. 219): Handelt es sich um einen appellierenden, einen informierenden oder einen wertenden Text?

Fasse den Inhalt zusammen:
- Notiere die wichtigsten Punkte in **Stichworten**.
- Fertige eine **Textskizze** zum Argumentationsverlauf an.
- Erstelle eine **schriftliche Zusammenfassung** des Textes.

Die Anfertigung von Textskizzen kann sich auch im Umgang mit Schulbuchtexten, z. B. in Geschichte, Geografie oder Biologie, als sinnvoll erweisen, da solche Skizzen dazu dienen, sich den Inhalt des Textes besser einzuprägen.

5

Enis Gülegen

Fremdheit überwinden – Brücken bauen – Fremdseinserfahrungen in Zeiten des gesellschaftlichen Wandels

Bei diesem Text handelt es sich um eine Rede anlässlich des Jubiläums „25 Jahre Migrationsbeauftragte in der hessischen Polizei", gehalten am 1. November 2018 von Enis Gülegen, dem Vorsitzenden der Arbeitsgemeinschaft der Ausländerbeiräte Hessen – Landesausländerbeirat (agah).

[...] Offene, moderne Gesellschaften erfahren stetig Veränderungsprozesse. Unsere Gesellschaft ist ein Paradebeispiel dafür. Ich persönlich lebe alles in allem seit über 40 Jahren in Frankfurt. Fast Dreiviertel meines Lebens. Wenn ich mich heute frage, welche Veränderung ich als tiefergehender empfunden habe, ob damals meinen Umzug von Ankara nach Frankfurt, oder wie Frankfurt sich in den letzten 40 Jahren gewandelt hat, so finde ich, ist es wohl das letztere. [...]

So ein tiefgreifender Wandel vollzieht sich aber nicht konfliktfrei und ist auch nicht frei von Spannungen, hinterlässt Spuren, positive wie negative. Sowohl auf der einen als auch auf der anderen Seite. Ein so tiefgreifender Wandel zieht einem manchmal auch den Boden unter den Füßen weg. Man empfindet sich fremd an einem Ort, an dem man sich vorher heimisch wähnte. Man macht die Erfahrung des Fremdseins, des Fremdwerdens, oder was einen elementarer trifft, man fühlt sich zum Fremden gemacht.

Diese Erfahrungen machen interessanterweise nicht nur die Migranten, manchmal auch autochthon Deutsche. Ich gebe Ihnen zu beiden Fällen jeweils ein Beispiel: Zuerst ein eher ungewöhnliches Beispiel, nämlich: Wie wird man als eine alte deutsche Dame zur Fremden im eigenen Land?

Ich war vor zwei Jahren auf einer Diskussionsveranstaltung in Sossenheim, einem Stadtteil in Frankfurt. Fast 50 Leute waren da, größtenteils autochthone Deutsche, die seit Jahrzehnten dort wohnen. Der Stadtteil liegt am Rande von Frankfurt, mit einigermaßen bezahlbarem Wohnraum und somit einem sehr hohen Migrantenanteil, allein 30 % ohne deutschen Pass, d. h. der Migrantenanteil wird insgesamt sicherlich über 50–60 % liegen. Eine ältere Dame, der man ansah, dass sie den Krieg als junges Mädchen oder als junge Frau erlebt hatte, beklagte, dass sie seit über 50 Jahren in Sossenheim wohne und sich jetzt in ihrem eigenen Stadtteil fremd vorkomme. Wenn sie aus dem Haus gehe, höre sie kaum mehr Deutsch. Nur noch Sprachen um sie herum, die sie nicht einmal unterscheiden könne, geschweige denn eine von ihnen verstehe. Sie sähe nur noch Fremde um sich herum. Sie sei zur Fremden geworden in ihrem eigenen Zuhause.

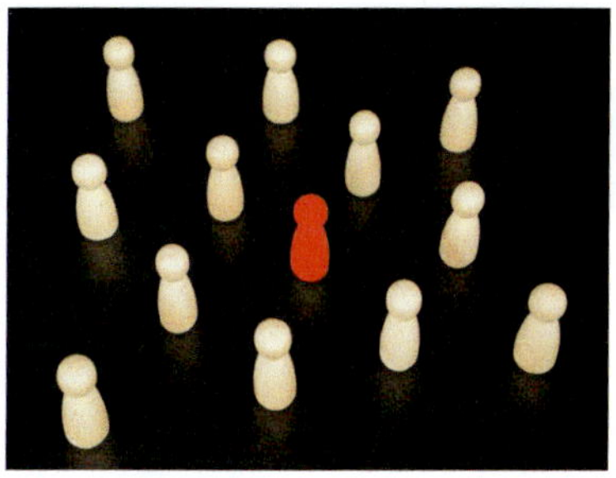

Ich habe im Nachhinein lange über diese alte Dame nachgedacht. Diese Mär von der Überfremdung oder von der Islamisierung des Abendlandes höre ich schon seit 40 Jahren, die oft mit einem rassistischen Unterton daherkommt. Oft ist es eine vorsätzlich verbreitete Hetze von Rechtspopulisten gegenüber Migranten. Diese Dame aber meinte es nicht in diesem Sinne. Sie meinte es aufrichtig und ehrlich. Sie erlebt einen Wandel, der sie abgehängt hat. Sie macht tatsächlich die Erfahrung der Entfremdung in ihrem eigenen Zuhause. Ihre vertraute Umwelt ist ihr fremd geworden. Sie geht auf die Straße und hört eine Vielzahl von Sprachen, sieht eine Vielfalt von Menschen, die ihr fremd sind. Sie erlebt, dass das, was für sie das Fremde ist, jetzt die Mehrheit bildet. Sie kommt damit nicht zurecht. Sie kann es auch nicht. Ihr fehlen zu viele Informationen, zu viele Erfahrungen. Sie glaubt, dass die Menschen um sie herum Fremde sind, dass die nicht einmal die deutsche Sprache beherrschen. Es wird in ihrem Bekanntenkreis womöglich auch genau in der Weise kommuniziert, dass diese Ausländer kein Deutsch können, hier sind, um sich von unserem Sozialstaat ein schönes Leben finanzieren zu lassen und alles nachgeschmissen kriegen. Sie kennen ja diese Litanei, ich brauche das nicht weiter auszuführen. Die alte Dame erkennt nicht, dass die Alltagsrealität um sie herum nunmehr vielfältig und somit auch mehrsprachig geworden ist. Studien belegen, dass Migranten insbesondere der 3. und der 4. Generation ihre Sprachkenntnisse sehr gezielt und bewusst einsetzen. Der Irrglaube, sie würden daheim z. B. nur Türkisch reden, weshalb sie ja kein Deutsch lernten, ist absoluter Nonsens. Diese Generation ist mehrsprachig. Kinder reden in Migrantenfamilien untereinander Deutsch. Wenn die Oma sie anspricht, drehen sie sich im selben Moment um und sprechen Türkisch mit ihr. Sie switchen zwischen ihren Sprachen mit einer Selbstverständlichkeit und in einer Schnelligkeit hin und her, so als würden sie einen Schalter umlegen. Mit der Mutter wird übrigens viel häufiger Deutsch gesprochen als mit dem Vater. Sie setzen ihre Sprachen also sehr gezielt ein. Bei mir in der Schule reden die Schülerinnen und Schüler auf dem Schulhof eigentlich nur Deutsch. Sie wechseln immer dann ins Türkische, wenn sie sich verabreden wollen, die letzten zwei Stunden abzuhängen. Da haben sie nur manchmal das Pech, dass die Pausenaufsicht, die hinter ihnen steht, auch Türkisch kann. Dann nämlich sitzen sie nach der letzten Stunde noch zwei weitere Stunden nach und machen ihre Hausaufgaben unter Aufsicht. Sie machen die Erfahrung, Mehrsprachigkeit ist nicht immer von Vorteil, zumindest dann nicht, wenn auch die Aufsichtsperson mehrsprachig ist.

Unsere Lebenswirklichkeit ist eine andere geworden. Der Wandel verlangt einem hier und da schon Einiges ab. So manches Mal ist er auch schmerzhaft.

In solchen Fällen brauchen wir Vermittler [...]. Wir brauchen Menschen, die an den Schnittstellen agieren. Zu der einen Seite genauso vermitteln wie auch zu der anderen Seite.

[...] Um jetzt noch einmal auf die alte Dame aus Sossenheim zurückzukommen. Ich kann es mir nicht erklären, warum es bei ihr nicht positiv verlaufen ist. Mir wurde einmal von einem Wohnhaus in einem anderen Stadtteil berichtet, in dem überwiegend Migrantenfamilien wohnen und, dass die alleinstehende deutsche Oma im Erdgeschoss mit einer großen Selbstverständlichkeit von allen Nachbarn umsorgt wird. Man klingelt mindestens zwei Mal am Tag bei ihr, um nachzufragen, ob es ihr gut geht, ob sie etwas braucht. Niemand aus dem Haus geht einkaufen, ohne sie zu fragen, ob auch für sie etwas zu besorgen ist. Zu den Feiern und Festen ist sie natürlich auch immer eingeladen. Nachbarschaft eben! So wie urbane Menschen sie praktizieren. Unverständlich daher, warum es bei der Dame aus Sossenheim nicht funktioniert hat. Vielleicht ist die Anonymität der Wohnblöcke ein Grund dafür. Für Begegnungen braucht man Strukturen, Rahmen und Räume ...

Das zweite Beispiel zum Fremdwerden im eigenen Land kommt aus meiner eigenen Familie: Mein jetzt mittlerweile 21-jähriger Sohn wurde vor rund 15 Jahren eingeschult. Dem gingen die Überprüfung der Schuleignung und die Anmeldung voraus. Also der obligatorische Sprachtest und das Aufnahmeverfahren.

Wir, Mutter, Sohn und Vater sind gemeinsam in der Einzugsgrundschule erschienen. Alle drei freudig aufgeregt. Erstes Kind, erstes Mal ... Der Sprachtest war ein Kinderspiel für den Jungen. Er ist zweisprachig aufgewachsen, sprach jedoch besser Deutsch als Türkisch, denn Deutsch ist natürlich die dominantere von seinen beiden Sprachen. Also wurde er in die erste Klasse eingestuft. Anschließend ging's ins Sekretariat, um die Aufnahmeformalitäten zu erledigen. Name, Vorname, Geburtsdatum, Anschrift lagen der Schule bereits vor, alles wurde nochmals überprüft ... Dann kam die Frage nach der Nationalität des Kindes.

„Deutsch" beantwortete ich wahrheitsgemäß. Eine kurze Stille, die Sekretärin stockte kurz. „Nein, nein!", sagte sie nach einer Weile, „ich meine seine eigentliche Nationalität!" Es war klar, was sie hören wollte. Wenn man mir aber eine solche Steilvorlage gibt, neige ich heute noch dazu, eine Weile genüsslich mit dem Ball zu spielen. Also blieb ich hart und sagte: „Auch die eigentliche Nationalität ist deutsch! Dieses Kind hat eine einzige Staatsangehörigkeit, und das ist die deutsche!" Die Sekretärin versuchte noch einige Male mir die Antwort in erwünschter Kategorie zu entlocken. Ihre Fragen wurden dabei immer diffuser. Unter anderem fragte sie, woher das Kind kommt, obwohl sie ja den Geburtsort kannte. Es war ein Genuss ihr antworten zu können, „Er kommt aus Preungesheim, aber geboren wurde er im Nordend!". Es wurde ihr langsam zu viel und sie allmählich immer ungehaltener. „Dieses Kind ist doch nicht deutsch!", sagte sie mit empörter Stimme. „Wollen sie hören, dass er Türke ist?!", fragte ich zurück. „Jaaaa!", rief sie begeistert, „Neeein!", rief ich empört zurück. Wie auch immer, zwischenzeitlich hatte sie bereits das Kreuz in das entsprechende Kästchen eingetragen und wir konnten das Zimmer verlassen.

[... Es] ist übrigens ein Befund aus vielen autobiographischen Studien: Die Schule ist der Ort, wo man zum ersten Mal zum Fremden gemacht wird. Tatsächlich kam mein Sohn dann Ende der ersten Klasse eines Tages nach Hause und fragte, ob wir Türken sind. Und warum wir Türken sind. Und wer bitte die Türken sind. (Übrigens,

diese letzte Frage kann ich mir nicht einmal selbst beantworten.) Bis dahin hatte er das nie zu Hause zu hören bekommen. Das war und ist keine Denkkategorie in unserer Familie. Türkischsein spielt keine Rolle in unserem Leben. Es ist kein prägendes Merkmal in unserem familiären Alltag. Dass er vermeintlich etwas Anderes ist, das wurde ihm zum ersten Mal in seinem Leben in der Schule suggeriert. Anders zu sein ist ja per se nichts Negatives. Wir alle sind in gewisser Weise anders. Was hier jedoch suggeriert wird, ist nicht, dass wir zwar alle anders sind, aber trotzdem ein „wir" bilden. Es wird hier vielmehr eine Grenze gezogen. Es wird suggeriert, wir sind wir, und du bist der Andere. Du gehörst nicht zu uns. Du bist der Fremde. Jetzt noch einmal zu meinem Sohn zurück: Er machte in der 10. Klasse ein Auslandsjahr, war ein Jahr lang in Amerika bei einer Gastfamilie, besuchte dort die Highschool. Er kam zurück und „Baba", sagte er, „ich musste 4.500 km weit wegfliegen, um zum ersten Mal in meinem Leben als Deutscher behandelt zu werden." Denn für die Amerikaner war es sehr einfach: Sie haben ihn gefragt, woher er kommt und wo er geboren ist. „Deutschland und Frankfurt", also war er der Deutsche in der Schule. Dieses Gefühl hat ihm unsere Gesellschaft bis heute nicht vermitteln können. Er studiert zurzeit und will auswandern, wenn er fertig ist. Schade eigentlich! Denn wenn er tatsächlich auswandert, verlieren wir mit ihm einen guten Staatsbürger, der unserer Gesellschaft fehlen wird.
„Fremd ist der Fremde nur in der Fremde." Karl Valentin würde es heute sicher anders formulieren. Denn die schlimmste Erfahrung des Fremdseins macht man heutzutage im eigenen Lande. Es ist ein Prozess, wie man zum Fremden wird. Man wird nicht fremd geboren, man wird zum Fremden gemacht in unserer Gesellschaft. [...]
Integration ist Teilhabe. Das setzt voraus das friedliche Zusammenleben von allen Menschen in einer Gesellschaft unter Einhaltung von Grundsätzen, die für alle allgemeingültig sind. [...] Ob die Menschen neu zu uns kommen [...] oder bereits hier leben, ob sie Migranten sind oder Autochthone, allen Menschen muss unmissverständlich vermittelt werden, dass an den Grundsätzen des Grundgesetzes und der freiheitlich-demokratischen Gesellschaftsordnung nicht zu rütteln ist. Nicht für eine Ethnie und auch nicht für eine Religionsgruppe.
Integration ist Teilhabe und bedeutet somit auch, dass alle Menschen, die hier leben und arbeiten, am Gesellschaftsgeschehen gleichberechtigt teilhaben dürfen. Niemand darf ausgeschlossen, benachteiligt, zurückgesetzt und zum Fremden gemacht werden, weil er einer anderen Ethnie oder einer anderen Religion angehört, eine andere Hautfarbe oder einen vermeintlich fremd klingenden Namen hat. Die Öffnung der Gesellschaft und ihrer Institutionen für alle ist eine Grundvoraussetzung dafür. Für diese Aufgaben brauchen wir aber auch Menschen, die vermitteln. Auf beiden Seiten.

[...]

1 **a)** Verschafft euch einen ersten Überblick über den Text (▸ Kasten auf S. 147), indem ihr ihn überfliegt.

b) Besprecht in der Klasse, was ihr über die Entstehung des Textes erfahren habt (▸ Vorspann auf S. 148) und wie der Text aufgebaut ist.

2 Der Autor schildert zwei eindrucksvolle Beispiele für Fremdheitserfahrungen (▸ Z. 23–48 und 82–103).

a) Beschreibe kurz beide Situationen.

b) Erkläre, worin sie sich ähneln und worin sie sich unterscheiden.

c) Arbeite heraus, was der Autor mit diesen Beispielen verdeutlichen will.

3 Wähle eines der beiden Zitate aus und bearbeite die dazugehörigen Aufgaben:

> Denn die schlimmste Erfahrung des Fremdseins macht man heutzutage im eigenen Lande. Es ist ein Prozess, wie man zum Fremden wird. Man wird nicht fremd geboren, man wird zum Fremden gemacht in unserer Gesellschaft. (▸ **Z. 134–136**)

a) Erkläre, was der Autor mit dieser Aussage meint.

b) Hast du auch schon eine solche Fremdheitserfahrung gemacht, wie der Autor sie beschreibt? Beschreibe das Ereignis und wie du dich gefühlt hast.

c) Tausche dich mit anderen in der Klasse über eure Erfahrungen aus.

> „Baba", sagte er, „ich musste 4.500 km weit wegfliegen, um zum ersten Mal in meinem Leben als Deutscher behandelt zu werden." (▸ **Z. 125–126**)

d) Erkläre den Kontext des Zitats.

e) Begründe, warum der Sohn des Verfassers das erste Mal das Gefühl hatte, „als Deutscher behandelt zu werden".

f) Diskutiere mit anderen in der Klasse, welche Gründe es haben kann, dass es der deutschen Gesellschaft nicht gelungen ist, ihm das Gefühl von Zugehörigkeit zu vermitteln.

4 **a)** Nenne die Lösungsvorschläge des Autors, um das Zusammenleben verschiedener Kulturen zu ermöglichen.

b) Finde konkrete Beispiele aus deinem Alltag, die dazu beitragen können, das Zusammenleben von Menschen verschiedener Herkunft zu vereinfachen, und beurteile sie.

Einen Informationstext verfassen

Was bedeutet es eigentlich, dazuzugehören? Für viele Menschen in Luxemburg stellt sich diese Frage auch im Zusammenhang mit der Staatsangehörigkeit. Wer hier lebt, zur Gesellschaft beitragen möchte und sich als Teil des Landes fühlt, steht früher oder später vor der Frage: Wie werde ich Luxemburgerin oder Luxemburger – und was bedeutet das eigentlich?

Diesen Fragen sollst du auf den Grund gehen, indem du einen Informationstext schreibst.

Das musst du wissen

Der Informationstext
Ein Informationstext vermittelt, beschreibt und erklärt **sachliche Inhalte klar, verständlich und strukturiert**, und zwar auf der Grundlage **verschiedener Quellen** wie z. B. Texte, Grafiken oder Statistiken.
Solche Texte begegnen uns in **Alltag, Schule und Beruf** – etwa in Zeitungen, Fachbüchern oder im Internet. Sie helfen dabei, **sich über ein Thema zu informieren, Zusammenhänge zu verstehen** oder selbst **Wissen weiterzugeben**.

1 Verfasse anhand der Zwischenschritte **a) bis f)** (▸ S. 153–161) einen Informationstext zum Thema „Staatsangehörigkeit und Zusammenleben in Luxemburg“. Gehe dabei auf folgende Aspekte ein:

(1) Voraussetzungen und Wege zum Erwerb der luxemburgischen Staatsangehörigkeit
(2) Bedeutung der doppelten Staatsangehörigkeit
(3) Funktion und Rolle des luxemburgischen Passes
(4) Auswirkungen des Passbesitzes auf das gesellschaftliche Zusammenleben

a) Notiert in Zweierteams zu jedem der vier Aspekte drei eigene Fragen, die beim Erarbeiten des Themas helfen.
Beispiel: Voraussetzungen und Wege zum Erwerb der luxemburgischen Staatsangehörigkeit
▸ *An welche Behörde muss man sich wenden?*
▸ *Welche Fristen gilt es zu beachten?*
...

b) Besprecht, wer eure Adressatinnen und Adressaten (Leserinnen und Leser) sind und was das sprachlich für euren Text bedeutet. Welches Vorwissen haben sie vermutlich?

c) Plant eure nächsten Schritte:
- Was wisst ihr bereits über das Thema?
- Kennt ihr zum Beispiel jemanden, der die luxemburgische Staatangehörigkeit erworben hat?
- Was benötigt ihr aus Texten, Grafiken oder Internetseiten, um alle relevanten Informationen für euren Text zu erhalten?
- Wie geht ihr am besten vor?

d) Lest die Materialien M1–M5 (▸ S. 155–161) und wertet sie aus. Benutzt die Hinweise aus dem Kasten unten. Markiert in den Materialien zentrale Informationen farblich – entsprechend den Farben der vier Aspekte der Aufgabenstellung (▸ S. 153).

e) Die Grafik auf S. 158 liefert zusätzliche Informationen. Wertet sie aus und beurteilt, inwieweit sie die Informationen aus den Texten ergänzt oder bestätigt.

Das musst du können

So erschließt du dir die Materialien

Verschaffe dir zuerst einen **Überblick**:
„Scanne" Überschriften, Zwischenüberschriften, Grafiken und Hervorhebungen. So findest du schnell die Textstellen, die für deine Fragestellungen passen.

Lies die Materialien anschließend genau:
Markiere wichtige Inhalte, Fachbegriffe oder zentrale Aussagen, die du in deinem Text verwenden kannst.

Vergleiche die Informationen aus den verschiedenen Materialien:
- Welche Aussagen ergänzen sich?
- Welche stehen vielleicht im Gegensatz zueinander?

Notiere dir pro Text die wichtigsten Punkte stichwortartig. So behältst du den Überblick und kannst die Informationen in deinem eigenen Text später leichter strukturieren.

▸ AH, S. 34–37

M1 Der Weg zum Pass: Wie wird man eigentlich Luxemburger? (Quelle: Luxemburger Wort)

Ausländer, die die luxemburgische Staatsangehörigkeit erwerben, haben alle Rechte und Pflichten der Luxemburger. Es gibt jedoch einige Voraussetzungen, die Sie erfüllen müssen, um Bürger des Großherzogtums zu sein.

Sie sind Ausländer, wohnen in Luxemburg und möchten die luxemburgische Staatsangehörigkeit erwerben? Dann könnte dieser Artikel nützlich für Sie sein. Das luxemburgische Recht sieht die Verleihung der Staatsbürgerschaft an Ausländer unter gewissen Voraussetzungen vor.
Drei Wege führen zum Pass mit dem goldenen Löwen auf dem Umschlag: Entweder man erlangt die Staatsangehörigkeit auf automatischem Weg, durch Option [...] oder Einbürgerung. Für Ausländer, die nicht in Luxemburg geboren sind, trifft meistens die letzte Variante zu.

Welche Bedingungen muss ich erfüllen, um Luxemburger zu werden?
Die Kriterien für die Erlangung der Staatsangehörigkeit durch Einbürgerung wurden überarbeitet und sind seit 2017 weniger restriktiv. Ursprünglich sah das Gesetz vor, dass sich der Interessent sieben Jahre lang im Großherzogtum aufhalten musste, um die Staatsbürgerschaft beantragen zu können. Diese Frist wurde aber durch das Einbürgerungsgesetz, das am 1. April 2017 in Kraft trat, auf fünf Jahre verkürzt.
In Bezug auf diese Bedingung gibt es nur eine Besonderheit, die berücksichtigt werden sollte: Im Jahr vor der Beantragung der Staatsangehörigkeit muss der Anwärter sich ununterbrochen im Großherzogtum aufgehalten haben.
Wenn Sie darüber nachdenken, die Staatsbürgerschaft zu beantragen, empfehlen wir Ihnen, Luxemburgisch zu lernen oder sich für einen Luxemburgisch-Kurs anzumelden. Zum Zeitpunkt der Bewerbung müssen Sie über Sprachkenntnisse verfügen, die durch eine Bescheinigung über das Bestehen einer Prüfung nachgewiesen werden.
Die dritte Etappe dieses Prozesses beinhaltet die Teilnahme am Kurs „Zusammen leben im Großherzogtum Luxemburg“. Wenn Sie nicht an der Schulung teilnehmen möchten, können Sie alternativ eine Prüfung ablegen, die sich auf die im Kurs unterrichteten Fächer bezieht.
Die Erlangung der luxemburgischen Staatsbürgerschaft ist ebenfalls an die Bedingung der Ehrenhaftigkeit geknüpft. Daher kann der Antrag zurückgewiesen werden, wenn der Antragsteller während des Verfahrens falsche Angaben gemacht, relevante Tatsachen verschwiegen oder betrügerisch gehandelt hat. Wenn Sie eine Straftat begangen haben und in Luxemburg oder im Ausland zu einer Freiheitsstrafe von 12 Monaten oder mehr verurteilt wurden, wird Ihr Antrag ebenfalls abgelehnt. [...]

▶ Fortsetzung auf der nächsten Seite

Verliere ich meine ursprüngliche Staatsangehörigkeit?

Nein, Luxemburg akzeptiert seit 2009 das Prinzip der doppelten Staatsbürgerschaft. Aber das Herkunftsland des Kandidaten kann das möglicherweise nicht zulassen. Es gibt Länder, die den Verlust der Staatsangehörigkeit bei der Erlangung einer neuen Staatsangehörigkeit vorsehen.

Dies ist beispielsweise für Portugal nicht der Fall. Wie Luxemburg erlaubt auch Portugal einem Bürger, zusätzliche Staatsangehörigkeiten zu haben.

Sie sind Ausländer, aber in Luxemburg geboren?

Wenn dies der Fall ist, ist der Prozess einfacher. Die zu erfüllenden Kriterien hängen vom Alter ab.

Im Großherzogtum geborene Personen können ab dem Alter von 12 Jahren die Staatsbürgerschaft beantragen, sofern sie seit mindestens fünf Jahren im Land leben. Darüber hinaus muss sich ein Elternteil mindestens 12 Monate vor der Entbindung rechtmäßig in Luxemburg aufgehalten haben.

Wenn Sie diese letzte Voraussetzung nicht erfüllen, ist der Antragsteller verpflichtet, bis zum Alter von 18 Jahren zu warten, um die Staatsbürgerschaft zu beantragen. Um dies zu tun, müssen Sie genau die gleichen Voraussetzungen erfüllen, die oben in Bezug auf die Staatsbürgerschaft durch Einbürgerung beschrieben wurden. [...]

M2 Luxemburg wächst – Zahl der Doppelstaatsbürger nimmt weiter zu

Luxemburgs Bevölkerung ist im Jahr 2024 weiter gewachsen – wenn auch langsamer als in den Jahren zuvor. Laut der Statistikbehörde Statec lebten am 1. Januar 2025 681.987 Menschen im Großherzogtum. Das entspricht einem Zuwachs von 1,5 Prozent gegenüber dem Vorjahr und liegt deutlich unter dem Durchschnitt der vergangenen zehn Jahre, der meist zwischen zwei und zweieinhalb Prozent betrug. Seit 1980 ist die Bevölkerungszahl um rund 87 Prozent gestiegen – was vor allem auf die wirtschaftliche Dynamik und die damit verbundene Zuwanderung zurückzuführen ist.
Ein wesentlicher Teil des Bevölkerungswachstums Luxemburgs geht auf Zuwanderung zurück. 2024 kamen 25.725 Menschen neu ins Land, während 16.444 fortzogen. Daraus ergibt sich eine positive Netto-Migration von 9.281 Personen. Die meisten Zugewanderten stammten aus Portugal (3.469), gefolgt von Frankreich (3.084) und Italien (1.818). Bemerkenswert ist, dass im gleichen Zeitraum viele Luxemburgerinnen und Luxemburger (3.346) ausgewandert sind.
Eine immer größere Rolle spielt die doppelte Staatsangehörigkeit. Am 1. Januar 2024 verfügten 13,7 Prozent der Gesamtbevölkerung über mindestens eine weitere Staatsangehörigkeit. Unter den Luxemburgern war der Anteil noch höher: 22,7 Prozent haben neben dem luxemburgischen Pass eine zweite Staatsangehörigkeit – am häufigsten die portugiesische, französische oder belgische. Demgegenüber verfügen rund 267.000 Personen ausschließlich über den Luxemburger Pass, was etwa 39 Prozent der Gesamtbevölkerung entspricht. Ein wesentlicher Grund für diese Entwicklung ist das Nationalitätengesetz von 2008, das es erlaubt, bei einer Einbürgerung die ursprüngliche Staatsangehörigkeit zu behalten.
Auch die Zahl der Luxemburger im Ausland nimmt zu: Inzwischen sind es rund 146.000. Besonders viele zieht es in die Nachbarländer Frankreich (ca. 32.900), Belgien (ca. 27.200) und Deutschland (ca. 20.400) – oft wegen der dort günstigeren Immobilienpreise. Auffällig ist zudem der starke Anstieg in Übersee: In Brasilien leben inzwischen rund 27.600 Luxemburger, in den USA etwa 15.000. Ein Grund dafür ist eine Gesetzesänderung von 2020, die den Erwerb der luxemburgischen Staatsangehörigkeit erleichtert. Bewerberinnen und Bewerber können seither – sogar ohne Wohnsitz in Luxemburg – die Staatsbürgerschaft beantragen, wenn sie nachweisen können, dass bereits im Jahr 1900 ein Vorfahre von ihnen in Luxemburg lebte.
Die aktuellen Daten machen deutlich: Luxemburgs Bevölkerung bleibt in Bewegung. Migration sorgt weiterhin für Wachstum, während die Tatsache, dass es immer mehr Doppelstaatsbürger gibt und die Zahl der im Ausland lebenden Luxemburger weiter steigt, das Land nachhaltig prägt.

M3 **Erwerb der luxemburgischen Staatsangehörigkeit (2025) (nach: gouvernement.lu)**

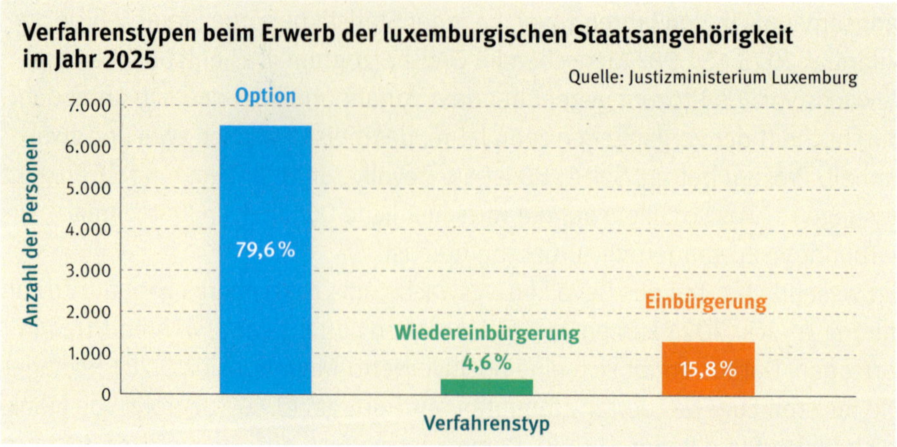

Die drei Möglichkeiten, die luxemburgische Staatsangehörigkeit zu erhalten, sind folgende:
Die **Einbürgerung** steht allen Volljährigen offen, die seit mindestens fünf Jahren in Luxemburg leben, die luxemburgische Sprache beherrschen und am Kurs „Vivre ensemble au Grand-Duché de Luxembourg" teilgenommen haben.
Durch die **Wiedereinbürgerung** können Menschen, die ihre Luxemburger Staatsangehörigkeit verloren haben, die Luxemburger Nationalität wiedererlangen.
Der Erwerb der luxemburgischen Staatsangehörigkeit durch **Option** ist in zehn bestimmten Fällen möglich. Dazu gehören Volljährige, die einen Luxemburger Elternteil, Adoptivelternteil oder Großelternteil haben, Eltern eines minderjährigen Luxemburgers oder auch Ehepartner von Luxemburgern.

M4 Aus einem Interview aus dem Jahr 2025 mit Frau M. Mansour, die 2023 die luxemburgische Staatsangehörigkeit angenommen hat

Redaktion: Frau Mansour, Sie kamen vor neun Jahren aus Syrien nach Luxemburg. Was hat Sie dazu bewogen, die luxemburgische Staatsangehörigkeit anzunehmen?
M. Mansour: Nach meiner Ankunft 2016 fühlte ich mich zwar herzlich willkommen, hatte aber als Ausländerin nur eingeschränkte Rechte: Ich konnte nicht wählen, fand es schwer, Jobs zu finden, und hatte bei Reisen immer Angst vor Visaproblemen.

Redaktion: Wie ist Ihr Einbürgerungsprozess abgelaufen?
M. Mansour: Ich musste verschiedene Unterlagen sammeln – Geburtsurkunde, Sprachnachweis, Wohnsitznachweis – und an einem Kurs über die luxemburgische Verfassung und Gesellschaft teilnehmen. Auch Lëtzebuergesch musste ich lernen. Es hat insgesamt ein Jahr gedauert, bis ich den Pass in den Händen halten konnte.

Redaktion: Frau Mansour, wie haben Sie den Sprachtest erlebt, der für die Einbürgerung erforderlich ist? Luxemburgisch ist keine einfache Sprache.
M. Mansour: Ja, das stimmt. Der Sprachtest war eine der größten Hürden für mich. Ich hatte zwar schon Deutschkenntnisse, weil ich vor meiner Ankunft in Luxemburg eine Zeit lang in Deutschland gelebt habe, aber Luxemburgisch zu lernen ist eine Herausforderung. Es ist nicht einfach, besonders wenn man von einer anderen Sprache wie Arabisch kommt.

Redaktion: Welche Vorteile spüren Sie im Alltag durch den luxemburgischen Pass?
M. Mansour: Ganz praktisch: Ich kann jetzt ohne Visum in alle EU-Staaten reisen – und selbst für Kanada oder Australien bekomme ich ein Visum. Zudem durfte ich erstmals bei den Parlamentswahlen abstimmen. Das gibt mir das Gefühl, wirklich dazuzugehören und mitentscheiden zu können.

Redaktion: Hat sich Ihre Berufssituation durch die Einbürgerung verändert?
M. Mansour: Auf jeden Fall. Einige Stellen sind EU-Bürgerinnen und -Bürgern vorbehalten, zum Beispiel im öffentlichen Dienst oder in gewissen Sicherheitsbereichen. Mit dem Pass habe ich nun Zugang zu deutlich besser bezahlten Jobs und Fortbildungen.

► Fortsetzung auf der nächsten Seite

Redaktion: Wie wirkt sich Ihr Pass auf Ihr gesellschaftliches Leben aus?
M. Mansour: Ich fühle mich nun als vollwertiger Teil der luxemburgischen Gesellschaft. Ich engagiere mich im Sportverein, nehme an Bürgerforen teil und habe Freundinnen und Freunde, die mich nicht mehr als „die Ausländerin“ sehen, sondern auch als Luxemburgerin.

Redaktion: Gibt es auch persönliche, emotionale Veränderungen?
M. Mansour: Ja. Früher hatte ich das Gefühl, immer nur Gast zu sein. Jetzt rede ich stolz davon, Luxemburgerin zu sein – ohne meine syrischen Wurzeln zu verleugnen. Ich kann meine Kinder offiziell als Staatsbürger großziehen und ihnen so das Gefühl von Sicherheit geben.

Redaktion: Was würden Sie anderen Migrantinnen und Migranten raten, die mit dem Gedanken spielen, die luxemburgische Staatsangehörigkeit anzunehmen?
M. Mansour: Informiert euch genau über die Voraussetzungen, bereitet euch auf den Sprach- und Gesellschaftskurs vor und scheut euch nicht, Behörden und Integrationszentren um Hilfe zu bitten. Der Aufwand lohnt sich, weil ihr damit nicht nur Rechte gewinnt, sondern auch wirklich hier ankommt.

M5 Der luxemburgische Reisepass im internationalen Vergleich (2026)

Der Reisepass von Luxemburg gehört auch im Jahr 2026 zu den stärksten Pässen weltweit. Das zeigt der aktuelle „Henley Passport Index“, eine internationale Rangliste, die regelmäßig erfasst, wie viele Länder mit dem jeweiligen Pass ohne vorher gegebenes Visum bereist werden können – entweder kann man mit dem jeweiligen Pass ganz ohne Visum einreisen oder aber man erhält damit direkt bei der Ankunft ein Visum. Im Jahr 2026 belegt Luxemburg in diesem weltweiten Vergleich Platz 4. Denn Inhaberinnen und Inhaber eines luxemburgischen Reisepasses können 185 Länder ohne vorherige Beantragung eines Visums besuchen. Damit zählt das Großherzogtum weiterhin zu den Staaten mit besonders großer internationaler Mobilität. Den ersten Platz belegt Singapur mit 192 visumfreien Reisezielen. Luxemburg teilt sich den vierten Rang unter anderem mit Dänemark, Deutschland, Spanien und der Schweiz. Seit der ersten Veröffentlichung des Index im Jahr 2006 gehörte Luxemburg dauerhaft zu den bestplatzierten Ländern und fiel nie unter Rang sechs. Diese stabile Position zeigt die hohe internationale Anerkennung luxemburgischer Reisedokumente.

Neben der Reisefreiheit ist auch das luxemburgische Staatsangehörigkeitsrecht hervorzuheben. Luxemburg erlaubt seit 2009 die doppelte Staatsbürgerschaft. Wer die luxemburgische Staatsangehörigkeit erwerben möchte, muss unter anderem den sogenannten „Sproochentest" bestehen. Diese Prüfung umfasst auch einen Hörverständnis- und einen Sprechtest. Zum Bestehen sind mindestens 50 Prozent der erreichbaren Punkte erforderlich. Damit soll sichergestellt werden, dass man bei der Einbürgerung grundlegende Sprachkenntnisse im Luxemburgischen besitzt.

f) Verfasse deinen Text (▸ **Kasten auf S. 162**).
Tipp: Die Checkliste im **QR-Code** hilft dir bei der Planung und beim Schreiben deines Textes.

Gehe folgendermaßen vor:

- Erstelle eine Gliederung für deinen Text.
  Tipp: Aus den Aspekten, die du behandeln sollst (▸ **S. 153**), ergibt sich bereits ein grober Aufbau.
- Notiere zu den einzelnen Punkten deiner Gliederung Stichworte aus den untersuchten Quellen.
  Tipp: Du hast in den Quellen bereits mit vier verschiedenen Farben gearbeitet und findest die Aussagen somit leicht wieder.
- Bringe diese Stichworte je Aspekt in eine sinnvolle Reihenfolge.
- Verfasse den Hauptteil des Informationstextes, indem du je Aspekt deine Stichworte zu einem Text ausformulierst.
  - *Es gibt verschiedene Möglichkeiten, die luxemburgische Staatsangehörigkeit zu erhalten …*
  - *Viele Menschen besitzen zwei Staatsangehörigkeiten. Das bedeutet für sie …*
  - *Der luxemburgische Pass ist mehr als nur ein Reisedokument. Wer einen Pass hat, fühlt sich oft …*
  - …
- Ziehe zum Schluss eines jeden Aspekts ein Fazit.
  Insgesamt zeigt sich …
- Formuliere eine interessante Einleitung, die in das Thema einführt.
  Der Text handelt von …
  Tipp: Vielleicht eignet sich ein interessanter oder ungewöhnlicher Fakt aus den Quellen, um die Aufmerksamkeit der Leserinnen und Leser deines Textes zu wecken und auf die darauf folgenden Ausführungen neugierig zu machen.
- Formuliere eine treffende Überschrift für deinen Text.

Schreibe die Einleitung ganz zum Schluss. Da du den Inhalt deines Textes dann bereits genau kennst, kannst du in der Einleitung besser zum Thema hinführen.

5

Das musst du können

So schreibst du einen Informationstext

Gliedere deinen Text klar:

- **Benenne** in der **Überschrift** das **Thema** deines Textes klar und treffend.
- **Führe** in der **Einleitung in das Thema ein** und **wecke Neugier**.
- **Führe** im **Hauptteil** die einzelnen Themen **sachlich, genau und gut gegliedert aus**. Gliedere deinen Hauptteil für eine bessere Übersicht vielleicht sogar durch **Zwischenüberschriften**.
- **Fasse** im **Schluss** die wichtigsten Punkte **zusammen** und **gib** vielleicht sogar einen **Ausblick**.

Denke an **deine Adressatinnen und Adressaten**:

- Überlege dir, welches **Vorwissen** sie haben.
- **Fachbegriffe** solltest du im Text erklären, wenn sie für deine Adressatinnen und Adressaten neu sein könnten.

Stelle die Informationen **verständlich** dar:

- Beschreibe und erkläre wichtige **Zusammenhänge**.
- Formuliere eher **kurze, übersichtliche Sätze**, die gut verständlich sind.
- Verwende **Satzverknüpfungen** und passende **Übergänge**, um deinen Text gut lesbar zu machen. Hier einige hilfreiche Beispiele für Satzverknüpfungen:

verbinden, abgrenzen	Erstens – zweitens / Ein anderer/weiterer Punkt ist ... / Eine Grafik zeigt ... / Anders verhält es sich ... / Im Gegensatz zu ... / Ganz anders ... / und / aber
erläutern/erklären	Das heißt ... / Laut ... / Betrachtet man ... / Schaut man (aber) genauer auf ... / zum Beispiel / beispielsweise / nämlich
begründen	Die Gründe ... / wegen / aufgrund / deshalb / denn / weil

Formuliere **sachlich** und **in eigenen Worten**:

- Nutze eine **neutrale Sprache** ohne Wertungen.
- Wenn du Aussagen aus anderen Texten wiedergibst, verwende die **indirekte Rede** (▸ Kasten auf S. 269).

▸ AH, S. 34–37

Schreibe im **Präsens**.

2 Überarbeite deinen Informationstext inhaltlich und sprachlich mithilfe einer KI.

a) Kopiere deinen Text zusammen mit der Checkliste (▸ QR-Code auf S. 161) in eine KI-Anwendung. Formuliere einen klaren Prompt (▸ Kasten auf S. 291), in dem du die KI bittest zu überprüfen, ob du alle Punkte der Checkliste in deinem Text beachtet hast.

Beispiel:

> Bitte überprüfe meinen Informationstext auf Inhalt und Aufbau. Schau nach, ob ich alle Punkte aus der Checkliste beachtet habe. Gib mir Rückmeldung zu jedem Abschnitt, welche Punkte gut umgesetzt sind und wo noch etwas fehlt.

b) Lies die Rückmeldung genau und verbessere deinen Text.

c) Bitte die KI, deinen Text auf Rechtschreibung, Grammatik, Satzbau und Stil zu prüfen. Vergiss nicht, in deinem Prompt zu erwähnen, für wen dein Text gedacht ist (z. B. Jugendliche, Erwachsene, deine Klasse usw.), damit die Sprache zur Zielgruppe passt.

Beispiel:

> Bitte überprüfe meinen Text auf sprachliche Richtigkeit (Rechtschreibung, Grammatik, Satzbau und Stil). Der Text richtet sich an ... Mache mir pro Abschnitt konkrete Verbesserungsvorschläge, die meinen Text sprachlich verständlicher machen.

d) Prüfe und übernimm passende Vorschläge und überarbeite deinen Text entsprechend.

5

Migration – Eine Geschichte, viele Wege

In dieser Projektaufgabe begegnest du dem Thema Migration aus einer persönlichen Perspektive. Viele Menschen in Luxemburg haben selbst Migrationserfahrungen gemacht oder stammen aus Familien mit einer Migrationsgeschichte. Vielleicht gilt das auch für dich oder Menschen in deinem Umfeld.

Bei diesem Projekt führst du zuerst ein Interview mit einer Person, die nach Luxemburg eingewandert ist oder deren Eltern oder Großeltern Migrationserfahrungen gemacht haben. Das kann ein Familienmitglied sein, aber auch eine Freundin, ein Nachbar, eine Bekannte oder dein Trainer. Ziel ist es, mehr über die Lebensgeschichte dieser Person zu erfahren:

- Wo kommt sie her?
- Warum ist sie nach Luxemburg gekommen?
- Wie hat sie die Ankunft und das Einleben empfunden?
- Wie blickt sie heute auf ihre Erfahrungen zurück?

Anschließend gestaltest du einen Beitrag, der die Migrationsgeschichte der befragten Person dokumentiert.

Schritt 1: Das Interview vorbereiten

1. Bevor du mit der Vorbereitung deines Interviews beginnst, überlege dir, wen du befragen möchtest. Finde eine **Person aus deinem Umfeld**, die du gerne interviewen möchtest. Sprich die Person frühzeitig an und frage sie, ob sie bereit ist, mit dir über ihre Geschichte zu sprechen. Vereinbare einen konkreten **Termin** für das Gespräch und **kläre** unbedingt vorher, **ob du das Interview aufnehmen oder Fotos machen darfst**. Biete der Person auch an, ihr das Interview zum Lesen zu geben, bevor du es weiterverarbeitest.

2. Überlege dir, welche **Themen** du ansprechen möchtest und welche Fragen du stellen willst. Hilfe für die Auswahl passender **Interviewfragen** und die Reihenfolge findest du im Zusatzmaterial (▸ QR-Code).
Notiere dir die Fragen.

Schritt 2: Das Interview durchführen

3 Bevor du zum Interviewtermin gehst, überprüfe, ob dein **Handy** ausreichend geladen ist und genug **Speicherplatz** für eine Aufnahme zur Verfügung steht. Denke auch an deine vorbereiteten Fragen. Nimm außerdem **Papier** und **Stift** mit, damit du dir bei Bedarf **Notizen** machen kannst – z. B. zu besonders wichtigen Aussagen oder spontanen Gedanken.
Während des Gesprächs sind **Höflichkeit**, **Respekt** und **echtes Interesse** besonders wichtig. Du führst ein Interview über persönliche Erfahrungen, dein Gegenüber vertraut dir einen Teil seiner Lebensgeschichte an. **Höre aufmerksam zu**, **lass** die Person **ausreden** und **frage** bei Unklarheiten oder spannenden Aussagen **nach**.
Bitte die Person, dir **Fotos** zu zeigen, die mit ihrer Geschichte zu tun haben, z. B. aus der Kindheit, von der Reise nach Luxemburg oder vom Leben früher und heute. Wenn die Person einverstanden ist, fotografiere diese Fotos ab. Du kannst auch Gegenstände fotografieren, die mit der Erzählung in Verbindung stehen (z. B. ein Reisedokument, ein altes Spielzeug oder ein besonderes Erinnerungsstück).
Achte darauf, eine **freundliche und entspannte Gesprächsatmosphäre** zu schaffen. Ein gutes Interview ist wie ein echtes Gespräch – offen, aufmerksam und auf Augenhöhe. Denke daran, dich am Ende des Interviews zu bedanken.

Schritt 3: Die Geschichte sichtbar machen

4 Gestalte nach dem Interview einen Beitrag, der die Migrationsgeschichte der befragten Person dokumentiert und erzählt. Dabei kannst du aus verschiedenen **Darstellungsformen** wählen – je nachdem, was dir liegt und was der Geschichte am besten gerecht wird:

- Erstelle eine **Zeitleiste** mit den wichtigsten Stationen und Momenten im Leben der Person. Verwende Fotos, Zeichnungen oder Symbole, um die einzelnen Etappen anschaulich darzustellen.
- Schneide dein aufgenommenes Interview zu einem kurzen **Video**. Füge erklärende Texte oder Bilder hinzu, um das Gesagte besser verständlich zu machen. Achte auf gute Tonqualität und verwende deutsche Untertitel, falls nötig.
- Verfasse einen zusammenhängenden **Text**, der die Lebensgeschichte erzählt. Verwende Zitate aus dem Interview und ergänze den Text mit passenden Fotos.

5 **Präsentiere** dein Ergebnis der Klasse.

6 Lichterloh

1 Diskutiert auf der Grundlage des Kapiteltitels und der Bilder auf dieser Seite in Zweierteams, wovon das in diesem Kapitel thematisierte Drama handeln könnte.

2 Notiert Ideen, wie die Handlung dieses Dramas ihren Lauf nehmen könnte.

3 Recherchiert, was man unter dem Begriff „Brandstiftung“ versteht.

In diesem Kapitel lernst du,

- die Handlung eines Dramas zu erschließen,
- die inneren Vorgänge der Figuren in einem Drama zu deuten,
- selbst Szenen zu entwerfen, auch mittels KI.

Des Weiteren wiederholst und vertiefst du,

- Figuren zu charakterisieren und ihre Beziehung zueinander zu beschreiben,
- ein Drama szenisch zu erarbeiten und zu inszenieren.

6 Das handlungsorientierte Erschließen eines Dramas

Aufgaben zur Analyse eines dramatischen Konflikts findest du im AH, S. 22–24.

Das Personenverzeichnis

Am Anfang jedes gedruckten Theaterstücks steht das Personenverzeichnis.

Max Frisch

Biedermann und die Brandstifter

Personen:
Herr Biedermann
Babette, seine Frau
Anna, ein Dienstmädchen
Schmitz, ein Ringer
Eisenring, ein Kellner
Ein Polizist
Ein Dr. phil.
Witwe Knechtling
Der Chor, bestehend aus den Mannen der Feuerwehr
Szene: Eine Stube, ein Dachboden

1 Erläutert, nach welchen Kriterien das Personenverzeichnis geordnet ist.

2 Diskutiert, welcher Konflikt sich schon im Personenverzeichnis andeutet.

3 Betrachtet das Buchcover und lest den Infotext im **Kasten unten**. Diskutiert, welche Zusatzinformationen ihr daraus über die Handlung erhaltet.

In Max Frischs Drama „Biedermann und die Brandstifter“ aus dem Jahr 1957 gerät ein wohlhabender, angesehener Bürger in eine gefährliche Lage, als er zwei bedrohlich wirkende Männer auf seinem Dachboden übernachten lässt – in der Hoffnung, von ihnen verschont zu werden. Was harmlos beginnt, entwickelt sich schleichend zur Katastrophe.

Max Frisch (geb. 1911 in Zürich; gest. 1991 in Zürich)

Der Aufbau

1 **a)** Seht das Video im QR-Code an und überprüft, ob sich die Handlungsschritte des Dramas „Biedermann und die Brandstifter“ den Handlungsschritten des klassischen Dramas im folgenden Schema zuordnen lassen.
b) Vervollständigt das Schema mithilfe des Wortspeichers unter dem Schema.

Peripetie (Wendepunkt)

....

....

....

Steigerung

....

....

....

retardierendes Moment

....

....

....

Exposition

....

....

....

....

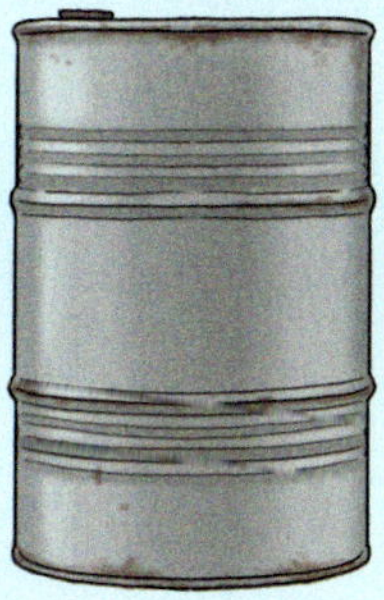

Katastrophe

....

....

....

....

Wortspeicher

Die Brandstifter bekommen von Biedermann Streichhölzer. – Das Haus brennt ab: Biedermann und Babette sterben. – Schmitz erschleicht sich ein Zimmer im Haus. – Auch Eisenring zieht ein, jeglicher Verdacht wird ignoriert. – Letzte Warnung im Gespräch, doch alles läuft weiter wie von den Brandstiftern geplant.

Das musst du wissen

Der Aufbau eines Dramas

Um das Publikum Schritt für Schritt in die Handlung einzubeziehen und emotional mitzureißen, folgen viele **Dramen** (Theaterstücke) diesem **Aufbau**, der seit der griechischen Antike überliefert ist:

- Am Anfang werden Ort und Zeit der Handlung, die Personen, die Vorgeschichte und der Auslöser des Konflikts vorgestellt. Der Beginn eines Dramas wird als **Exposition** bezeichnet.
- In der sich anschließenden **Steigerung** (= das erregende Moment) entsteht ein Konflikt. Die Spannung steigt und es kommt zu ersten Konfrontationen zwischen den Figuren.
- Anschließend erreicht die Handlung ihren **Höhe- oder Wendepunkt**. Es tritt eine Veränderung ein, die das Geschehen ins Negative oder aber ins Positive verkehrt. Man nennt dies auch die **Peripetie**.
- Das **retardierende Moment** zögert die Auflösung des Geschehens hinaus. Es scheint, als könne der **Konflikt** doch noch glimpflich ausgehen.
- Am Ende des Dramas kommt es zur Auflösung des Konflikts; das Stück endet in einer **Katastrophe** oder aber einer (positiven) Lösung.

In der Regel wird eine Theaterhandlung in einzelne **Szenen** unterteilt. Oft werden mehrere Szenen zu einem **Akt** zusammengefasst.

2 Erörtere, ob „Biedermann und die Brandstifter“ auch heute noch aktuell ist. Nenne mindestens zwei Argumente (▸ Kasten auf S. 51). Beziehe das nebenstehende Zitat in deine Überlegungen ein.

„Wenn wir jedem, der ein Streichholz in der Tasche hat, gleich Brandstifter sagen, dann gute Nacht.“

Die Regieanweisungen

So beginnt das Drama „Biedermann und die Brandstifter“:

Max Frisch

Biedermann und die Brandstifter
[Auszug]

Die Bühne ist finster, dann leuchtet ein Streichholz auf: Man sieht das Gesicht von Herrn Biedermann, der sich eine Zigarre anzündet und jetzt, da es heller wird, sich seinerseits umsieht. Ringsum stehen Feuerwehrmänner in Helmen.

Biedermann: Nicht einmal eine Zigarre kann man heutzutage anzünden, ohne an Feuersbrunst zu denken! ... Das ist ja widerlich.

Biedermann verbirgt die rauchende Zigarre und verzieht sich, worauf die Feuerwehr vortritt in der Art des antiken Chors. Eine Turmuhr schlägt: ein Viertel.

1 Notiert in Stichworten die Informationen, die du dem kursivgedruckten Text entnehmen kannst.

2 Besprecht, weshalb dieser Text nicht von den Schauspielern und Schauspielerinnen gesprochen werden kann.

3 Erklärt, für wen der kursivgedruckte Text, also die Regieanweisung, geschrieben ist und warum er notwendig ist.

Das musst du wissen

Die Regieanweisung

Regieanweisungen sind Hinweise im Theaterstück, die beschreiben, wie der Autor oder die Autorin sich vorstellt, was auf der Bühne stattfinden soll. Sie geben z. B. Auskunft über die **Gestaltung der Bühne**, **Requisiten**, **Beleuchtungsverhältnisse**, **Musik** oder andere **Geräusche**, das **Aussehen der Figuren**, deren **nonverbales Verhalten** (Gestik und Mimik) und deren **Positionierung**.

Die Szenenübersicht

Das Drama „Biedermann und die Brandstifter" ist nicht in Akte, sondern in sechs Szenen gegliedert. Auf den folgenden Seiten sind Ausschnitte aus vier Szenen abgedruckt.

1 Lege in deinem Heft eine Tabelle wie die folgende an. Ergänze diese Szenenübersicht um weitere Informationen, sobald du einen weiteren Auszug gelesen hast.

Szene	Ort	Zeit	Personen	Handlung
1	Stube in Biedermanns Haus	Abend des ersten Tages	Biedermann, Anna, Schmitz	Schmitz erhält Obdach auf dem Dachboden.
...	...	...	...	...

Tipp

Eine Szenenübersicht erstellen

Eine Szenenübersicht gibt einen **Überblick über den Inhalt der Szenen eines Theaterstücks und über die Orte, die Zeit und die Personen darin.** Sie erleichtert die **Orientierung** im Drama und lässt das **Handlungsgerüst** erkennen.

Um eine Szenenübersicht zu erstellen, füllt man während der Lektüre des Dramas eine Tabelle wie diejenige auf S. 171 unten aus. In der letzten Spalte fasst man stichwortartig die jeweilige **Handlung** zusammen.

Eine Besonderheit des Dramas „Biedermann und die Brandstifter" sind Zwischenszenen, in denen ein Chor (▸ Kasten auf S. 173) auftritt:

Max Frisch

Biedermann und die Brandstifter

[Szene 1, Auszug 1]

Biedermann verbirgt die rauchende Zigarre und verzieht sich, worauf die Feuerwehr vortritt in der Art des antiken Chors. Eine Turmuhr schlägt: ein Viertel.

Chor: Bürger der Vaterstadt, seht
Wächter der Vaterstadt uns,
Spähend,
Horchend,
Freundlichgesinnte dem freundlichen Bürger –
Chorführer: Der uns ja schließlich bezahlt.
Chor: Trefflichgerüstete
Wandeln wir um euer Haus,
Wachsam und arglos zugleich.
Chorführer: Manchmal auch setzen wir uns,
Ohne zu schlafen jedoch, unermüdlich
Chor: Spähend,
Horchend,
Dass sich enthülle Verhülltes,
Eh' es zum Löschen zu spät ist,
Feuergefährliches.
Eine Turmuhr schlägt halb.
Chorführer: Feuergefährlich ist viel,
Aber nicht alles, was feuert, ist Schicksal,
Unabwendbares.
Chor: Anderes nämlich, Schicksal genannt,
Dass du nicht fragest, wie's kommt,

Städtevernichtendes auch, Ungeheueres,
Ist Unfug,
Chorführer: Menschlicher,
Chor: Allzumenschlicher,
Chorführer: Tilgend das sterbliche Bürgergeschlecht.
Eine Turmuhr schlägt: drei Viertel.
Chor: Viel kann vermeiden Vernunft.
Chorführer: Wahrlich:
Chor: Nimmer verdient es der Gott,
Nimmer der Mensch,
Denn der, achtet er Menschliches so,
Nimmer verdient er den Namen
Und nimmer die göttliche Erde,
Die unerschöpfliche,
Fruchtbar und gnädig dem Menschen,
Und nimmer die Luft, die er atmet,
Und nimmer die Sonne –
Nimmer verdient,
Schicksal zu heißen, bloß weil er geschehen:
Der Blödsinn,
Der nimmerzulöschende einst!
Die Turmuhr schlägt: vier Viertel.
Chorführer: Unsere Wache hat begonnen.
Der Chor setzt sich, während der Stundenschlag tönt: neun Uhr.

2 Erkläre, warum im Zusammenhang mit dem Chorauftritt immer wieder die Uhrzeit erwähnt wird.

3 Beschreibe, was der Chor mit dem Ausdruck „Feuergefährliches“ (▸ Z. 20) meint.

4 Erkläre, wie der Chor dazu steht, dass manche Dinge einfach als Schicksal gedeutet werden.

5 Erkläre, welche Rolle der Chor in diesem Drama hat.

Das musst du wissen

Der Chor im antiken Drama

Im antiken Drama war der Chor eine **Gruppe von Menschen**, die im Theater sang und tanzte. Der Chor nahm nicht selbst an der Handlung teil wie die Hauptfiguren, sondern er **kommentierte** das Geschehen, stellte **Fragen**, **zeigte Gefühle** oder **regte** das Publikum **zum Nachdenken an**. Oft half der Chor auch dabei, das **Wichtige zu betonen** oder eine bestimmte **Stimmung zu erzeugen**.

6

Die Erarbeitung einer Figur

Aufgaben zur Figurenanalyse findest du im AH, S. 14–18.

Im Vorspiel tritt Gottlieb Biedermann, die Hauptfigur des Dramas, zum ersten Mal auf. In der folgenden Szene lernen die Zuschauerinnen und Zuschauer bzw. die Leserinnen und Leser ihn besser kennen.

Max Frisch

Biedermann und die Brandstifter

[Szene 1, Auszug 2]

Gottlieb Biedermann sitzt in seiner Stube und liest die Zeitung, eine Zigarre rauchend, und Anna, das Dienstmädchen mit weißem Schürzchen, bringt eine Flasche Wein.

Anna: Herr Biedermann?

Keine Antwort.

Herr Biedermann –

Er legt die Zeitung zusammen.

Biedermann: Aufhängen sollte man sie. Hab ich's nicht immer gesagt? Schon wieder ein Hausierer, der sich im Dachboden einnistet, ein harmloser Hausierer ...

Er nimmt die Flasche.

Aufhängen sollte man sie!

Er nimmt den Korkenzieher.

Anna: Herr Biedermann –

Biedermann: Was denn?

Anna: Er ist noch immer da.

Biedermann: Wer?

Anna: Der Hausierer, der Sie sprechen möchte.

Biedermann: Ich bin nicht zu Haus!

Biedermann zieht den Korken.

Er soll morgen ins Geschäft kommen.

Anna: Ich hab's ihm gesagt, Herr Biedermann, schon dreimal, aber das interessiert ihn nicht.

Biedermann: Wieso nicht?

Anna: Er will kein Haarwasser.

Biedermann: Sondern?

Anna: Menschlichkeit ...

Biedermann riecht am Korken.

Biedermann: Sagen Sie ihm, ich werde ihn eigenhändig vor die Tür werfen, wenn er nicht sofort verschwindet.

Er füllt sorgsam sein Burgunderglas.

Menschlichkeit!

Er kostet den Wein.

[...] – Ich bin kein Unmensch, Anna, das wissen Sie ganz genau! Aber es kommt mir keiner ins Haus. [...] Man weiß, wohin das führen kann heutzutage ...

Anna will gehen und sieht, dass der Fremde eben eingetreten ist: ein Athlet, sein Kostüm erinnert halb an Strafanstalt und halb an Zirkus, Tätowierung am Arm, Lederbinde um die Handgelenke. Anna schleicht hinaus. Der Fremde wartet, bis Biedermann seinen Wein gekostet hat und sich umdreht.

Schmitz: Guten Abend.

Biedermann verliert die Zigarre vor Verblüffung.

Ihre Zigarre, Herr Biedermann –

Er hebt die Zigarre auf und gibt sie Biedermann.

Biedermann: Sagen Sie mal –

Schmitz: Guten Abend!

Biedermann: Was soll das heißen? [...] Wieso – ich muss schon sagen ... ohne zu klopfen ...

Schmitz: Mein Name ist Schmitz.

Biedermann: Ohne zu klopfen.

Schmitz: Schmitz Josef.

Schweigen.

Guten Abend!

Biedermann: Und was wünschen Sie?

Schmitz: Herr Biedermann brauchen keine Angst haben: Ich bin kein Hausierer!

Biedermann: Sondern?

Schmitz: Ringer von Beruf.

Biedermann: Ringer? [...]

Schmitz: Das heißt: gewesen.

Biedermann: Und jetzt?

Schmitz: Arbeitslos.

Pause

Herr Biedermann brauchen keine Angst haben, ich suche keine Arbeit. Im Gegenteil. [...] Bin nur gekommen, weil's draußen so regnet.

Pause

Hier ist's wärmer.

Pause

Hoffentlich stör ich nicht.

Pause

Biedermann: Rauchen Sie?

Er bietet Zigarren an.

Schmitz: Das ist schrecklich, Herr Biedermann, wenn einer so gewachsen ist wie ich. Alle Leute haben Angst vor mir ... Danke!

Biedermann gibt ihm Feuer.

Danke.

Sie stehen und rauchen.

Biedermann: Kurz und gut, was wünschen Sie?

Schmitz: Mein Name ist Schmitz. [...]

Er hält die Zigarre unter die Nase und kostet den Duft.

Ich bin obdachlos.

Biedermann: Wollen Sie – ein Stück Brot?

Schmitz: Wenn Sie nichts andres haben ...

Biedermann: Oder ein Glas Wein?

Schmitz: [...] Aber nur, wenn ich nicht störe, Herr Biedermann, nur wenn ich nicht störe!

Biedermann geht zur Tür.

Biedermann: Anna! [...]

Anna ist eingetreten.

Anna, bringen Sie ein zweites Glas.

Anna: Sehr wohl.

Biedermann: Und etwas Brot – ja.

Anna: Sehr wohl.

Schmitz: Und wenn's dem Fräulein nichts ausmacht: etwas Butter. Etwas Käse oder kaltes Fleisch oder so. Nur keine Umstände. Ein paar Gurken, eine Tomate oder so, etwas Senf – was Sie grad haben, Fräulein.

Anna: Sehr wohl.

Schmitz: Nur keine Umstände!

Anna geht hinaus.

Biedermann: Sie kennen mich, haben Sie dem Mädchen gesagt.

Schmitz: Freilich, Herr Biedermann, freilich.

Biedermann: Woher?

Schmitz: Nur von Ihrer besten Seite, Herr Biedermann, nur von Ihrer besten Seite. Gestern Abend am Stammtisch, ich weiß, Herr Biedermann haben mich gar nicht bemerkt in der Ecke, die ganze Wirtschaft hat sich gefreut, Herr Biedermann, jedes Mal, wenn Sie mit der Faust auf den Tisch geschlagen haben.

Biedermann: Was habe ich denn gesagt?

Schmitz: Das Einzigrichtige.

Er raucht seine Zigarre, dann

Aufhängen sollte man sie. Alle. Je rascher, umso besser. Aufhängen. Diese Brandstifter nämlich ...

Biedermann bietet einen Sessel an.

Biedermann: Bitte.

Schmitz setzt sich.

Schmitz: Männer wie Sie, Herr Biedermann, das ist's, was wir brauchen!

Biedermann: Jaja, gewiss, aber –

Schmitz: Kein Aber, Herr Biedermann, kein Aber! [...] Sie haben noch ein Gewissen, das spürte die ganze Wirtschaft, ein regelrechtes Gewissen.

Biedermann: Jaja, natürlich –

[...]

[Während Biedermann und Schmitz auf Anna warten, erzählt Schmitz von seiner Vergangenheit. Er war in einem Zirkus angestellt, der abbrannte. Auch der Zirkusdirektor starb.]

Biedermann: Das heißt, er ist tot?
Schmitz: Verbrannt mit seinem ganzen Plunder ...
Eine Standuhr schlägt neun.
Biedermann: Versteh nicht, was das Mädchen so lang macht!
Schmitz: Ich hab Zeit.
Es gibt sich, dass sie einander plötzlich in die Augen blicken.
Sie haben auch kein freies Bett im Haus, Herr Biedermann, das Mädchen sagte es schon –
Biedermann: Warum lachen Sie?
Schmitz: Leider kein freies Bett! Das sagen nämlich alle, kaum dass ein Obdachloser [...] – aber Ihnen, Herr Biedermann, glaub ich aufs Wort ... [...] Sie sind der erste Mensch in dieser Stadt, der unsereinen nicht einfach wie einen Brandstifter behandelt – [...]
Anna bringt ein Tablettchen.
Anna: Kaltes Fleisch haben wir keins.
Schmitz: Das genügt, Fräulein, das genügt – nur den Senf haben Sie noch vergessen.
Anna: Entschuldigung!
Anna geht hinaus.

Biedermann: Essen Sie!
Biedermann füllt die Gläser. [...] Sie trinken, und Schmitz beginnt zu futtern. [...]
Anna bringt den Senf.
Schmitz: Danke, Fräulein, danke! [...] Senf ist nämlich meine Leibspeise – [...]

[Während Schmitz isst und trinkt, meldet Anna einen zweiten Besucher, den Biedermann nicht empfangen will: seinen ehemaligen Angestellten Knechtling (ein sprechender Name: abwertend für jemanden, der wie ein Knecht, also unterwürfig, gehorsam handelt oder der wie ein solcher behandelt wird). Dieser hat „eine kranke Frau und drei Kinder“ und wurde von Biedermann entlassen. Eine Erfindung, die Knechtling gemacht hat, nutzt Biedermann in seiner Fabrik und verdient gut an ihr. Er verweigert Knechtling eine finanzielle Beteiligung und will ihn auch nicht wieder einstellen.]

Biedermann: Sagen Sie Herrn Knechtling: Ich habe Besuch. […]

Er setzt sich und schaut zu, wie der Gast genießt.

Schmitz: Wer hätte gedacht, ja, wer hätte gedacht, dass es das noch gibt! Heutzutage.

Biedermann: Senf?

Schmitz: Menschlichkeit.

Er schraubt die Tube wieder zu.

Ich meine nur so: Dass Sie mich nicht einfach am Kragen packen, Herr Biedermann, um unsereinen einfach auf die Straße zu werfen – hinaus in den Regen! – sehen Sie, das ist's, Herr Biedermann, was wir brauchen: Menschlichkeit.

Er nimmt die Flasche und gießt sich ein.

Vergelt's Gott.

Er trinkt und genießt es sichtlich.

Biedermann: Sie müssen jetzt nicht denken, Herr Schmitz, dass ich ein Unmensch sei –

Schmitz: Herr Biedermann!

Biedermann: Frau Knechtling nämlich behauptet das!

Schmitz: Wenn Sie ein Unmensch wären, Herr Biedermann, dann würden Sie mir heute Nacht kein Obdach geben, das ist mal klar.

Biedermann: Nicht wahr?

Schmitz: Und wenn's auch nur auf dem Dachboden ist.

Er stellt das Glas nieder.

Jetzt ist er richtig, unser Wein.

Es klingelt an der Haustür.

Polizei –?

Biedermann: Meine Frau –

Schmitz: Hm.

Es klingelt nochmals.

Biedermann: Kommen Sie! Aber unter einer Bedingung, mein Herr: Kein Lärm! Meine Frau ist herzkrank –

[…]

1. Arbeite die Charaktereigenschaften Gottlieb Biedermanns heraus.

2. Markiert Hinweise im Verhalten und in der Darstellung von Schmitz, die bereits in diesem Textauszug auf seine wahre Persönlichkeit und mögliche Absichten hindeuten.

3. Besprecht das Spannungsverhältnis (also den Unterschied) zwischen sozialer Fassade und tatsächlichem moralischen Handeln Biedermanns.

4 **a)** Notiert in Zweierteams Fragen, die ihr Gottlieb Biedermann stellen würdet, um die im folgenden Kasten genannten Aspekte zu klären.
b) Beantwortet diese Fragen mithilfe des Dramenauszugs.

5 Erstellt anhand der Ergebnisse aus den Aufgaben 3 und 4 eine Rollenbiografie Biedermanns (▸ Kasten unten).

Tipp

Eine Rollenbiografie erstellen

In einer Rollenbiografie stellt sich eine Figur selbst vor, daher ist sie in der Ich-Form verfasst. Sie beinhaltet eine **Beschreibung** der Figur (Name, Alter, Aussehen und Herkunft) sowie Informationen über:

- das **Verhalten** der Figur: Ist sie eher ruhig oder selbstbewusst? Was will sie erreichen, was sind ihre Wünsche und Träume?
- **Beziehungen** zu anderen Figuren: Welche Konflikte erlebt die Figur?
- die **Entwicklung** der Figur: Wie entwickelt sie sich im Laufe des Dramas?

Nutze zum Schreiben einer Rollenbiografie Informationen aus dem Text, aber ergänze eigene Ideen – z. B. etwas, was die Figur denkt, aber nicht sagt.

6 Notiert in Form einer Tabelle wie im folgenden Beispiel, was Biedermann in dem Moment denken könnte, als er Schmitz Zigarren, ein Abendessen und eine Unterkunft gewährt (▸ Z. 70, 74, 81, 149, 177–178).

Dramentext	Biedermanns mutmaßliche Gedanken
Z. 60–64: **Schmitz:** Arbeitslos. *Pause* Herr Biedermann brauchen keine Angst zu haben, ich suche keine Arbeit. Im Gegenteil. [...] Bin nur gekommen, weil's draußen so regnet. *Pause*	Er wird mich doch nicht um eine Stelle bitten? Angst? Ich könnte ihn hinauswerfen lassen! Wenigstens will er nichts von mir.
...	...

7 **a)** Erkläre, wie Schmitz Biedermann dazu bringt, ihm Obdach zu gewähren.
b) Erkläre in dem Zusammenhang auch, welche Bedeutung der Begriff „Menschlichkeit" für Biedermann hat.

6

Die szenische Erarbeitung eines Dramas

Die Körperhaltung

Max Frisch

Biedermann und die Brandstifter

[Szene 3, Auszug]

Gottlieb Biedermann lässt Schmitz auf dem Dachboden wohnen; dieser quartiert dort heimlich einen weiteren Obdachlosen ein: Wilhelm Maria Eisenring. Durch polternde Geräusche in der Nacht gestört, geht Biedermann schließlich auf den Dachboden, um Schmitz hinauszuwerfen. Dort entdeckt er Eisenring – und er entdeckt noch mehr ...

Dachboden

Schmitz, immer im Kostüm des Ringers, und der andere, der seinen Frack ausgezogen hat und nur die weiße Weste trägt, sind dabei, Fässer [über] den Estrich zu rollen, Fässer aus Blech, wie sie zum Transport von Benzin üblich sind, alles so leise als möglich; beide haben ihre Schuhe ausgezogen. [...]

Eisenring: – und dann wunderst du dich, wenn man dich auf die Straße wirft?

Er schüttelt den Kopf und lacht wie über einen Dummkopf.

Biedermann: Es ist nicht zum Lachen, meine Herren. Es ist mir bitterernst, meine Herren. [...] Meine Frau hat die halbe Nacht nicht geschlafen. Wegen dieser Polterei. Und überhaupt: – Was machen Sie da eigentlich?

Er sieht sich um.

Was, zum Teufel, sollen diese Fässer hier?

Schmitz und Eisenring sehen dahin, wo keine Fässer sind.

Hier! Bitte! Was ist das?

Er klopft auf ein Fass.

Was ist das?

Schmitz: Fässer ...

Biedermann: Wo kommen die her?

Schmitz: Weißt du's, Willi? wo sie herkommen. [...]

Eisenring und Schmitz suchen die Anschrift.

Biedermann: Ich bin sprachlos. Was stellen Sie sich eigentlich vor? Mein ganzer Dachboden voll Fässer – gestapelt, geradezu gestapelt! [...]

Schmitz zeigt eine Etikette.

Schmitz: Hier, Herr Biedermann, hier ist die Etikette!

Biedermann: Ich bin sprachlos –

Schmitz: Hier steht's, wo sie herkommen. Hier.

Biedermann: – einfach sprachlos.

Er betrachtet die Etikette.

Biedermann: Benzin!? [...] Ist das wahr, meine Herren, ist das wahr?

Eisenring: Was?

Biedermann: Was auf dieser Etikette steht.

Er zeigt ihnen die Etikette.

Wofür halten Sie mich eigentlich? Das ist mir noch nicht vorgekommen. Glauben Sie eigentlich, ich kann nicht lesen?

Sie betrachten die Etikette.

Bitte! –

Er lacht, wie man über eine Unverschämtheit lacht.

Benzin!

Er spricht wie ein Untersuchungsrichter.

Was ist in diesen Fässern?

Eisenring: Benzin. [...]

Biedermann: Sind Sie eigentlich wahnsinnig? Mein ganzer Dachboden voll Benzin –

Schmitz: Drum, Herr Biedermann, rauchen wir auch nicht.

1 Ein Drama gehört auf die Bühne. Damit die Schauspieler und Schauspielerinnen ihre Rolle verinnerlichen und spielen können, müssen sie nicht nur ihren Text sehr gut auswendig lernen, sondern auch ihre Stimme und ihren Körper einsetzen können. Gestik, Mimik und Haltung zeigen dem Publikum, in welcher Verfassung die Figuren sind, nach welchen Motiven sie handeln und wie sie sich ihren Dialogpartnern und -partnerinnen gegenüber verhalten.

a) Markiere die Textstellen, die Biedermanns Reaktion auf die Fässer zeigen.

b) Entwerft in Dreierteams Standbilder (▸ Kasten unten) zu wichtigen Dialogstellen, z. B. zu den Momenten, in denen Biedermann „sprachlos" ist (▸ Z. 25–27).

c) Präsentiert eure Standbilder der Klasse. Besprecht eure Ergebnisse.

Tipp

Ein Standbild gestalten

Ein Standbild zeigt eine oder mehrere Figuren in einer **bestimmten Situation**. Auch die **Einstellungen und Gefühle** der Figuren sollen äußerlich sichtbar sein: durch **Körperhaltung, Gestik, Mimik** und **Position**.

2 An einigen Stellen schreiben die Bühnenanweisungen deutlich das Verhalten der Figuren vor:

- *Schmitz, immer im Kostüm des Ringers, und der andere, der seinen Frack ausgezogen hat und nur die weiße Weste trägt, sind dabei, Fässer [über] den Estrich zu rollen, Fässer aus Blech, wie sie zum Transport von Benzin üblich sind, alles so leise als möglich; beide haben ihre Schuhe ausgezogen.*
- *Schmitz und Eisenring sehen dahin, wo keine Fässer sind.*
- *Er [Biedermann] betrachtet die Etikette.*
- *Er [Biedermann] zeigt ihnen die Etikette.*
- *Sie betrachten die Etikette.*

a) Wähle eine Figur und notiere in der Ich-Perspektive, was sie in den entsprechenden Situationen gerade denkt. Erprobe die passende Gestik, Mimik und Körperhaltung.

b) Trage deine Ergebnisse der Klasse vor. Kommentiert die Versuche in der Klasse. Geht darauf ein, inwiefern die Gedanken glaubwürdig und nachvollziehbar sind und die Körpersprache passend ist.

Die Sprechhaltung

1 Die Art und Weise, wie ein Text betont wird, kann seine Wirkung verändern. Absichten, Motive und Gefühle der Figuren können so verdeutlicht werden.

a) Wähle eine der folgenden Aussagen aus und bestimme die Gefühlslage Biedermanns.

b) Trage das Zitat in der passenden Sprechhaltung vor. Versuche dabei frei (auswendig) zu sprechen. Führe beim Sprechen auch Gesten aus, die das Gesagte unterstreichen, und achte auf deine Mimik (▸ Kasten auf S. 184).

(A) **Biedermann:** Es ist nicht zum Lachen, meine Herren. Es ist mir bitterernst, meine Herren. [...] Meine Frau hat die halbe Nacht nicht geschlafen. Wegen dieser Polterei. Und überhaupt: – Was machen Sie da eigentlich?

(B) **Biedermann:** Ich bin sprachlos. Was stellen Sie sich eigentlich vor? Mein ganzer Dachboden voll Fässer – gestapelt, geradezu gestapelt! [...]

(C) **Biedermann:** Was auf dieser Etikette steht. [...] Wofür halten Sie mich eigentlich? Das ist mir noch nicht vorgekommen. Glauben Sie eigentlich, ich kann nicht lesen?

Die Inszenierung

Max Frisch

Biedermann und die Brandstifter

[Szene 4, Auszug 1]

Dachboden

*Eisenring ist allein und arbeitet, indem er Schnur von einem Haspel wickelt, und pfeift dazu: Lili Marlen [▸ **QR-Code**]. Er unterbricht sein Pfeifen, um den Zeigefinger zu nässen, und hält den Zeigefinger durch die Lukarne hinaus, um den Wind zu prüfen.*

Stube

Eintritt Biedermann, gefolgt von Babette, er zieht seinen Mantel aus und wirft die Mappe hin, die Zigarre im Mund.

Biedermann: Tu, was ich dir sage.

Babette: Eine Gans?

Biedermann: Eine Gans.

Er zieht die Krawatte aus, die Zigarre im Mund.

Babette: Warum ziehst du die Krawatte aus, Gottlieb?

Er übergibt ihr die Krawatte.

Biedermann: Wenn ich sie anzeige, die beiden Gesellen, dann weiß ich, dass ich sie zu meinen Feinden mache. Was hast du davon! Ein Streichholz genügt, und unser Haus steht in Flammen. Was hast du davon? Wenn ich hinaufgehe und sie einlade – sofern sie meine Einladung annehmen ...

Babette: Dann?

Biedermann: Sind wir eben Freunde. –

Er zieht seine Jacke aus, übergibt sie seiner Frau und geht.

Babette: Damit Sie's wissen, Anna: Sie haben dann heute Abend keinen Ausgang. Wir haben Gesellschaft. Sie decken den Tisch für vier Personen.

1 Erkläre, warum Biedermann Schmitz und Eisenring zum Abendessen einladen möchte.

2 Beschreibe die Beziehung zwischen Biedermann und seiner Frau Babette.

3 **a)** Übt den dramatischen Dialog (▸ Z. 10–21) in Zweierteams mit verteilten Rollen ein. Achtet dabei auf die Sprechweise (z. B. die Lautstärke, die Betonung, das Tempo) und die Körperhaltung (▸ Kasten auf S. 181).
b) Notiert stichpunktartig, wie ihr eure Darstellung gestalten wollt (z. B. welche Betonung ihr wählt oder wie ihr die Figuren körperlich darstellt).
c) Tragt den Auszug mit verteilten Rollen der Klasse vor.

6

Das musst du wissen

Dialoge und Interaktionen

Veränderungen in den **Gedanken, Gefühlen und Stimmungen der Figuren** werden auf der Bühne durch **Dialoge** und durch das Zusammenspiel (die **Interaktion**) der Figuren dargestellt.

Die **Wortwahl und die Länge der Redebeiträge** unterstützen die beabsichtigte Wirkung.

Körperhaltung, Gestik und Mimik und auch die Art, wie sich die Figuren auf der Bühne gegenübertreten (**Positionierung**), geben Aufschluss über ihre Beziehung. So können Figuren nah beieinander stehen oder weit voneinander entfernt sein, auf gleicher oder unterschiedlicher Höhe stehen, sich nah am Publikum befinden oder sich im Hintergrund der Bühne bewegen.

▸ AH, S. 18–21

Max Frisch

Biedermann und die Brandstifter

[Szene 4, Auszug 2]

Biedermann hat den Dachboden betreten, um Schmitz und Eisenring zum Abendessen einzuladen.

Dachboden

Eisenring steht und hantiert, Biedermann steht und raucht.

Eisenring: Wenn ich offen sein darf, Herr Biedermann: –

Biedermann: Ich bitte drum.

Eisenring: Nehmen Sie's nicht krumm?

Biedermann: Je offener, umso besser.

Eisenring: Ich meine: – offen gesprochen: – Sie sollten hier nicht rauchen.

Biedermann erschrickt und löscht die Zigarre.

Ich habe Ihnen hier keine Vorschriften zu machen, Herr Biedermann, schließlich und endlich ist es Ihr eigenes Haus, aber Sie verstehen –

Biedermann: Selbstverständlich!

Eisenring bückt sich.

Eisenring: Da liegt sie ja!

Er nimmt etwas vom Boden und bläst es sauber, bevor er es an der Schnur befestigt, neuerdings pfeifend: Lili Marlen.

Biedermann: Sagen Sie, Herr Eisenring: Was machen Sie eigentlich die ganze Zeit? Wenn ich fragen darf. Was ist das eigentlich?

Eisenring: Die Zündkapsel.

Biedermann: –?

Eisenring: Und das ist die Zündschnur.

Biedermann: –?

Eisenring: Es soll jetzt noch bessere geben, sagt der Sepp, neuerdings. Aber die haben sie noch nicht in den Zeughäusern, und kaufen kommt für uns ja nicht in Frage. Alles, was mit Krieg zu tun hat, ist furchtbar teuer, immer nur erste Qualität.

Biedermann: Zündschnur?, sagen Sie.
Eisenring: Knallzündschnur.
Er gibt Biedermann das Ende der Schnur.
Wenn Sie so freundlich sein möchten, Herr Biedermann, dieses Ende zu halten, damit ich messen kann.
Biedermann hält die Schnur.
Biedermann: Spaß beiseite, mein Freund –

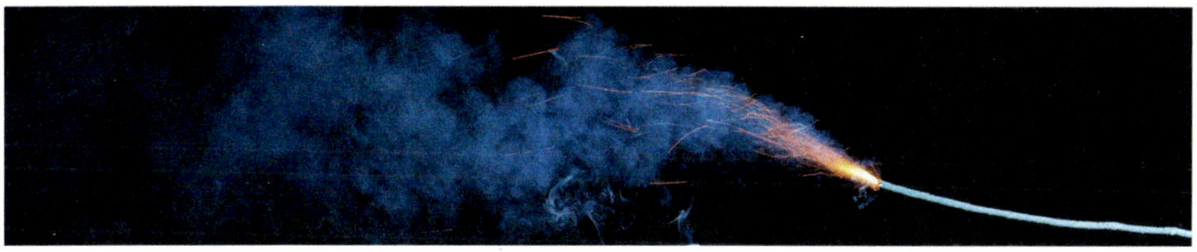

4 Erkläre, warum Biedermann nicht rauchen soll.

5 Deute das „–?“ in den Zeilen 20 und 22. Wie könnte es mittels Körperhaltung ausgedrückt werden?

6 Beurteile den Schlusssatz: „Spaß beiseite, mein Freund –“

7 Bereitet in Zweierteams die Aufführung dieses Dramenauszugs vor:
a) Bestimmt, welche Requisiten gebraucht werden.
b) Legt fest, wo sich die Personen auf der Bühne befinden und wie sie interagieren (▶ Kasten auf S. 171).
c) Erstellt für beide Figuren detaillierte Anweisungen für ein Regiebuch in Bezug auf Haltung, Gesten, Mimik, Bewegungen, Interaktionen und Sprechweise.
d) Probt die Szene und spielt sie dann der Klasse vor.

Um vor dem Auftritt lockerer zu werden, könnt ihr Übungen zum Aufwärmen machen. Beispiele findet ihr hier:

Das musst du wissen

Das Regiebuch

Ein Regiebuch **interpretiert** den Dramentext und hält fest, was bei einer **Theateraufführung** auf der Bühne passiert:
- Zeitpunkt des Auftrittes und des Abgangs der einzelnen Figuren
- Positionierung der Schauspielerinnen und Schauspieler
- Gebrauch der Requisiten
- Einsatz von Licht, Musik oder Technik

Es dient als Orientierungshilfe für die **Darstellung der Figuren und der Handlung**.

8 Erkläre den Satz: „Durch die Inszenierung wird die Szene interpretiert.“

6

Kreativer Umgang mit dem Dramentext

Szenen entwerfen

Max Frisch

Biedermann und die Brandstifter

[Szene 6, Auszug 1]

Während des Gansessens:

Biedermann: Du wirst lachen, Babette, heute Vormittag haben wir zusammen sogar die Zündschnur gemessen, der Willi und ich.

Babette: Zündschnur?

Biedermann: Knallzündschnur!

Er füllt die Gläser.

Babette: Jetzt aber im Ernst, meine Herren, was soll das alles?

Biedermann lacht.

Biedermann: Im Ernst!, sagt sie. Im Ernst! Hören Sie das? Im Ernst! ... Lass dich nicht foppen, Babette, ich hab's dir gesagt, unsere Freunde haben eine Art zu scherzen – andere Kreise, andere Witze!, sag ich immer ... Es fehlt jetzt nur noch, dass sie mich um Streichhölzchen bitten!

Schmitz und Eisenring geben einander einen Blick.

Nämlich die beiden Herren halten mich immer noch für einen ängstlichen Spießer, der keinen Humor hat, weißt du, den man ins Bockshorn jagen kann –

Er hebt sein Glas.

Prost!

Eisenring: Prost!

Schmitz: Prost!

Sie stoßen an.

Biedermann: Auf unsere Freundschaft. [...] Mach einen Kaffee, Babette!

Babette geht hinaus.

Und Sie, Anna, was stehen Sie da und glotzen?

Anna geht hinaus.

Unter uns, meine Herren: Genug ist genug: Meine Frau ist herzkrank. Scherzen wir nicht länger über Brandstifterei.

Schmitz: Wir scherzen ja nicht, Herr Biedermann.

Eisenring: Wir sind Brandstifter.

Biedermann: Meine Herren, jetzt ganz im Ernst –

Schmitz: Ganz im Ernst.

Eisenring: Ganz im Ernst.

Schmitz: Warum glauben Sie uns nicht?

Eisenring: Ihr Haus, Herr Biedermann, liegt sehr günstig, das müssen Sie einsehen:

fünf solche Brandherde rings um die Gasometer, die leider bewacht sind, und dazu ein richtiger Föhn –

Biedermann: Das ist nicht wahr.

Schmitz: Herr Biedermann! Wenn Sie uns schon für Brandstifter halten, warum nicht offen darüber reden?

Biedermann blickt wie ein geschlagener Hund.

Biedermann: Ich halte Sie ja nicht für Brandstifter, meine Herren, das ist nicht wahr, Sie tun mir Unrecht, ich halte Sie nicht für – Brandstifter ...

Eisenring: Hand aufs Herz!

Biedermann: Nein! Nein, nein! Nein!

Schmitz: Aber wofür halten Sie uns denn?

Biedermann: Für meine – Freunde ...

Sie klopfen ihm auf die Schultern und lassen ihn stehen.

Wohin gehen Sie jetzt?

Eisenring: 's ist Zeit.

1 Erläutere, warum Biedermann behauptet, Schmitz und Eisenring würden Witze machen.

2 Beurteile Biedermanns Reaktion auf Eisenrings Aussage: „Wir sind Brandstifter."

3 Erkläre Eisenrings Antwort auf Biedermanns Frage „Wohin gehen Sie jetzt?": „'s ist Zeit."

4 Eisenring bittet daraufhin Biedermann tatsächlich um Streichhölzer.

a) Entwerft dieses Gespräch im Zweierteam: Verfasst eine kurze Szene, in der Eisenring Biedermann um Streichhölzer bittet. Schreibt die Dialoge in Rollenform und formuliert Regieanweisungen, auch zur Körpersprache und zur Sprechhaltung.

b) Inszeniert euer Gespräch nach dem Vorbild im QR-Code, wo die Handlung mit einfachen Mitteln und Spielfiguren nacherzählt wird. Achtet auf ein passendes Bühnenbild und passende Requisiten. Nehmt ein kurzes Video auf.

5 Vergleicht euren Text aus Aufgabe 4a mit dem Original (▸ QR-Code).

Max Frisch

Biedermann und die Brandstifter

[Szene 6, Auszug 2]

Babette: Was hast du denen gegeben? Ich hab's gesehen – Streichhölzer?

Biedermann: Warum nicht.

Babette: Streichhölzer?

Biedermann: Wenn die wirkliche Brandstifter wären, du meinst, die hätten keine Streichhölzer? … Babettchen, Babettchen!

Die Standuhr schlägt, Stille, das Licht wird rot, und man hört, während es dunkel wird auf der Bühne: Sturmglocken, Gebell von Hunden, Sirenen, Krach von stürzendem Gebälk, Hupen, Prasseln von Feuer, Schreie, bis der Chor vor die Szene tritt.

Chor: Sinnlos ist viel, und nichts
Sinnloser als diese Geschichte:
Die nämlich, einmal entfacht,
Tötete viele, ach, aber nicht alle
Und änderte gar nichts.

Erste Detonation

Chorführer: Das war ein Gasometer.

Zweite Detonation

Chor: Was nämlich jeder voraussieht
Lange genug,
Dennoch geschieht es am End:
Blödsinn,
Der nimmerzulöschende jetzt, Schicksal genannt.

Dritte Detonation

Chorführer: Noch ein Gasometer.

Es folgt eine Serie von Detonationen fürchterlicher Art.

Chor: Weh uns! Weh uns! Weh uns!

Licht im Zuschauerraum.

6 Erkläre, warum Biedermann den Brandstiftern Streichhölzer gibt.

7 Nehmt Biedermann ins Kreuzverhör: Einer oder eine von euch übernimmt die Rolle von Biedermann und wird befragt. Achtet darauf, dass die Fragen sich nicht wiederholen und dass ihr „Biedermann" die Gelegenheit gebt, seine Handlungen zu begründen.

8 Interpretiert den Beitrag des Chors (▸ Kasten auf S. 173) und diskutiert, welche Botschaft das Drama dem Publikum vermitteln will.

Max Frisch

Nachspiel zu „Biedermann und die Brandstifter"

[Auszug]

Max Frisch thematisiert in seinem Nachspiel, das ein Jahr später (1958) erschienen ist, dass Biedermann und Babette den Anschlag nicht überleben. Sie landen in der Hölle, glauben aber zunächst im Himmel zu sein. Die Bühne ist geräumt und vollkommen leer, Babette und Biedermann stehen, wie sie zuletzt im Stück gestanden haben.

Babette: Gottlieb?

Biedermann: Still.

Babette: Sind wir tot?

Ein Papagei kreischt.

Was war das?

Der Papagei kreischt.

Biedermann: Warum bist du nicht gekommen, bevor die Treppe brannte! Ich hab's dir gesagt. Warum bist du noch einmal ins Schlafzimmer gegangen?

Babette: Wegen meines ganzen Schmuckes.

Biedermann: – natürlich sind wir tot!

Der Papagei kreischt.

Babette: Gottlieb?

Biedermann: Still jetzt.

Babette: Wo sind wir denn jetzt?

Biedermann: Im Himmel. Wo sonst.

Ein Säugling schreit.

Babette: Was war das?

Der Säugling schreit.

Offen gestanden, Gottlieb, so hab ich mir den Himmel nicht vorgestellt –

Biedermann: Nur jetzt nicht den Glauben verlieren! [...]

9 Führe den Dialog zwischen Biedermann und Babette in der Hölle weiter. Gehe auf ihre Schuld am Geschehen ein.

10 Stellt euch vor, Herr und Frau Biedermann hätten die Katastrophe überlebt und müssten sich vor Gericht wegen Beihilfe zur Brandstiftung verantworten.

a) Bildet Fünferteams und nutzt eine KI, um gemeinsam einen Prompt zu formulieren, mit dem ihr eine dramatische Gerichtsszene generiert (▸ Kasten auf S. 291). Eure Szene sollte folgende Rollen beinhalten:

- einen Richter, einen Staatsanwalt und einen Verteidiger als Rechtsvertreter
- Babette und Gottfried Biedermann als Angeklagte

Anregungen für die Formulierung findet ihr im Wortspeicher. Einen Beispielprompt findet ihr im QR-Code.

b) Verbessert das, was die KI generiert hat, falls nötig nach euren Vorstellungen.

Wortspeicher

„Schreibe eine dramatische Gerichtsszene mit Dialogen." – „Folgende Figuren sollen vorkommen: ..." – „Die Anklage lautet: Beihilfe zur Brandstiftung." – „Die Situation ist moralisch schwierig." – „Beide Seiten müssen ernst genommen werden." – „Die Sprache soll realistisch und der Situation angemessen sein."

c) Inszeniert und spielt die Gerichtsverhandlung vor der Klasse.

7 Alles Liebe

Liebe ist die
Schönheit der Seele.
Augustinus

1 „Liebe ist …“ vieles. Tauscht euch in der Klasse darüber aus, was Liebe für euch bedeutet und welche Empfindungen Liebe auslösen kann.

2 Beschreibe, wie Erich Fried und Rose Ausländer die Liebe in ihren Gedichten darstellen.

3 Recherchiere zu Kim Casali und ihren berühmten „Liebe ist …“-Cartoons. Gestalte passend dazu ein eigenes „Liebe ist …“-Bild. Du kannst dich von den Zitaten auf dieser Seite inspirieren lassen und hier auch eigene notieren.

....
....
....
....

....
....
....

Liebe ist nicht das, was man zu
bekommen erwartet, sondern
das, was man bereit ist zu geben.
Katharine Hepburn

Erich Fried
Was es ist (1983)

Es ist Unsinn
sagt die Vernunft
Es ist was es ist
sagt die Liebe

Es ist Unglück
sagt die Berechnung
Es ist nichts als Schmerz
sagt die Angst
Es ist aussichtslos
sagt die Einsicht
Es ist was es ist
sagt die Liebe

Es ist lächerlich
sagt der Stolz
Es ist leichtsinnig
sagt die Vorsicht
Es ist unmöglich
sagt die Erfahrung
Es ist was es ist
sagt die Liebe

Liebe ist die beständigste
Macht der Welt.
Martin Luther King

Liebe ist, wenn man Tag und
Nacht singen möchte.
Ohne Honorar und Manager.
Frank Sinatra

Rose Ausländer
Das Schönste (1971)

Ich flüchte
in dein Zauberzelt
Liebe

im atmenden Wald
wo Grasspitzen
sich verneigen

weil
es nichts Schöneres gibt

In diesem Kapitel lernst du,

- Redensarten zum Thema Liebe zu deuten,
- den biografischen und literaturhistorischen Kontext zu beachten,
- eine Gedichtinterpretation zu schreiben,
- einen Poetry-Slam-Beitrag zu erstellen,
- kreativ mit Gedichten umzugehen.

Des Weiteren wiederholst und vertiefst du

- die inhaltliche und formale Analyse von Gedichten.

Liebeslyrik

Liebe in Liedern

Revolverheld

Das Größte (2021)

Du hast mich so verändert
Wie nichts zuvor
Ich wusste nicht, dass es das gibt
Stell dir das vor

Du bist in jedem Gedanken
Jedes Gefühl bist irgendwie du
Und wenn ich manchmal nachts nicht schlafe
Bringst du mich zur Ruh

Du bist die Variable
In meinem System
Und ohne dich würd ich das Leben
Niemals versteh'n

[Refrain:]
Mein Herz ist durch dich
Noch viel weiter und weich
Und ist es mal schwer
Machst du es mir leicht

Ich kann's kaum erklären
Worte beschreiben's eigentlich schlecht
Du bist einfach das Größte
Auf dieser Erde für mich

Ich sehe meine Fehler
Im Kleinen in dir
Und wenn ich mit dir schimpfe
Schimpf ich mit mir

Ich hoffe, wenn du groß bist
Dann kommst du vorbei
Und wir reden wie Freunde
Über die Vergangenheit

[Refrain: ...]

Ich kann's kaum erklären
Worte beschreiben's eigentlich schlecht
Du bist einfach das Größte
Auf dieser Erde für mich

[Refrain: ...]

Ich kann's kaum erklären
Worte beschreiben's eigentlich schlecht
Du bist einfach das Größte
Auf dieser Erde für mich

Du bist einfach das Größte

1 In dem Lied wird eine Person beschrieben, die im Leben des lyrischen Ichs eine wichtige Rolle spielt.

a) Erkläre, wer diese Person sein könnte.

b) Beschreibe, wie diese Person das lyrische Ich „verändert“.

c) Inwiefern kann eine Person das eigene Leben verändern? Nenne Beispiele aus deinem Leben.

2 Worte können schwer beschreiben, was die Person für das lyrische Ich bedeutet (▸ V. 17–18). Besprecht in der Klasse, warum es manchmal schwierig ist, Gefühle in Worte zu fassen.

3 Erkläre, was mit der „Variable in meinem System“ (▸ V. 9–10) gemeint sein könnte.

4 Das Gedicht verwendet viele positive Beschreibungen wie „Du bist einfach das Größte“ (▸ V. 19, 31, 35, 37) und „[du machst] es mir leicht“ (▸ V. 16). Zudem gibt es in dem Text keine Hinweise auf negative Gefühle oder Konflikte. Begründe, warum diese womöglich fehlen.

5 Beurteile, welche Art von Beziehung in dem Lied gemeint sein könnte.

Sarah Connor, Peter Plate, Ulf Leo Sommer, Daniel Faust
Vincent (2019)

Vincent kriegt kein'n hoch, wenn er an Mädchen denkt
Er hat es oft versucht und sich echt angestrengt
Alle seine Freunde spielen GTA
Vincent taucht lieber ab und tanzt zu Beyoncé

Er denkt nur an ihn, und an den Tag
Als er ihn zum ersten Mal sah
So cool stand er da, und Vincent war klar
Dass das jetzt wohl Liebe war

[Refrain:]
Mama, ich kann nicht mehr denken
Ich glaub', ich hab' Fieber, ich glaube, ich will das nicht
Mama, was soll ich jetzt machen?
Ich glaub', ich muss sterben – was, wenn mein Herz zerbricht?

Nein, mein Kind, das wird es nicht
Und bitte glaub mir, Schatz, du stirbst doch nicht
Es ist nur Liebe, und da hilft keine Medizin, oh-oh
Beim ersten Mal tut's richtig weh
Doch auch das geht vorbei, du wirst schon seh'n
Es ist nur Liebe, und da hilft keine Medizin

Linda war die Schönste, Ben 'n Football-Star
Träume so groß, das perfekte Paar
Hochzeit, Haus und Kind, alles durchgeplant
Doch jetzt liegt sie wach – ob das schon alles war?

7

Und sie denkt an ihn, und an die Zeit
Als sie noch so verknallt war'n
Jetzt ist alles so ernst, und sie weiß nicht mehr
Ob das wirklich Liebe war

[Refrain: ...]

Nein, mein Kind, das wird es nicht
Und bitte glaub mir, Schatz, du stirbst doch nicht
Es ist nur Liebe, und da hilft keine Medizin, ah
Ich weiß, es tut beschissen weh
Doch auch das geht vorbei, du wirst schon seh'n
Es ist nur Liebe, und da hilft keine Medizin, oh-oh
Du kannst die Deutsche Bank verklagen
Die Bibel lesen, Whitney fragen
Von der Liebe hab'n sie alle keinen Plan, ah
Nicht ich, nicht du, nicht er, nicht sie
Was du jetzt fühlst, fühl'n manche nie
Es ist nur Liebe, dafür gibt's keine Medizin

Oh yeah, oh yeah
Oh, es ist nur Liebe, dafür gibt's keine Medizin
Oh-oh, oh-oh
Es ist nur Liebe, oh-yeah

Linda hängt auf Tinder, Ben ist nicht mehr da
Er küsst jetzt Models in Amerika
Vincent hat zwei Kinder und 'n starken Mann
Er hätt' nie gedacht, dass man so lieben kann

Und jetzt lieg' ich hier wach, und denk' an den Tag
Als ich zum ersten Mal verknallt war

[...]

1 Beschreibe Vincents Gefühle, wenn er an Mädchen denkt, und wie er mit diesen umgeht.

2 Vergleiche die Erfahrungen von Linda und Vincent mit Liebe und Herzschmerz: Wie unterscheiden sie sich?

3 Im Lied heißt es: „Von der Liebe hab'n sie alle keinen Plan" (▸ V. 35). Erkläre und beurteile die Aussage.

4 Das lyrische Ich spricht oft davon, dass es für Liebe „keine Medizin“ gebe (▸ V. 15, 18, 29, 32, 38, 40).

a) Erkläre diese Aussage.

b) Begründe, warum Liebe manchmal schwer zu ertragen ist.

5 Formuliere eine Botschaft, die das Lied für dich vermittelt.

Unterschiedliche Arten von Liebe

Liebe gibt es in vielen Formen. Auch in unserer Sprache zeigt sich, wie unterschiedlich Menschen über Liebe denken.

1 Recherchiere mithilfe von Wörterbüchern oder online die Bedeutung folgender Ausdrücke und notiere zu jedem Begriff eine kurze Definition und einen Beispielsatz.

Affenliebe | platonische Liebe | Hassliebe | Nächstenliebe | Eigenliebe

2 **a)** Viele Redensarten und Sprichwörter handeln von der Liebe. Erklärt, welche Vorstellung von Liebe jeweils vermittelt wird:

- Liebe geht durch den Magen.
- Liebe macht blind.
- wo die Liebe hinfällt
- von Luft und Liebe leben
- Alte Liebe rostet nicht.
- Liebe und Verstand gehen selten Hand in Hand.
- etwas durch die rosarote Brille sehen
- Was sich liebt, das neckt sich.
- auf Wolke sieben schweben
- Pech im Spiel, Glück in der Liebe.
- bis über beide Ohren verliebt sein

b) Wählt zwei Beispiele und besprecht in Zweierteams, ob ihr Erfahrungen gemacht habt, die zum jeweils Gemeinten passen.

3 Das Kapitel heißt „Alles Liebe“. Besprecht, welche verschiedenen Bedeutungen diese Formulierung haben kann.

Liebesgedichte analysieren

Reiner Kunze
Die liebe (1984)

Die liebe
ist eine wilde rose in uns
Sie schlägt ihre wurzeln
in den augen,
wenn sie dem blick des geliebten begegnen

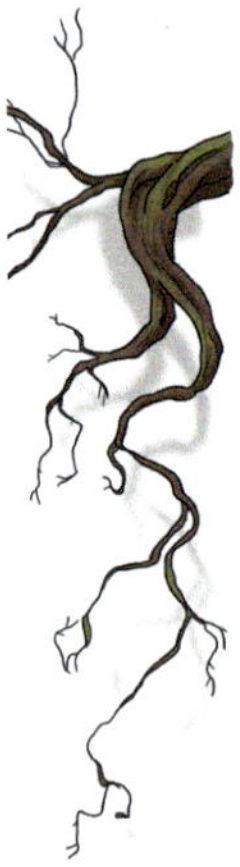

Sie schlägt ihre wurzeln
in den wangen,
wenn sie den hauch des geliebten spüren

Sie schlägt ihre wurzeln
in der haut des armes,
wenn ihn die hand des geliebten berührt

Sie schlägt ihre wurzeln,
wächst, wuchert
und eines abends
oder eines morgens
fühlen wir nur:
sie verlangt
raum in uns

Die liebe
ist eine wilde rose in uns,
unerforschbar vom verstand
und ihm nicht untertan
Aber der verstand
ist ein messer in uns

Der verstand
ist ein messer in uns,
zu schneiden der rose
durch hundert zweige
einen himmel

1 In dem Gedicht wird die Liebe als eine „wilde Rose“ beschrieben.

a) Nenne Assoziationen, die dir zu einer wilden Rose und zum Ausdruck „Wurzeln schlagen“ (▸ V. 3, 6, 9, 12) einfallen.

b) Analysiere, was damit gemeint ist, dass die Liebe eine wilde Rose ist, die ihre Wurzeln in uns schlägt.

2 Suche weitere Metaphern im Gedicht und deute diese.

Die Metapher

Metaphern sind **sprachliche Bilder**. Sie haben eine **übertragene Bedeutung**.
Eine einfache Metapher kann als **abgekürzter Vergleich** bezeichnet werden, bei dem das Vergleichswort wie oder als fehlt.
Metaphern lassen uns die Dinge neu und anders sehen.
Sie ist die Rose (d. h. die Schönste) unter den Frauen.
Du bist meine Sonne (d. h. meine Freude).

Das musst du wissen

3 Untersuche, auf welche Körperteile der Autor eingeht, und erläutere, warum diese für die Liebe von Bedeutung sind.

4 Erläutere, in welchen Zwiespalt der liebende Mensch gerät.

5 Untersuche den Satzbau und die Einteilung der Verse und erkläre, wie Form und Inhalt zusammenhängen. Beachte auch die Länge einzelner Verse.

Der Zeilen- und der Hakenstil

Beim **Zeilenstil** fallen Satz- und Versende zusammen.
Beim **Hakenstil** enden die Verse mit einem **Enjambement** (Zeilensprung).
Die Sätze reichen über die Zeile hinaus und enden mitten in einem Vers.

Das musst du wissen

6 Beurteile die fast durchgängig verwendete Kleinschreibung. Was beabsichtigt der Autor damit?

7 **a)** Untersuche die Wirkung der wiederholten Verse auf den Leser bzw. die Leserin: „Sie schlägt ihre wurzeln / in den augen ... Sie schlägt ihre wurzeln / in den wangen ... Sie schlägt ihre wurzeln / in der haut des armes ...“ (▸ V. 3–4, 6–7, 9–10).
b) Erkläre, inwiefern die Reihenfolge der Körperteile von Bedeutung ist.

Die Anapher

Wenn am **Anfang** mehrerer Verse das **gleiche Wort** steht, spricht man von einer **Anapher**. Das wiederholte Wort wird auch durch die Position am Versanfang hervorgehoben. Anaphern lassen das Gedicht rhythmischer erscheinen.

Das musst du wissen

7

Hugo von Hofmannsthal

Die Beiden (1895)

Sie trug den Becher in der Hand
– Ihr Kinn und Mund glich seinem Rand –
So leicht und sicher war ihr Gang,
Kein Tropfen aus dem Becher sprang.

So leicht und fest war seine Hand:
Er ritt auf einem jungen Pferde,
Und mit nachlässiger Gebärde
Erzwang er, dass es zitternd stand.

Jedoch, wenn er aus ihrer Hand
Den leichten Becher nehmen sollte,
So war es beiden allzu schwer:

Denn beide bebten sie so sehr,
Dass keine Hand die andre fand
Und dunkler Wein am Boden rollte.

Die Großschreibung im Titel folgt der Originalschreibweise von Hofmannsthals.

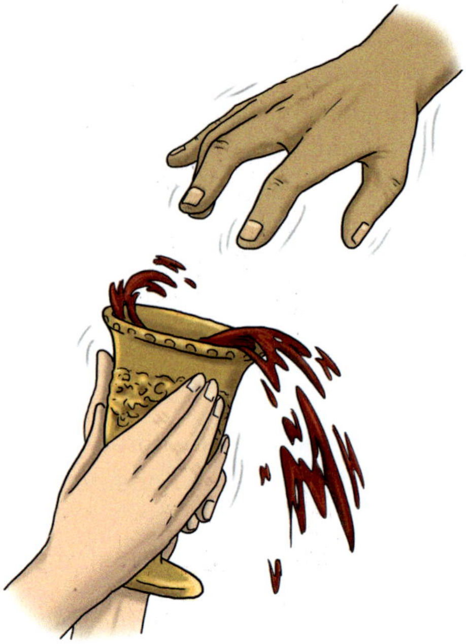

1 Fasse den Inhalt jeder einzelnen Strophe zusammen. Gehe dabei auf die Funktion von „Jedoch“ in Vers 9 ein.

2 Erläutere die Symbolik des Bechers.

3 Bestimme das Reimschema (▸ Kasten unten).

Das musst du wissen

Das Reimschema

Folgende **Reimschemata** kommen in Gedichten besonders häufig vor (ein Buchstabe bezeichnet jeweils sich reimende Verse):

- **Kreuzreim:** a b a b / c d c d / …
- **Paarreim:** a a / b b / c c / …
- **umarmender Reim:** a b b a / c d d c / …
- **Schweifreim:** a a b c c b

▸ AH, S. 27–28

4 Formuliere die Kernaussage des Gedichts (▸ Kasten auf S. 200).

5 Verfasse ein Parallelgedicht zu „Die Beiden“, in dem du eine ähnliche Situation in der heutigen Zeit beschreibst.

Johann Wolfgang von Goethe

Willkommen und Abschied (spätere Fassung, 1789)

Es schlug mein ♥, geschwind, zu Pferde!
Es war getan fast eh gedacht.
Der ♥ wiegte schon die Erde,
Und an den Bergen hing die Nacht;
Schon stand im ♥ die Eiche,
Ein aufgetürmter Riese, da,
Wo ♥ aus dem Gesträuche
Mit hundert schwarzen Augen sah.

Der ♥ von einem Wolkenhügel
Sah kläglich aus dem Duft hervor,
Die ♥ schwangen leise Flügel,
Umsausten schauerlich mein Ohr;
Die Nacht schuf tausend ♥,
Doch frisch und fröhlich war mein Mut:
In meinen Adern welches Feuer!
In meinem Herzen welche ♥!

Dich sah ich, und die milde ♥
Floss von dem süßen Blick auf mich;
Ganz war mein Herz an deiner Seite
Und jeder ♥ für dich.
Ein rosenfarbnes ♥
Umgab das liebliche Gesicht,
Und ♥ für mich – ihr Götter!
Ich hofft' es, ich verdient' es nicht!

Doch ach, schon mit der ♥
Verengt der ♥ mir das Herz:
In deinen Küssen welche Wonne!
In deinem Auge welcher ♥!
Ich ging, du standst und sahst zur Erden
Und sahst mir nach mit nassem ♥:
Und doch, welch Glück, geliebt zu werden!
Und lieben, Götter, welch ein Glück!

1 Höre dir den Gedichtvortrag mit geschlossenen Augen an und notiere anschließend deine ersten Eindrücke. Welche Stimmung und Atmosphäre hast du empfunden und wahrgenommen?

2 Ergänze mündlich die Leerstellen in dem Gedichttext mithilfe des Wortspeichers. Überprüfe deine Ergebnisse, indem du dir das Gedicht nochmals anhörst.

Wortspeicher

Abend – Abschied – Atemzug – Blick – Finsternis – Freude – Frühlingswetter – Glut – Herz – Mond – Morgensonne – Nebelkleid – Schmerz – Ungeheuer – Winde – Zärtlichkeit

3 Fasse den Inhalt jeder einzelnen Strophe in einem Satz zusammen. Beschreibe anschließend in wenigen Sätzen den Gesamtinhalt (▸ Kasten auf S. 275) des Gedichts – berücksichtige dabei auch den Titel.

4 Analysiert das Gedicht in Zweierteams genauer (► Kasten unten):

a) Notiert die Anzahl der Strophen und Verse.

b) Bestimmt das Reimschema (► Kasten auf S. 198).

c) Bestimmt das Metrum (► QR-Code). Stellt die erste Strophe auch mit Silbenkreuzen dar.

d) Analysiert die Stilmittel in dem Gedicht: Ergänzt die Tabelle im QR-Code.

Das musst du können

So analysierst du ein Gedicht

- Fasse zuerst den **Inhalt** zusammen (► Kasten auf S. 285). Achte auf den Gedankengang in den einzelnen Strophen und auf **auffällige Motive und Bilder** (Metaphern, Personifikationen ...).
- Untersuche dann Auffälligkeiten in **Form und Sprache**:
  - **Strophenebene:** z. B. Länge, Anzahl;
  - **Versebene:** z. B. Reimschema, Zeilen- oder Hakenstil, Versmaß;
  - **Satzebene:** z. B. Ellipsen;
  - **Wortebene:** z. B. Wiederholungen, Gegenüberstellungen, Steigerungen, Anaphern;
  - **Lautebene:** z. B. Gleichklänge, Alliterationen.
- Untersuche, wie die äußere Form zum Inhalt des Gedichts „passt“.
- Formuliere abschließend die **Kernaussage** des Gedichts. Die Kernaussage ist die **Botschaft**, die der Autor oder die Autorin dem Publikum vermitteln will. Über diese kannst du Vermutungen anstellen und sie dann in eigenen Worten in wenigen Sätzen formulieren.

► AH, S. 25–27

5 **a)** Begründe, warum das Gedicht der Epoche des Sturm und Drang zugeordnet werden kann (► Text unten).

b) Erläutere an drei Versen typische Merkmale des Sturm und Drang.

Der Sturm und Drang

Der Sturm und Drang war in der zweiten Hälfte des 18. Jahrhunderts eine kulturelle Jugendbewegung. Die Stürmer und Dränger wandten sich von den starren Vorstellungen der Zeit der Aufklärung ab. So sollte nicht weiter die Vernunft im Mittelpunkt stehen, sondern vielmehr die eigenen Gefühle.

Um ihrer Bewegung Ausdruck zu verleihen, setzten die Dichterinnen und Dichter auf eine individuelle künstlerische Form ohne eingrenzende Regeln und bedienten sich einer ausdrucksstarken Sprache (beispielsweise mit Halbsätzen oder auch Kraftausdrücken) und freier Rhythmen, und sie setzten auf die freie Entfaltung der Gefühlswelt des lyrischen Ichs.

6 Interpretiere die Aussage des Gedichts im Hinblick auf das Verhältnis zwischen Goethe und Friederike Brion. Nutze dabei Informationen aus dem biografischen Text im QR-Code.

So beziehst du literaturgeschichtliche Informationen in deine Interpretation ein

Das musst du können

Der **Blick über den Text hinaus** ermöglicht oft weitere Zugänge. Wer die **Lebenssituation des Autors oder der Autorin** oder die **historischen Rahmenbedingungen** der Entstehung und Veröffentlichung des untersuchten Textes kennt, kann manche Textstellen **noch präziser deuten** (▸ Kasten auf S. 117).

7 Formuliere die Gedanken und Gefühle des lyrischen Ichs kurz nach der Verabschiedung in einem inneren Monolog aus.

8 Das Lied „Willkommen Goodbye“ von Joris aus dem Jahr 2021 beschreibt ebenfalls einen Abschied zwischen Liebenden. Hör dir das Lied an und bearbeite anschließend das Zusatzmaterial (▸ QR-Codes).

Johann Wolfgang von Goethe
Gefunden (1813)

Ich ging im Walde
so für mich hin,
und nichts zu suchen,
das war mein Sinn.

Im Schatten sah ich
ein Blümchen stehn,
wie Sterne leuchtend,
wie Äuglein schön.

Ich wollt es brechen,
da sagt' es fein:
Soll ich zum Welken
gebrochen sein?

Ich grub's mit allen
den Würzlein aus,
zum Garten trug ich's
am hübschen Haus.

Und pflanzt' es wieder
am stillen Ort;
nun zweigt es immer
und blüht so fort.

1 Analysiere das Gedicht: Gehe auf Inhalt, Stilmittel sowie sprachliche Besonderheiten ein (▸ Kasten auf S. 200).

Die textimmanente Interpretation

Das musst du wissen

Eine **Interpretation**, die sich nur auf den untersuchten Text selbst (Sprache, Aufbau, Bilder, Motive …) bezieht und dessen Autor oder Autorin sowie die Entstehungszeit und die Wirkung des Textes seinerzeit außer Acht lässt, nennt man **textimmanent** (immanent = in etwas enthalten).

2 Nutze die Informationen im QR-Code zu Goethe und seiner späteren Ehefrau Christiane Vulpius und erweitere deine textimmanente Gedichtanalyse aus Aufgabe 1.

3 Vergleicht in Zweierteams die Darstellung der Liebe in den beiden Goethe-Gedichten (▸ S. 199 und 201). Bezieht dabei auch die Entstehungszeit und die jeweilige Lebenssituation Goethes mit ein.

Christiane Vulpius. Kreidezeichnung aus dem Jahr 1800

Ein Gedicht interpretieren

Weitere Aufgaben zur Gedichtinterpretation findest du im AH, S. 28–30.

Erich Kästner

Sachliche Romanze (1929)

Als sie einander acht Jahre kannten
(und man darf sagen: sie kannten sich gut),
kam ihre Liebe plötzlich abhanden.
Wie andern Leuten ein Stock oder Hut.

Sie waren traurig, betrugen sich heiter,
versuchten Küsse, als ob nichts sei,
und sahen sich an und wussten nicht weiter.
Da weinte sie schließlich. Und er stand dabei.

Vom Fenster aus konnte man Schiffen winken.
Er sagte, es wäre schon Viertel nach Vier
und Zeit, irgendwo Kaffee zu trinken. –
Nebenan übte ein Mensch Klavier.

Sie gingen ins kleinste Café am Ort
und rührten in ihren Tassen.
Am Abend saßen sie immer noch dort.
Sie saßen allein, und sie sprachen kein Wort
und konnten es einfach nicht fassen.

1 Notiere spontan deine Eindrücke und Fragen zu dem Gedicht. Beachte den Gedichttitel.

2 Lies das Gedicht erneut und mache dir Notizen am Rand. Achte dabei besonders auf den Inhalt jeder Strophe und die verwendeten Stilmittel (▸ QR-Code). Markiere diese Stilmittel zusätzlich.

3 Untersuche den Aufbau und die Form des Gedichts:
a) Beschreibe den Strophenaufbau und das Reimschema (▸ Kasten auf S. 198).
b) Bestimme das Metrum (▸ QR-Code).
c) Halte stichwortartig fest, welche Wirkung die formalen Merkmale haben.

4 In dem Gedicht tritt kein lyrisches Ich auf. Stattdessen schildert ein lyrischer Sprecher die Situation des Paares. Analysiere, wie diese Perspektive das Gedicht wirken lässt.

5 Untersuche den Inhalt des Gedichts:
a) Nenne das Thema.
b) Fasse den Inhalt Strophe für Strophe in je einem Satz zusammen.

6 Untersuche die Stilmittel und ihre Bedeutung für das Gedicht:
a) Ergänze in der Tabelle (Vorlage zum Bearbeiten ▸ QR-Code) zu den vorgegebenen Textbelegen jeweils die Bedeutung und Wirkung der genannten Stilmittel.
b) Füge die weiteren Stilmittel aus Aufgabe 2 hinzu.

Textbeleg (Verse)	Stilmittel	Bedeutung und Wirkung
„Wie andern Leuten ein Stock oder Hut“ (V. 4)	Vergleich	*Das Ende der Beziehung wirkt banal, obwohl es eigentlich ein sehr schmerzhaftes Ereignis ist. ▸ Gerade dieser Gegensatz verstärkt die emotionale Wirkung und drückt die Sprachlosigkeit und Hilflosigkeit aus.*
„Sie waren traurig, betrugen sich heiter“ (V. 5)	Antithese	*Die Antithese betont das krampfhafte Überspielen, dass …*
„… konnte man Schiffen winken“ (V. 9)	Symbol	…
„… rührten in ihren Tassen“ (V. 14)	Metapher	…
„Am Abend saßen sie immer noch dort. Sie saßen allein, …“ (V. 15–16)	Wiederholung	…
„und“ am Versanfang (V. 2, 7, 11, 14 und 17) und in der Versmitte (V. 16)	parataktischer Satzbau (▸ Kasten auf S. 128)	…

7 Wähle eine der Deutungshypothesen (A oder B, ▸ Kasten unten) aus, die zu deinen Untersuchungsergebnissen passt. Beide Ansätze sind vertretbar.

A Das Gedicht zeigt, dass das Ende einer Liebe kein dramatisches Ereignis sein muss, sondern dass eine Liebe auch ganz unspektakulär zu Ende gehen kann.

B Das Gedicht macht deutlich, wie schwer es ist, über den Verlust von Liebe zu sprechen und Gefühle auszudrücken.

Das musst du wissen

Eine Deutungshypothese

Eine Deutungshypothese ist deine **erste Vermutung**, worum es in einem Text geht. Sie fasst zusammen, was du als zentrales Thema oder wichtigste Aussage des Textes erkennst. Meist entsteht sie durch deinen ersten Eindruck beim Lesen, z. B. durch den Titel, die Stimmung oder auffällige sprachliche Mittel. In einer Gedichtinterpretation steht sie am Ende der Einleitung und ist noch kein Beweis, sondern ein Ausgangspunkt für deine Analyse. Im Hauptteil überprüfst du dann, ob deine Vermutung zutrifft.
Eine Deutungshypothese ist also **wie eine erste Spur** eines Detektivs in einem Kriminalfall: Sie zeigt, in welche Richtung man bei der Analyse des Textes gehen will.
Folgende **Satzanfänge** helfen beim Formulieren einer Deutungshypothese:

- Der Text zeigt, dass ...
- Vermutlich möchte der Autor / die Autorin zeigen, dass ...
- Das Gedicht behandelt das Thema ...

Das Gedicht „Die liebe“ (▸ S. 196) zeigt, dass Liebe nicht durch große Worte, sondern durch kleine, alltägliche Gesten spürbar wird.

8 Notiere Aspekte aus dem Lexikonauszug zur Neuen Sachlichkeit, die du in dem Gedicht „Sachliche Romanze“ wiederfindest.

Lyrik – Neue Sachlichkeit

Die Neue Sachlichkeit war eine Strömung in der Literatur der Weimarer Republik (1919–1933), also der Zeit zwischen den beiden Weltkriegen. Dichterinnen und Dichter dieser Zeit wollten die Wirklichkeit so zeigen, wie sie wirklich ist – ohne Schönfärbung und große Gefühle.
In ihren Gedichten beschrieben sie sehr nüchtern und einfach das Leben im Alltag. Themen wie Liebe, Technik, Armut oder Arbeitslosigkeit standen dabei oft im Mittelpunkt. Die Sprache in diesen Gedichten ist meist klar und verständlich. Oft findet sich in ihnen auch Ironie oder ein sachlicher Ton, der eine kritische Distanz zum Geschehen erzeugt.
Viele Dichterinnen und Dichter dieser Zeit wollten nicht nur die Probleme der Gesellschaft zeigen, sondern auch zum Nachdenken oder Handeln anregen.

9 Verfasse auf der Grundlage deiner Untersuchungsergebnisse aus den Aufgaben 1 bis 8 eine Interpretation:

a) Formuliere eine Einleitung, in der du über die Textart, den Titel, den Autor, das Entstehungsjahr und das Thema informierst.
Nutze eine der beiden Formulierungshilfen:

… lässt in seinem … erschienenen … „Sachliche Romanze“ ein Paar …

In dem … „Sachliche Romanze“ von … aus dem Jahr … geht es um ein Paar …

Füge abschließend eine Deutungshypothese hinzu (▸ Aufgabe 7).

b) Stelle im Hauptteil deine Ergebnisse geordnet dar. Belege deine Aussagen mit Zitaten (▸ Kästen auf S. 200, 201 und 245). Nutze die Formulierungshilfen im QR-Code.

c) Fasse zum Schluss die wesentlichen Ergebnisse zusammen und nimm kurz Stellung.

Das Gedicht greift ein bekanntes Motiv aus … auf: die Liebe.

Zusammenfassend …

Mir ist deutlich geworden …

10 Überarbeite deine Interpretation mithilfe der Checkliste im QR-Code.

7

Zeitgenössische Liebesgedichte vergleichen

Perdita Klimeck (1961)*

lieb(los)

erst gestern noch
hast du mit deinen worten
für mich papier getränkt –
tintenblau
und deine roten rosen
after-shave umhüllt
hab ich aufs fensterbrett gestellt
bin den zeigern aller uhren
dieser welt gefolgt bis zum wiedersehen –
herzzerissen

heut weiß ich nicht mehr
wie man sehnsucht schreibt
hab nur geklickte worte –
tastaturverschluckt
und diesen virtuellen blumenstrauß
im anhang deiner mail
der noch in einem jahr
von liebe spricht
so wie der kalte kuss
der via skype berührt –
geruchsfreimonoton

Skype: früher eine App für Videoanrufe

Kathrin Tschorn (1982)*

Kommunikationslos

Sehnsüchtig
Wartend auf deine Antwort
Komme mir vor
Wie dummes Mädchen
Das dir hinterherrennt
Dein kleines Profilfoto
Anbetet
Feuerheißer Erstkontakt
Zerfällt in mürbe Warterei
Zäh wie Kaugummi
Bittersüßer Zeitvertreib
Analyse geschriebener Worte
Ohne Resultat
Versuchter Selbstbetrug
Ist mir egal
Ob du schreibst
Unter Vorwand auf WhatsApp
Zuletzt online am um
Vergebliche Rechtfertigung
Deiner Abwesenheit
Über Tage und Wochen
Bis ich weiß:
Du bist gegangen
Ohne ein Wort

*Rea Revekka Poulharidou (*1967)*

ich <3 dich

wir schicken einander emoticons
weil wir uns fürchten
vor den worten

wir schreiben einander worte
weil wir uns fürchten
vor dem sprechen

wir sprechen miteinander
weil wir uns fürchten
vor der berührung

wir berühren einander
weil wir uns vor
nichts mehr
fürchten

als in unseren augen
von der endlichkeit
des *wir*
zu lesen

1 Untersucht, wie das Verliebtsein in den drei Gedichten dargestellt wird. Welche Stimmung wird dabei jeweils vermittelt?

2 Analysiert in Zweierteams die Form der Gedichte: Worin unterscheiden sie sich?

3 **a)** Gebt den Inhalt der Gedichte jeweils in wenigen Sätzen wieder (▸ Kasten auf S. 200).
b) Stellt jeweils eine Verbindung zwischen Form und Inhalt her.

4 **a)** Beurteilt, welche Botschaft über die Liebe die Autorinnen in ihren jeweiligen Gedichten vermitteln. Entschlüsselt dazu die verwendeten Bilder und überlegt, was diese über das Verhältnis der Liebenden aussagen.
b) Deutet den Vergleich „als in unseren augen / von der endlichkeit / des *wir* / zu lesen" in „ich <3 dich" (▸ V. 14–17).

5 Diskutiert, ob ihr bereits ähnliche Liebeserfahrungen gemacht habt wie die, welche in den Gedichten dargestellt werden.

6 Schreibt selbst ein Gedicht, in dem ihr virtuelles Kennenlernen und Liebe im Netz zum Thema macht.

Gedichtwerkstatt

Poetry Slam

Julia Engelmann

Keine Ahnung, ob das Liebe ist
„~~Das ist Liebe~~“ (2017)
~~vielleicht~~

Im Video improvisiert Julia Engelmann an vielen Stellen und spricht frei, daher weicht der Text hier und da vom Gedruckten ab.

[...]
Unterm Gesichtspunkt der Ewigkeit
sind wir beide ziemlich klein.
Aber guckt man nur auf Lebenszeit,
könnten wir nicht größer sein.

Ich weiß, wir sind beide nicht für immer,
aber immer, wenn ich an dich denke,
kommt es mir so vor,
oder ein bisschen zumindest,
und das Licht in deinem Zimmer
scheint so oft aus offenen Fenstern
in die Großstadtnacht empor.

Gleich eins, wir spielen Tetris mit den Armen,
ich habe zwei Drittel deiner Decke,
aber das macht dir nichts aus,
denn du schläfst schon in der anderen
Ecke vom Ikea-Holzbett,
und ich starre währenddessen
in das Weltall hoch hinauf.

[Refrain:]
Keine Ahnung, ob das Liebe ist,
vielleicht werde ich das nie wissen.
Aber immer, wenn du bei mir bist,
hör ich auf, dich zu vermissen.

Von weit weg höre ich die Straße
plus das Surren deines Kühlschranks
und ein bisschen Stille auch.
Das ist alles viel zu flüchtig,
so wie unser beider Atem –
ist wie Schaukelwind am Spielplatz,
und ich träum mit Augen auf.

Mit dir sind die Tage abends länger,
und die Nächte werden kürzer,
es ist alles schön und viel.
Wir dehnen die Momente
von Sekunden gen unendlich.
Damit ich dich nie vergesse,
ist es besser, du hältst still.

[Refrain: ...]

Ich weiß, wir beide sind nicht für immer,
aber immer, wenn ich an dich denke,
kommt es mir so vor,
oder ein bisschen zumindest,
denn das Licht in deinem Zimmer
scheint so oft aus offenen Fenstern
in die Großstadtnacht empor.

Wer weiß, vielleicht schaut ja grad per Zufall
ein Kometenpaar zusammen
auf die Erde, weit entfernt,
guckt vorbei an allen Ampeln
in dein Fenster auf die Lampe,
dann sagt einer zu dem anderen:
„Guck mal da, ein kleiner Stern!“

[Refrain: ...]

Unterm Gesichtspunkt der Ewigkeit
sind wir nichts, nur ein Schritt,
den man einmal vergehen kann.
Aber guckt man nur auf Lebenszeit,
sind wir sicherlich das Größte,
das ich bisher gesehen hab.

1 Benenne das Thema, mit dem sich Julia Engelmann in ihrem Poetry-Slam-Beitrag auseinandersetzt.

2 Prüfe mithilfe des folgenden Kastens, welche Merkmale des Poetry Slams sich im Text von Julia Engelmann nachweisen lassen.

Das musst du wissen

Der Poetry Slam

Beim **Poetry Slam** (dt. „Dichter-Wettstreit") tragen Teilnehmerinnen und Teilnehmer ihre **selbstgeschriebenen Texte** vor. Diese Texte sind meistens aus der **Ich-Perspektive** geschrieben und **oft lyrisch**, also sprachlich besonders gestaltet, manchmal auch gereimt oder rhythmisch. Das Publikum – oder eine Jury – bewertet die Beiträge und entscheidet, wer gewinnt. Dabei steht nicht nur der Text, sondern auch die **Art des Vortrags** im Mittelpunkt. Typische Merkmale des Poetry-Slam-Vortrags sind:

- Klang und Rhythmus (fließender, fast liedhafter Stil),
- Publikumsnähe (Reaktionen vonseiten des Publikums oder Gespräche zwischen Vortragenden und Publikum),
- Bezüge zu bekannten Texten (Verwendung und kreative Veränderung z. B. von Märchen, Fabeln, Zeitschriftenartikeln),
- Kürze (Vortragszeit meist nicht länger als 5 Minuten),
- aktuelle Themen (gesellschaftliche oder politische, oft mit Humor oder Kritik).

Poetry Slam verbindet also **Dichtung, Performance und Meinung** – und lebt davon, dass das **Publikum** dabei ist und **mitfühlt, mitdenkt** und **mitentscheidet**.

3 Gestaltet in Zweierteams einen eigenen Slam-Beitrag zum Thema Liebe. Wählt eine Variante aus:

A Wählt im Zweierteam ein Gedicht aus diesem Kapitel. Nutzt die Informationen zum Poetry Slam im Kasten auf S. 209 und bearbeitet folgende Aufgaben:

a) Begründet, warum sich das von euch ausgewählte Gedicht – eventuell mit ein paar Veränderungen – für einen Poetry Slam eignen könnte.
b) Plant, was ihr inhaltlich und/oder sprachlich verändern müsst, damit das Gedicht zu einem Poetry Slam passt.
Tipp: Denkt dabei auch an Rhythmus, Tonfall und Verständlichkeit.
c) Überarbeitet das Gedicht oder Teile des Gedichts, sodass es sich gut vor einem Publikum vortragen lässt (▸ Kasten unten).
Tipp: Achtet dabei auf eine klare Botschaft und überlegt, welche Wirkung ihr bei eurem Publikum erzielen wollt.

B Verfasst im Zweierteam einen Poetry-Slam-Text zum Thema Liebe (▸ Kasten unten). Es kann um große Gefühle, Trennung, Freundschaft, Selbstliebe, kitschige Klischees oder ganz persönliche Erfahrungen gehen – ernst, humorvoll oder nachdenklich.

4 Veranstaltet aus euren Beiträgen aus Aufgabe 3 einen Poetry Slam:
a) Tragt im Zweierteam euren Beitrag ausdrucksstark vor der Klasse vor.
b) Bittet die Zuhörenden um ein wohlwollendes, konstruktives Feedback:
- Was hat sie berührt, überrascht oder überzeugt?
- Was ist besonders gut gelungen – im Text oder im Vortrag?

Tipp

Einen Text für einen Poetry Slam be-/erarbeiten
Achte beim Schreiben und Überarbeiten auf eine **klare Botschaft**, die **sprachliche Gestaltung** (z. B. Rhythmus, Wiederholungen, direkte Ansprache), einen **passenden Tonfall** und die **Wirkung** auf dein Publikum.

Ein Liebesgedicht als Rap

1 Gedichte haben Rhythmus, Klang und Gefühl – genau wie Rap. Wählt als Gruppe ein Liebesgedicht aus diesem Kapitel aus und übertragt den Inhalt, die Stimmung oder zentrale Motive in die Sprache eines Rap-Texts von 12 bis 20 Versen (▸ Kasten auf S. 211 oben). Ihr habt dafür zwei Möglichkeiten:
- Schreibt einen eigenen Rap-Text, der von dem gewählten Gedicht inspiriert ist.
- „Übersetzt“ das Liebesgedicht in Rap-Form, indem ihr die Sprache modernisiert, ohne den Inhalt zu verlieren.

Einen Rap-Text schreiben Tipp

Wenn du eine Vorlage zu einem Rap-Text umschreiben willst, solltest du …
- deren zentrale **Aussagen oder Gefühle übernehmen,**
- typische **sprachliche Mittel kreativ** aufgreifen (z. B. Wiederholungen, Reime, Metaphern),
- **eigene Gedanken, Erfahrungen** oder eine **moderne Sichtweise** einbauen,
- den Text in Strophen und Refrain **gliedern** (z. B. 2–3 Strophen und 1 Refrain).

Du darfst **jugendsprachliche oder poetische Elemente** mischen – sei kreativ! Achte auf **Rhythmus, Reim** und **Sprachfluss**.

2 Vertont euren Rap und/oder dreht ein Video (▸ Kasten unten).

Einen Rap-Text vertonen Tipp

Suche dir einen passenden **Beat** (z. B. ruhig, traurig, rhythmisch oder schnell). Apps wie BandLab, Soundtrap oder GarageBand bieten kostenlose Loops und einfache Möglichkeiten zur Aufnahme.
Du kannst deinen Text **einsingen oder einsprechen** – mit dem Handy oder dem Tablet. Denk daran, deutlich zu sprechen und dich ans **Tempo** des Beats zu halten.
Probiere verschiedene Versionen aus. Übe deinen Text mehrmals, bevor du ihn aufnimmst.

Ein Liebesgedicht auf der Bühne

In dieser Aufgabe verwandelt ihr ein Liebesgedicht in eine kleine Theaterszene, bringt also dessen Gefühle, Bilder und Botschaften auf die Bühne. So zeigt ihr, wie ihr das Gedicht verstanden habt.

1 Wählt in Zweierteams ein Liebesgedicht aus diesem Kapitel, das euch besonders anspricht.

2 Lest das Gedicht mehrmals und notiert:
- die Sprecherin oder den Sprecher des Gedichts,
- die Gefühle des lyrischen Ichs bzw. der lyrischen Sprecherin oder des lyrischen Sprechers,
- wichtige Bilder oder Symbole,
- Situationen, in denen das Gedicht vorgetragen werden könnte.

3 Entwerft eine kurze Szene (ca. 3–5 Minuten):
Beispiele:
- Ein Liebesbrief wird vorgelesen.
- Zwei Personen treffen sich nach langer Zeit wieder.
- Eine Person spricht ihre Gedanken laut aus.
- Ein innerer Monolog wird modern inszeniert.

Überlegt euch, wer spricht, wo und zu wem die Person spricht und aus welchem Anlass sie das Wort ergreift.

4 Verfasst ein kurzes Skript oder notiert Regieanweisungen. Ihr könnt auch mit szenischen Standbildern arbeiten (▸ Kasten auf S. 181).

5 Übt eure Szene (mit Requisiten) und stellt sie der Klasse vor. Achtet dabei auf Stimme/Betonung, Mimik, Gestik und Atmosphäre.

Ein Liebesgedicht als Brief oder Chatnachricht

Liebesgedichte sind oft wie verschlüsselte Botschaften an jemanden, den man liebt oder vermisst. Stell dir vor, das Gedicht, das du gelesen hast, wäre eine Nachricht an eine bestimmte Person. Wie sähe diese Nachricht aus, wenn sie heute verschickt werden würde – oder wie könnte eine Antwort der angesprochenen Person aussehen?

1 Wähle ein Liebesgedicht aus diesem Kapitel aus.

2 Verfasse einen Liebesbrief aus der Perspektive des lyrischen Ichs oder aber einer der im Gedicht angesprochenen Figuren.
Alternativ: Schreibe einen Chatverlauf – einen Dialog zwischen zwei Figuren aus dem Gedicht (etwa 150–250 Wörter ▸ Kasten unten).

Tipp

Ein Liebesgedicht in einen Brief oder Chat umwandeln
Orientiere dich an der **Stimmung**, dem **Inhalt** und dem **Ton des Gedichts.**
Du kannst **alte Bilder in moderne Sprache** übertragen, aber der **Kern des Gedichts (Gefühle, Situation, Beziehung)** sollte **erkennbar** bleiben.
Sei **kreativ** und verwende Emojis, Stilelemente (z. B. Datum, Zeitstempel, Nutzername) oder eine stilisierte Briefgestaltung.

Ein Liebesgedicht als Stimmungsbild

Gedichte sprechen nicht nur durch Worte – sie erzeugen auch Bilder und Stimmungen und lassen Farben leuchten. In dieser Aufgabe gestaltest du eine visuelle Interpretation eines Liebesgedichts.

1. Wähle ein Liebesgedicht aus diesem Kapitel aus.

2. Setze es visuell um, indem du eine Collage oder ein Stimmungsbild gestaltest (▸ Kasten unten). Zeige, welche Gefühle, Farben, Symbole oder Bilder das Gedicht in dir auslöst.
Du kannst wählen, ob du lieber analog (z. B. auf Karton, mit Zeitschriftenausschnitten, Zeichnungen und Schriftzügen) oder digital (z. B. mit PowerPoint, Canva, Google Slides oder einer Moodboard-App) arbeitest.

Tipp

Ein Stimmungsbild gestalten

Wähle Bilder, Farben oder Symbole, welche die **Stimmung und Aussage des Gedichts sichtbar** machen.
Du kannst auch einzelne **Wörter oder Verse aus dem Gedicht** einbauen.
Verfasse eine **kurze Erklärung** (ca. 3–5 Sätze), warum du diese Gestaltung gewählt hast und wie sie zur Wirkung des Gedichts passt.
Es geht nicht darum, dass dein Bild „schön“ ist – sondern dass es **ausdrucksstark** und **stimmig** ist und zum Gedicht passt.

8 Zwischen Inszenierung und Information

1 Erklärt, welche Aussagen die Zitate über Medien beinhalten.

2 Besprecht, woher die Zitate stammen. Was fällt euch auf?

3 Diskutiert, wie ihr euch über das aktuelle Tagesgeschehen informiert.

„Ein Bild sagt mehr als tausend Worte."

(Chinesisches Sprichwort, häufig zitiert seit Anfang des 20. Jahrhunderts – Ursprung unklar)

„Ich glaube nur der Statistik, die ich selbst gefälscht habe."

(Winston Churchill zugeschrieben – fälschlich, denn das hat er nie gesagt)

„In Zeiten universeller Täuschung ist das Aussprechen der Wahrheit ein revolutionärer Akt."

(Häufig George Orwell zugeschrieben – aber er hat es vermutlich nie gesagt)

„Die Pressefreiheit ist die Freiheit von 200 reichen Leuten, ihre Meinung zu verbreiten."

(Paul Sethe, FAZ-Mitgründer, 1965)

„Die Lüge ist längst um die Welt gelaufen, bevor sich die Wahrheit die Schuhe anzieht."

(Mark Twain zugeschrieben – tatsächlich aber älter und wahrscheinlich nicht von ihm)

In diesem Kapitel lernst du,

- verschiedene Zeitungstypen zu erkennen,
- journalistische Textsorten und ihre Funktion zu unterscheiden,
- dich mit medial vermittelten Texten auseinanderzusetzen,
- Desinformation in Bild und Ton zu erkennen,
- die Glaubwürdigkeit einer Nachricht einzuschätzen.

Des Weiteren wiederholst und vertiefst du

- die Zeichensetzung.

Zeitungstypen unterscheiden

1 Betrachte beide Zeitungstitelblätter und notiere jeweils drei Adjektive, die dir dazu einfallen.

2 Diskutiert, welche der beiden Zeitungen ihr eher kaufen würdet. Bezieht euch dabei zum Vergleich auch auf Zeitungen, die ihr kennt.

3 Das Layout untersuchen (▸ Kasten auf S. 217):

a) Sammelt in Zweierteams Kriterien, mit deren Hilfe ihr das Layout der beiden Zeitungen vergleichen könnt.

b) Erstellt eine Tabelle wie die folgende und füllt sie aus.

Layout	AKTUELL!	Aktuelle Presse
Zeitungskopf	…	…
Farbgebung	…	…
…	…	…

4 Die Schlagzeilen analysieren (▸ Kasten unten):

a) Sammelt im Zweierteam Kriterien, mit deren Hilfe ihr die Schlagzeilen der beiden Zeitungen vergleichen könnt.

b) Erstellt wie bei Aufgabe 3 eine Tabelle und füllt sie aus.

5 Vergleiche die beiden Titelblätter in einem zusammenhängenden Text.

Das musst du wissen

Das Layout

Jede Zeitung hat ihr eigenes **Layout**:

- Der **Zeitungskopf** (Name, Ausgabenummer, Datum und Preis) ist charakteristisch gestaltet (▸ Beispiel auf S. 218 unten).
- Auch die übrigen Elemente einer Seite folgen **einem einheitlichen Design**.

In Layouts können folgende Aspekte unterschiedlich ausfallen:

- die **Farbgebung**,
- die **Schriftwahl** oder
- die **Anzahl, Größe, Art und Farbigkeit der Bilder**.

Das musst du wissen

Die Schlagzeile

Eine **Schlagzeile** ist die **auffällig gestaltete Überschrift** eines Zeitungsartikels, meist in großen Buchstaben auf der Titelseite oder in einer Zeitungsrubrik.

- Schlagzeilen umfassen nur wenige Wörter und heben sich optisch durch **Schriftgröße und -farbe** vom Fließtext ab.
- Sie fassen den Inhalt des Artikels **kurz und prägnant** zusammen.
- Schlagzeilen können Emotionen ansprechen, neugierig machen oder provozieren und sind ein zentrales Mittel, um bei Leserinnen und Lesern **Interesse** für den Artikel oder die Zeitung zu **wecken**. Bei seriösen Zeitungen sollten sie aber nicht effekthascherisch sein. **Stilistische Mittel** wie Ausrufe, Alliterationen oder Metaphern (▸ QR-Code) können eingesetzt werden, um die Wirkung zu verstärken.

6 **a)** Sieh dir die Internetauftritte verschiedener Zeitungen an (▸ QR-Code).

b) Informiert euch über die verschiedenen Zeitungstypen (▸ Kasten auf S. 218) und diskutiert, um welchen Zeitungstyp es sich bei den Zeitungen, die du in Aufgabe 6a angesehen hast, jeweils handelt.

c) Wähle jeweils eine Boulevardzeitung und eine Qualitätszeitung aus. Notiere von jeder der beiden Zeitungen drei Schlagzeilen und formuliere die Boulevardschlagzeilen so, dass sie sachlich klingen, und die seriösen Schlagzeilen so, dass sie reißerisch klingen.

Das musst du wissen

Unterschiedliche Zeitungstypen

Zeitungen können unterschiedliche **Schwerpunkte** haben.

- **Regionale Tageszeitungen** enthalten vor allem **lokale und regionale Nachrichten** (z. B. „Trierischer Volksfreund“, „Saarbrücker Zeitung“).
- **Überregionale Tageszeitungen** werden im ganzen Land und oft auch im Ausland verkauft (z. B. „FAZ“, „Der Tagesspiegel“, „Süddeutsche Zeitung“, „BILD“) und decken **nationale und internationale Themen umfassend** ab.
- **Wochenzeitungen und -zeitschriften** erscheinen wöchentlich (z. B. „Die Zeit“, „Der Spiegel“, „Stern“, „Focus“) und bieten **vertiefte Hintergrundberichte, Kommentare** und **Reportagen** zu aktuellen Themen.

Zeitungen haben unterschiedliche **journalistische Ansprüche.**

- **Boulevardzeitungen** sind **sensationsorientiert,** haben **auffällige Schlagzeilen, viele Bilder** und eher **wenig Text** (z. B. „BILD“, „Express“).
- Dem gegenüber steht die **Qualitätszeitung** oder seriöse Presse. Diese Zeitung legt mehr Wert auf **sachliche, gut recherchierte** und **umfassende Berichterstattung.**

Journalistische Textsorten unterscheiden

Das musst du wissen

Journalistische Textsorten und ihre Funktionen

Es gibt verschiedene **Arten von Sachtexten** und unterschiedliche **journalistische Textsorten.** Manche Sachtexte wollen vor allem **Wissen vermitteln,** andere möchten **deine Meinung beeinflussen** oder dich **zu einer Handlung auffordern.**

- **Informierende Texte** vermitteln **neutral Fakten** und erklären **Sachverhalte,** in einer **sachlichen Sprache** und **ohne persönliche Meinung.** Beispiele für informierende Texte sind die Nachricht, der Bericht oder die Meldung.
- **Wertende Texte** spiegeln die **Meinung** sowie die **Erfahrungen** und **Vorlieben des Autors oder der Autorin** wider und enthalten dessen/deren **persönliche Einschätzungen** oder **Gefühlsäußerungen.** Der Name des Autors oder der Autorin wird daher immer genannt. Beispiele für wertende Texte sind die Kolumne, die Rezension, der Kommentar oder der Leserbrief. Wertende Texte enthalten auch oft **Aufforderungen.** Man nennt sie dann **appellierende Texte.** Diese erkennt man häufig an der Verwendung von **Modalverben** wie müssen oder sollen.

Besonders in journalistischen Texten werden oft **Fakten und Meinungen** bzw. informierende, wertende und appellierende Elemente **kombiniert,** um die **Lesenden** zu **informieren,** aber auch um sie **zum Nachdenken, Diskutieren oder Handeln anzuregen.** Die **Grenzen** zwischen informierenden und wertenden Texten sind oft **fließend,** z. B. beim Interview oder bei der Reportage, der Rezension oder dem Porträt.

▶ AH, S. 31–33

Die Nachricht und der Bericht

STUDIE [„Frankfurter Allgemeine Zeitung“, 11. Juni 2025]

Junge Leute vertrauen eher Social Media als Nachrichtenseiten

Mehr als die Hälfte der 20- bis 29-Jährigen schenken laut einer Studie Videos und Posts auf Social Media mehr Vertrauen als den Inhalten von klassischen Nachrichtenseiten.

Viele junge Menschen in Deutschland vertrauen einer Studie zufolge Videos und Posts auf Social Media mehr als den Inhalten von klassischen Nachrichtenseiten. In der Altersgruppe der 20- bis 29-Jährigen trifft dies auf 57 Prozent zu. Das sind 20 Prozentpunkte mehr als der Durchschnitt und ein Anstieg von 14 Prozentpunkten in dieser Altersgruppe im Vergleich zum Vorjahr, wie aus dem „Social Media Atlas 2025“ hervorgeht.

Bei der Bevölkerungsgruppe im Alter von 30 bis 39 Jahren vertrauen 51 Prozent lieber Social Media – ein Wachstum von sechs Prozentpunkten im Vergleich zum Vorjahr. Der Wert für die Gruppe der 16 bis 19 Jahre alten Befragten liegt bei 44 Prozent – bei einem Wachstum von zehn Prozent im Vergleich zum Vorjahr.

Für die repräsentative Studie im Auftrag von PER Agency in Kooperation mit dem Institut für Management- und Wirtschaftsforschung (IMWF) befragte das Umfrageinstitut Toluna im Dezember 2024 und Januar 2025 mehr als 3.500 Internetnutzer ab 16 Jahren. Der Social-Media-Atlas erfasst seit 2011 jährlich die Nutzung sozialer Medien in Deutschland.

SOCIAL-MEDIA-ATLAS 2025 [„Frankfurter Allgemeine Zeitung“, 2. Juni 2025]

Jugendliche verbringen 31 Stunden pro Woche mit sozialen Medien

Von Anna Seifert

Eine Studie zeigt: Nahezu alle Internetnutzer sind auf Plattformen wie Instagram oder Tiktok aktiv – zunehmend auch Menschen über 40. Doch die Jüngeren hängen am längsten vor dem Bildschirm.

Dreiundachtzig Prozent der Internetnutzer in Deutschland sind auf Social-Media-Seiten unterwegs und verbringen dort im Durchschnitt mehr als 18 Stunden pro Woche. Das geht aus dem Social-Media-Atlas 2025 hervor, welcher der F.A.Z. vorliegt. Die Unternehmensberatung PER untersuchte in Zusammenarbeit mit dem Institut für Management- und Wirtschaftsforschung und dem Panelanbieter Toluna über das vergangene Jahr die Nutzung von sozialen Netzwerken unter 3.500 Internetusern.

Im Vergleich zum Vorjahr nutzte dabei, so das Ergebnis, vor allem eine Gruppe häufiger soziale Medien: die 40- bis 59-Jährigen. Die mit Abstand meiste Zeit auf Social Media verbringen 16- bis 19-Jährige. Sie nutzen die Kanäle 31,4 Stunden pro Woche und damit am intensivsten – noch länger als im Vorjahr. „Der Kontakt über Social Media löst bei jungen Menschen andere Kommunikationsformen ab. Viele tauschen sich kontinuierlich online aus, das verändert die Art der Kommunikation. Da sind Handyverbote an Schulen meiner Meinung nach durchaus sinnvoll", sagt Roland Heintze, Managing Partner bei PER.

Jeder Vierte der 50- bis 59-Jährigen ist auf Tiktok aktiv

Die beliebtesten Plattformen in Deutschland bleiben demnach Whatsapp und Youtube, mit etwas Abstand folgen Facebook und Instagram. Von 2024 auf 2025 sind bei allen Kanälen die Nutzerzahlen gestiegen. Bei Linkedin ist die Nutzung – im Zeitverlauf betrachtet – derzeit am höchsten. Mittlerweile nutzen die Hälfte der 30- bis 39-Jährigen sowie gut 40 Prozent der 20- bis 29-Jährigen und der 40- bis 49-Jährigen das Berufsnetzwerk. Besonders auffällig ist der Anstieg bei den 20- bis 29-Jährigen im Vergleich zum Vorjahr. „Linkedin ist heute in vielen Branchen ein Must-have, der digitale Kompetenznachweis", sagt Heintze.

Während Linkedin sich verjüngte, hat Facebook mit einem Durchschnittsalter von gut 46 Jahren die ältesten Nutzer. Instagram-User sind im Schnitt fünf Jahre jünger. Nach dem Ende der Corona-Pandemie wurden die meisten Plattformen zunächst etwas weniger stark genutzt, inzwischen haben sich die Userzahlen erholt. Besonders eine Plattform hat sich seit den Corona-Lockdowns etabliert: der chinesische Kurzvideodienst Tiktok. „Tiktok scheint den Nerv der Zeit zu treffen, die Kommunikation über Bewegtbild", sagt Heintze. Fast acht von zehn Jugendlichen unter 20 Jahren sind laut der Studie auf Tiktok unterwegs. Und auch bei den älteren Befragten nimmt die Nutzung langfristig eher zu: Jeder Vierte der 50- bis 59-Jährigen ist mittlerweile auf Tiktok aktiv.

Einige Plattformen verloren aber auch Nutzer: X (vormals Twitter), Facebook und Telegram weisen den höchsten Anteil an ehemaligen Nutzern auf. Während Facebook eher aus der Mode gekommen ist, führt bei der Plattform X und Telegram oft mangelndes Vertrauen in die verbreiteten Informationen zur Abkehr.

► Fortsetzung auf der nächsten Seite

Ein Trend, dass die Deutschen generell sozialen Medien den Rücken kehrten, sei aber nicht erkennbar, sagt Heintze. „Social Media ist gekommen, um zu bleiben. Digitaler Austausch ist Bestandteil unseres Lebens." Soziale Medien hätten sich auch als Informationsquelle etabliert, viele User erledigten Suchanfragen eher innerhalb der genutzten Plattform als über klassische Suchmaschinen.

Antisemitismus wird vor allem auf X wahrgenommen

Doch nicht allen Informationen im Netz ist zu trauen: 84 Prozent aller Social-Media-Nutzer stoßen zumindest gelegentlich auf Inhalte, die als Fake News wahrgenommen werden – darunter vor allem jüngere Nutzer unter 30 Jahren. Am häufigsten wird dies auf Facebook (56 Prozent), Tiktok (53 Prozent) und Instagram (44 Prozent) beobachtet. Als aktuell vertrauenswürdigster Kanal gilt das Berufsnetzwerk Xing, was vor allem auf einen deutlichen Vertrauenszuwachs in der Altersgruppe der 50- bis 59-Jährigen zurückzuführen ist. Linkedin fällt auf Platz drei zurück, hinter das klassische Fernsehen. Und trotzdem: Mehr als die Hälfte der 20- bis 39-Jährigen hält demnach Social-Media-Posts inzwischen für glaubwürdiger als redaktionelle Nachrichten.

Auf den meisten Plattformen haben mindestens drei von zehn Befragten auch schon rassistische Äußerungen wahrgenommen. Etwa jeder Vierte hat auf Tiktok, Twitter, Facebook und Instagram Mobbing beobachtet. Antisemitismus wird vor allem auf der Plattform X wahrgenommen. Selbst Opfer von Anfeindungen wurden Nutzer vor allem auf Facebook und Instagram. Dass Hetze insbesondere auf schnelllebigen Netzwerken Verbreitung findet, verwundert den Experten Roland Heintze nicht: „Auf solchen Plattformen geht es nicht um die Rückverfolgung der Gesprächsinhalte oder die Abrufbarkeit der Beiträge, sondern um das schnelle, kurze und zugespitzte Äußern von Meinungen."

1. Fasse jeweils in ein bis zwei Sätzen zusammen, worüber in den beiden Texten berichtet wird.

2. Ordne die beiden Texte jeweils einer Textsorte zu (▸ Kasten auf S. 223). Begründe deine Einordnung.

3. Erarbeite die formalen Unterschiede zwischen den beiden Texten.

4. Diskutiert in der Klasse über die Ergebnisse des „Social-Media-Atlas": Besprecht, welche Informationen besonders interessant oder überraschend für euch sind, und vergleicht die Ergebnisse mit eurer eigenen Nutzung sozialer Medien.

Das musst du wissen

Der Bericht und die Nachricht

Ein **Bericht** informiert **knapp über wichtige** oder **interessante Ereignisse.**

- Er ist meist **sachlich** und **neutral** und greift eher auf **indirekte Rede** als auf wörtliche Zitate zurück.
- Im sogenannten **Lead-Stil** stellt der Bericht **das Wichtigste an den Anfang** und ordnet die folgenden Teile nach abnehmender Bedeutung. Bereits in der **Schlagzeile** werden die wichtigsten Informationen gegeben. Der **Vorspann** – die kurze Einleitung, die dem eigentlichen Text eines Berichts vorausgeht – nennt weitere Einzelheiten. So beantwortet der Bericht bereits zu Beginn **die wichtigsten W-Fragen** und erläutert dann im Text weitere Aspekte.

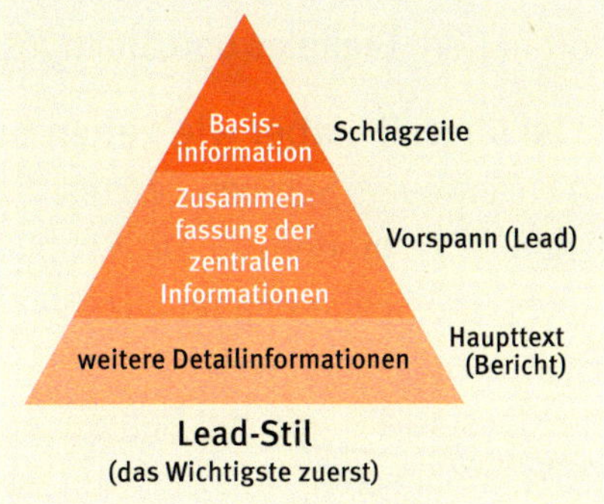

Die **Nachricht** oder Meldung ist kürzer als der Bericht. Sie enthält nur die wichtigsten Basisinformationen.

▶ AH, S. 31–37

Die Reportage

Künstliche Intelligenz im Klassenzimmer [Februar 2026]

Geschrieben vom BTS Media Writing, Lycée classique de Diekirch (LCD)

In manchen Schulen wird noch mit Kreide an die Tafeln geschrieben. Andere analysieren deutsche Klassiker mit einer KI. So wie im Lycée classique de Diekirch.

Es ist 8 Uhr morgens. Die Achtklässler strömen auf ihre Plätze und holen ihre iPads heraus. Auf dem Stundenplan steht Deutsch, bearbeitet wird ein Klassiker der Schullektüre – Theodor Fontanes Ballade „Die Brück' am Tay". Gearbeitet aber wird mit modernsten Mitteln. Viviane Schmidt, die Deutschlehrerin, lehnt am Stehpult, begrüßt die Schülerinnen und Schüler mit einem freundlichen „Moien" und wartet, bis alle Platz genommen haben.

KI als Klassenkamerad – der Unterricht beginnt

Finger hämmern auf Tasten. Vorne schreibt Aude eine Einleitung zur Ballade und kopiert sie in die App „Fellofish". Ein orangefarbener Balken erscheint. Die KI spuckt ihr Feedback aus: „Deine Einleitung ist solide. Du nennst den Autor, den Titel und das Thema. Füge noch das Erscheinungsdatum hinzu. Prüfe, ob du deine Sätze eleganter verbinden kannst."

▶ Fortsetzung auf der nächsten Seite

Der LCD bietet eine zweijährige, berufsorientierte Hochschulausbildung im Bereich Media Writing an. Diese bereitet auf Berufe im Journalismus, in der Kommunikation und in den Medien vor: Fernsehen, Presse, Radio, Internet, Kommunikationsagenturen, interne Kommunikation großer Unternehmen und Verlagswesen.

Matteo, eine Reihe weiter hinten, versucht sich an der Analyse der ersten Strophe. Viviane Schmidt geht an seinem Tisch vorbei: „Denk daran, was wir letzte Stunde über die Hexen herausgefunden haben.“ Matteo nickt, greift in seinen Rucksack und zieht sein Heft heraus – die wichtigsten Punkte hat er dort notiert. Digitales und analoges Arbeiten gehen hier Hand in Hand.

KI ist überall – aber wie gehen Schulen damit um?

An Luxemburgs Schulen geht es schon lange modern zu. Die Schülerinnen und Schüler haben eigene iPads oder können welche ausleihen, die Klassensäle sind mit Beamer und großem Bildschirm ausgestattet. Seit jedoch im November 2022 ChatGPT öffentlich zugänglich wurde, hat sich der Schulalltag noch einmal grundlegend verändert. Künstliche Intelligenz ist längst im Schulalltag angekommen. Eine Umfrage des luxemburgischen SCRIPT aus dem Jahr 2025 zeigt, wie verbreitet die Technologie bereits ist. Mehr als 4.000 Schülerinnen und Schüler und 240 Lehrkräfte nahmen daran teil. Die Ergebnisse zeigen: 74 Prozent der Schülerinnen und Schüler fühlen sich mit KI (sehr) vertraut und etwa 40 Prozent geben an, KI mindestens einmal wöchentlich in der oder für die Schule zu nutzen. Viele benutzen KI vor allem als Lernhilfe. Sie lassen sich Begriffe erklären, suchen Informationen oder übersetzen Texte. Über die Hälfte der Schülerinnen und Schüler nutzt KI auch, um sich bei den Hausaufgaben helfen zu lassen. Rodrigo bestätigt das. „Wenn ich etwas nicht verstanden habe, frage ich zuerst die KI. Sie erklärt es mir oft ganz einfach.“ Seine Klassenkameradin Claude definiert Hilfe bei den Hausaufgaben anders. Sie erzählt offen. „Wenn ich wenig Zeit habe, schreibe ich auch einfach mal ab. Bei einer Französisch-Hausaufgabe neulich habe ich den Text eingescannt und gesagt: ‚Schreibe bitte einen Text über die Charaktereigenschaften dieser Person.‘ Dann hat mir die KI einen Text ausgespuckt.“ Rodrigo widerspricht: „Damit schadest du nur dir selbst. Ich versuche, meine Aufgaben selbst zu schreiben. In der Klassenarbeit habe ich ja auch keine KI. Aber ich stelle ihr eben oft Fragen, wenn ich etwas nicht verstanden habe. Die KI ist so etwas wie mein persönlicher Nachhilfelehrer.“

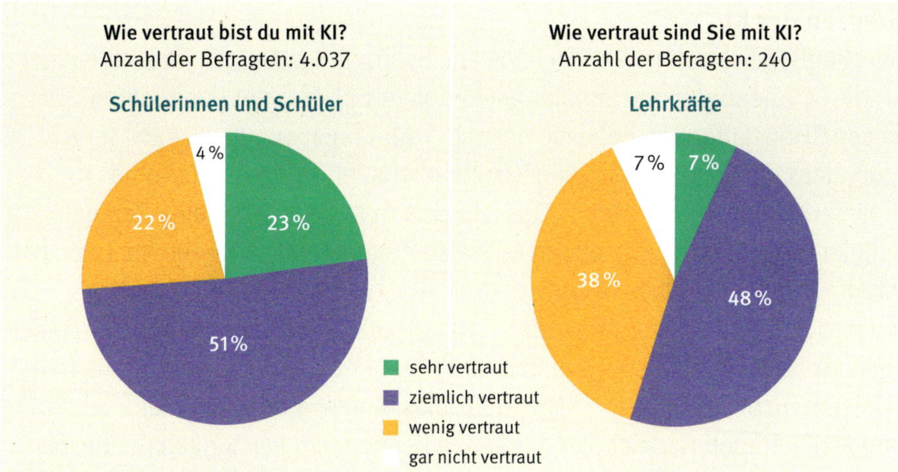

Quelle: KI Kompass, SCRIPT 2025

Doch macht uns KI nun klüger oder dümmer? Ein Experiment der Universität Pennsylvania liefert eine ernüchternde Antwort: Schülerinnen und Schüler, die ihre Mathematik-Hausaufgaben mit ChatGPT erledigten, schnitten in späteren Prüfungen schlechter ab als jene, die ohne KI gelernt hatten. Die Künstliche Intelligenz kann Aufgaben lösen, aber nicht das Denken ersetzen. Dies betont auch Eric Tobias, Koordinator des BTS Applied Artificial Intelligence am Lycée des Arts et Métiers, das den Studiengang seit September 2024 anbietet. Im Videocall erklärt er: „Generative KI reiht am Ende einfach Wörter aneinander, die statistisch wahrscheinlich sind. Sie kann nicht sagen, ob etwas richtig oder falsch ist.“ Schülerinnen und Schüler übernähmen Ergebnisse häufig ungeprüft – und verlören dabei ihr kritisches Denken.

Pädagogische Potenziale – Differenzierung und Unterstützung

Zurück in Diekirch. Aude tippt ihre Banknachbarin an und zeigt auf ihren Bildschirm: Der Balken ist jetzt grün. „Die KI holt die Schüler dort ab, wo sie stehen“, erklärt Viviane Schmidt. „Sie gibt ein viel individuelleres Feedback, als ich es je leisten könnte. Gerade in Luxemburg gibt es häufig große Niveauunterschiede im Fach Deutsch. Manche Schülerinnen und Schüler beherrschen Deutsch wie ihre Muttersprache, für andere ist es eine Fremdsprache. Hier kann KI helfen, Aufgaben sprachlich anzupassen und zusätzliche Erklärungen zu liefern.“

Diese Einschätzung teilt auch Daniela Hau, Leiterin der Integration von KI in den Schulen beim luxemburgischen Bildungsministerium. „Die Schule soll KI weder ignorieren noch unkritisch übernehmen, sondern sie pädagogisch sinnvoll, transparent und unter menschlicher Verantwortung integrieren“, sagt sie. KI sei kein Ersatz, sondern eine Unterstützung – ein Co-Pilot im Lernprozess.

▸ Fortsetzung auf der nächsten Seite

Grenzen der KI

Bei aller Begeisterung sieht auch Viviane Schmidt Risiken. „Es ist sehr einfach für die Schülerinnen und Schüler geworden, Arbeit von der KI erledigen zu lassen.“ Hausaufgaben gebe sie deshalb kaum noch auf, die Gefahr sei zu groß, dass die Schülerinnen und Schüler KI nutzen würden. Eric Tobias formuliert das Problem schärfer: „Das ist keine Gefahr – das ist eine Realität.“ Schülerinnen und Schüler gäben teilweise KI-generierte Arbeiten ab, die nicht ihrem eigenen Leistungsniveau entsprächen. Aus Sicht des Ministeriums gefährdet das zentrale Kompetenzen wie Urteilsfähigkeit und Eigenständigkeit. Technische Erkennungsprogramme für KI-Texte helfen dabei kaum. „Sie funktionieren nicht zuverlässig“, sagt Eric Tobias. Entscheidend sei, dass Lehrkräfte ihre Schülerinnen und Schüler gut genug kennen, um Leistungen richtig einschätzen zu können.
Außerdem gehe es nicht nur um individuelle Förderung, sondern auch um Bildungsgerechtigkeit. Daniela Hau betont, dass der Zugang zu KI nicht von privater Ausstattung oder individuellen Vorkenntnissen abhängen dürfe. KI müsse in einem gemeinsamen schulischen Rahmen eingesetzt werden, damit alle Lernenden dieselben Chancen erhalten.

Lehrkräfte zwischen Begeisterung und Überforderung

Als Abschluss zur Balladeneinheit sollen die Schülerinnen und Schüler Bilder mit KI generieren – eine sogenannte KI-Fotostory. Sie müssen eine Textpassage genau beschreiben und der KI mitteilen, was auf dem Bild zu sehen sein soll. „Das ist gleichzeitig auch Sprachförderung“, erklärt Viviane Schmidt. „Die Jugendlichen müssen sehr präzise formulieren, um das gewünschte Ergebnis zu bekommen.“
Die KI bietet grenzenlose Möglichkeiten: Manche Lehrkräfte lassen ihre Schülerinnen und Schüler mit historischen Persönlichkeiten chatten – etwa mit Christoph Kolumbus im Geschichtsunterricht. Andere nutzen KI für Debattentraining, bei dem die KI die Gegenposition übernimmt und Argumente analysiert.

Doch nicht alle sind begeistert …

Laut der Umfrage des SCRIPT fühlen sich gegenüber 81 Prozent der Schülerinnen und Schüler nur 60 Prozent der Lehrpersonen kompetent im Umgang mit KI-Tools. Dieser Unterschied zeigt sich auch bei der Bewertung von Chancen und Risiken der KI. Während von den Schülern und Schülerinnen 37 Prozent überzeugt sind, dass KI eher eine Chance für die Schule darstellt, sind es bei den Lehrerinnen und Lehrern nur 17 Prozent. Chancen sehen Lehrkräfte vor allem in den Bereichen Übersetzung und Zusammenfassung (80 Prozent), Ideenfindung (67 Prozent), Unterrichtsplanung (64 Prozent) und Materialdifferenzierung (64 Prozent) – seltener für Feedback und Leistungsbewertung (32 Prozent), Verwaltung und Organisation (29 Prozent) oder Förderung der Motivation der Lernenden (18 Prozent). Das Bildungsministerium reagiert: Es stellt geprüfte, datenschutzkonforme Werkzeuge bereit und hat den sogenannten KI-Kompass eingeführt – die zentrale Anlaufstelle für Orientierung (Strategie), Praxis (KI-Tools und Lernmaterialien) sowie Fortbildungs- und Austauschmöglichkeiten. Auch der rechtliche Rahmen ist klar abgesteckt: Luxemburg orientiert sich am EU AI Act, der Datenschutzgrundverordnung sowie anderen relevanten europäischen Regelungen. KI darf im Unterricht nur mit ausdrücklicher Erlaubnis der Lehrkraft genutzt werden und bei Projekten ist eine schriftliche Reflexion Pflicht. Daniela Hau stellt auch klar: Benotung und Bewertung bleiben vollständig unter menschlicher Kontrolle. KI trifft keine Entscheidungen über menschliche Leistungen.

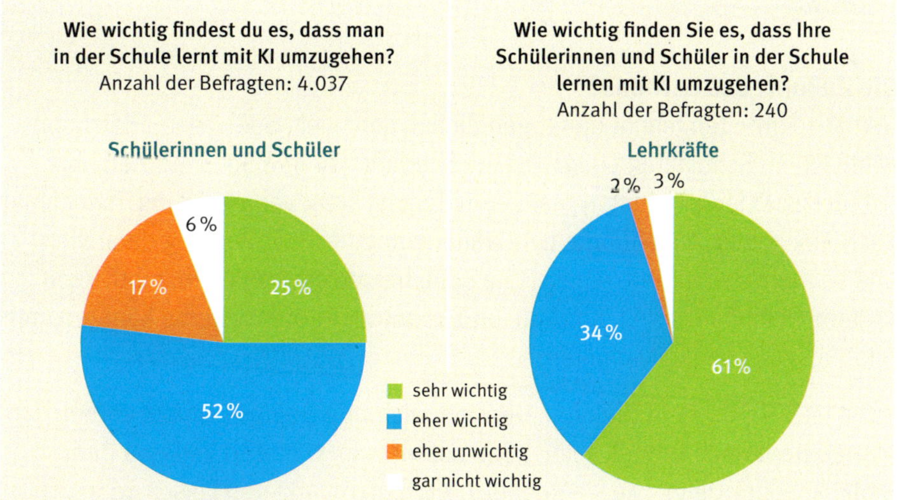

Quelle: KI Kompass, SCRIPT 2025

▸ Fortsetzung auf der nächsten Seite

In welchen Bereichen siehst du in der KI Chancen für die Nutzung in der Schule?
Anzahl der Befragten: 4.037 Schülerinnen und Schüler

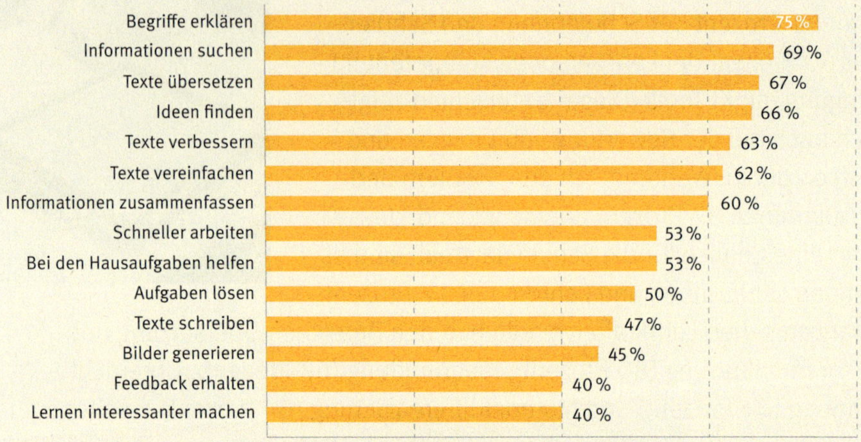

In welchen Bereichen sehen Sie in der KI Chancen für die Nutzung in der Schule?
Anzahl der Befragten: 240 Lehrkräfte

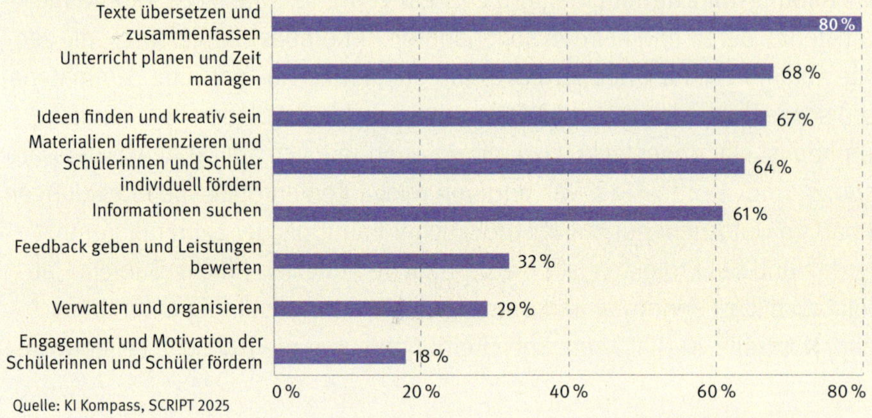

Quelle: KI Kompass, SCRIPT 2025

Die Zukunft des Lernens?

„Mit KI zu arbeiten macht den Jugendlichen sehr viel Spaß. Genau das beobachte ich im Schulalltag", sagt Viviane Schmidt. Für ihre Schülerinnen und Schüler ist KI längst Alltag – mal Lernhilfe, mal kreatives Werkzeug, manchmal auch Abkürzung. Auch für die Lehrkräfte kann KI eine Entlastung darstellen und so mehr Zeit für ihre eigentliche Rolle freisetzen: begleiten, motivieren, fördern. Personalisierte Lernpfade und adaptive Tutorensysteme könnten mehr Bildungsgerechtigkeit schaffen.

Es ist jetzt 9.20 Uhr in Diekirch. Die Doppelstunde Deutsch ist fast vorbei. Matteo tippt noch schnell seinen Schlusssatz ein, während Vanessa ihrer Banknachbarin zeigt, wie sie Rechtschreibfehler markieren lassen kann. Viviane Schmidt schreibt noch einmal die wichtigsten Interpretationsansätze an die Tafel. Kreide und KI schließen sich nicht aus.

1 Besprecht, wie sich die Reportage vom Bericht und von der Nachricht unterscheidet.

2 Erstelle eine Tabelle wie die folgende. Belege darin die einzelnen Merkmale der Reportage (► Kasten unten) anhand von Textbeispielen.

Merkmale der Reportage	Beispiel
subjektive Sicht	Reporter besucht Schule und nimmt an Unterricht teil.
...	...

3 **a)** Häufig wechseln sich innerhalb eines Textes appellierende, informierende und wertende Passagen ab (► Kasten auf S. 219). Markiere diese im Text in unterschiedlichen Farben.
b) Erkläre in einem Fließtext, welche Funktion die verschiedenen Passagen haben. Belege deine Aussagen anhand von Textbeispielen.

4 Markiert die einzelnen Argumente für und gegen die Nutzung von KI. Diskutiert anschließend in der Klasse über die Vor- und Nachteile von KI für die Schule.

Das musst du wissen

Die Reportage

Die **Reportage** ist eine journalistische Textsorte, in der ein Reporter oder eine Reporterin ein **selbst erlebtes** Ereignis besonders **anschaulich** und **lebendig** schildert. Die Reportage verbindet **Information** und **Unterhaltung** und lässt die Leserinnen und Leser das Geschehen miterleben.

- Die Reportage zeigt eine **subjektive Sicht** auf ein Geschehen. Neben Fakten werden auch persönliche Beobachtungen, Bewertungen und Zitate eingebunden.
- Sie zeichnet sich durch besondere **Anschaulichkeit** aus. Durch bildhafte Sprache, direkte Rede und authentische Details vermittelt sie der Leserschaft die Atmosphäre eines Geschehens.
- Häufig wird im **Präsens** geschrieben.
- **Hintergrundwissen** und eine gründliche **Recherche** sind wichtige Voraussetzungen für das Schreiben einer Reportage.
- Die Reportage ist sorgfältig **strukturiert**. Sie beginnt meist mit einem spannenden Einstieg und folgt einem roten Faden.
- Oft ergänzen **Fotos** oder anderes **authentisches Material** (z. B. Interviews, Dokumente) den Text.

► AH, S. 31–37

Das Interview

Jugendmedientag im SWR Mainz [Südwestrundfunk, 13. November 2024]

Interview: „Social Media ist die Welt der Kinder"

Mehr als 100 Schülerinnen und Schüler haben beim Jugendmedientag im SWR-Funkhaus hinter die Kulissen geschaut. Es ging dabei vor allem um das Thema Fake News.

Das SWR-Gebäude in Mainz

Intreviewpartner Thomas Nettelmann

Thomas Nettelmann, Leiter der Redaktion Landespolitik im SWR Mainz, ist schon seit Jahren in Schulen oder bei Veranstaltungen wie dem Jugendmedientag unterwegs, um mit Jugendlichen ins Gespräch zu kommen. Wir haben ihn gefragt, warum er das macht und welche Rückmeldungen er von den Schülerinnen und Schülern bekommt.

SWR Aktuell: Was hast du den Kindern heute beim Jugendmedientag überhaupt erzählt?
Thomas Nettelmann: Bei mir ist die hauptsächliche Richtung Desinformationen. Wir haben ja hier den Nachrichtentag, aber mir geht es jetzt nicht so sehr um die Nachrichten. Was ist eine Nachricht oder wann wird etwas zur Nachricht? Mir geht's eher darum: Was ist eine Fake News? Die wir ja ganz viel antreffen, vor allen Dingen im Bereich Social Media.

Auch „Digitale Kloake" in einer Flut von Information
SWR Aktuell: Wieso findest du gerade das Thema so spannend für Kinder und Jugendliche?
Nettelmann: Ich erlebe das immer wieder, wenn ich in Klassen bin und dann abfrage, wer wie wo unterwegs ist. Also ich frage nach TikTok, Instagram,

Twitch, Snapchat – und da gehen dann immer alle Hände hoch. Und das Lineare, so wie wir es kennen, wird natürlich nicht konsumiert. Das heißt also, Social Media ist die Welt der Kinder. Man muss wirklich so deutlich formulieren: Nicht sie halten sich da auf, sondern das ist deren Welt. Und da haben wir es natürlich mit einer Flut von Informationen zu tun. Natürlich auch richtig gute und vielfältige Informationen. Aber es gibt eben auch einen dunklen Bereich. Ich nenne das immer die digitale Kloake, wo ganz viel Fake steht – aus Versehen oder eben auch bewusst gemacht aus politischen Gründen, aus finanziellen Gründen.

SWR Aktuell: Wie nehmen die Jugendlichen das auf, welche Fragen oder Kommentare kommen da?
Nettelmann: Ich habe eine Geschichte, das kam auch über Social Media, dass in Kaiserslautern ein 15-Jähriger seine Eltern erschießt, weil sie ihm den Internetzugang verboten haben. Da ist eigentlich für uns offensichtlich: Da stimmt was nicht. Auch daran, wie die Meldung aufgemacht worden war, sieht man sofort, da ist was nicht in Ordnung. Da merke ich aber bei vielen Schülern, dass sie erst einmal geschockt sind und dann Fragen stellen wie: Woher hat er die Waffe? Und wie konnte das eigentlich passieren? Sie nehmen es also auf, als ob es wirklich passiert wäre. Das erlebt man schon. Und ich versuche dann immer wieder, ihnen klar zu machen: Im Grunde darf man gar nichts mehr glauben, es ist alles zu hinterfragen.

Mit KI eine neue Qualität von Fake News
Und vor allen Dingen mit KI kriegen wir da noch mal eine ganz neue Qualität. Ich zeige dann auch Beispiele, wie sie jetzt auch im US-Wahlkampf angewendet worden sind. Da wurde die Stimme Joe Biden KI-generiert, die dann Leute angerufen hat, um sie vom Wählen abzuhalten. Man hört es nicht, dass das von einer Künstlichen Intelligenz erzeugt ist. Dann sage ich den Schülern, wir kommen jetzt in eine Phase, wo ich bei einer Sprachnachricht nicht mehr sicher sein kann: Kommt die von einer Freundin und hat sie das auch wirklich so gesagt? Das sind ganz einfache Tools. Man braucht heute keine große IT-Infrastruktur mehr, um so etwas zu machen. Da hole ich mir so ein Tool und kann zu Hause alles Mögliche produzieren, auch Videos. Das ist schon eine ganz neue Qualität.

SWR Aktuell: Aber siehst du auch positive Entwicklungen?
Nettelmann: In den Klassen gibt es auch ganz viele, die kritisch sind und denen sofort Dinge auffallen. Also in dem Beispiel, was ich genannt habe, mit dem 15-Jährigen, der angeblich seine Eltern erschossen hat. Da war dann oben eine ganz komische Internetadresse, das fällt dann schon einigen auf. Teilweise eher als den Erwachsenen.

▸ Fortsetzung auf der nächsten Seite

SWR Aktuell: Wo siehst du noch ganz akuten Entwicklungsbedarf? Was müssten Schulen oder die Politik noch machen?

Nettelmann: Es geht wirklich darum, denen das Werkzeug an die Hand zu geben, also Nachrichten- und Informationskompetenz zu vermitteln. Also ganz klar zu sagen: Wann ist eine Nachricht wirklich eine Nachricht? Auf was muss ich da achten? Was ist die Quelle, ist es eine bloße Behauptung, von wem kommt das? Machen es auch andere?

Also ich muss dann nach links und rechts gucken. Das muss ganz dringend gemacht werden. Und ansonsten sind wir in einem Prozess, weil es immer wieder neue Entwicklungen gibt. Und ich muss ganz ehrlich sagen, bei diesen KI generierten Fake News bin ich teilweise auch ratlos. Was willst du da machen?

SWR Aktuell: Ganz herzlichen Dank!

1. Besprecht in der Klasse, was diese Textsorte vom Bericht und von der Reportage unterscheidet.

2. Nenne die Vor- und Nachteile der Textsorte Interview. Beziehe dich dabei auf den Text.

3. Beurteile die Aussage des Redaktionsleiters: „[...] bei diesen KI generierten Fake News bin ich teilweise auch ratlos. Was willst du da machen?“ (Z. 69–71)

Das musst du wissen

Das Interview

Das **Interview** ist eine journalistische Darstellungsform, bei der eine oder mehrere Personen gezielt zu einem Thema oder Ereignis **befragt** wurden. Im Mittelpunkt stehen die **Aussagen, Meinungen** und **Erfahrungen** des/der Interviewten.

- Das Interview beginnt mit einer **zielgerichteten Vorbereitung**: Die Person, die das Interview führt, überlegt sich **Fragen** und legt das **Thema** sowie das Ziel des Gesprächs fest.
- Während des Gesprächs wird für einen strukturierten Ablauf gesorgt und die Antworten werden **aufgezeichnet** (z. B. per Mitschnitt oder Notizen).
- Nach dem Gespräch wird das Interview **überarbeitet**: Es wird **gegliedert, gekürzt** und **sprachlich angepasst**. Wiederholungen dürfen gestrichen und die Reihenfolge der Antworten verändert werden, um das Interview **leserfreundlich** zu gestalten.
- Die befragte Person hat das **Recht**, das Interview vor Veröffentlichung zu **prüfen** und, falls sie es wünscht, Korrekturen vorzunehmen.

Der Kommentar

Kommentar: Stoppt die sinnfreie KI-Schwemme! [Heise online, 18. Juni 2025]

KI-Tools sind überall, verbrauchen viele Ressourcen, schwächen Denken – ihr Einsatz sollte überdacht werden, meint Greta Friedrich.

Von Greta Friedrich

Immer mehr Menschen nutzen KI-Tools – ja, kein Wunder! Schließlich bekommen sie diese überall unter die Nase gerieben. Zum Beispiel die KI-Ergebnisse der Google-Suche oder den KI-Assistenten in WhatsApp: nicht deaktivierbar, aber immer schön präsent. Wie viele andere ihrer Art sammeln die Tools vor allem Daten, verdummen Menschen und verpulvern Ressourcen.

Dabei sind sie oft intransparent. Nutzer können kaum ermessen, was mit ihren Daten geschieht. Meta-Chef Mark Zuckerberg glaubt zum Beispiel, dass Menschen unbedingt KI-Freunde brauchen. Damit die lebensecht antworten, füttert Mark sie mit Instagram- und Facebook-Inhalten. Brrr.

Wie viele Ressourcen ein KI-Klönschnack verbraucht, lassen die Anbieter im Dunkeln. Nutzer können kaum herausfinden, mit wie viel Trinkwasser ein Rechenzentrum irgendwo auf der Welt gekühlt wird und ob Mensch und Natur dort verdursten; wie viel Energie dieses Zentrum benötigt und woher sie kommt. Studien wie der UN Digital Economy Report 2024 zeigen: Rechenzentren fressen sehr viel und immer mehr Energie und Wasser.

Ständig entstehen neue hungrige Rechenzentren, auch weil KI in zahllose Lebensbereiche einzieht. Solange aber nicht 100 Prozent der Energie weltweit aus erneuerbaren Quellen stammen, klauen überflüssige KI-Tools wichtigen Einsatzbereichen saubere Energie. Von Versiegelung, Flächen- und Materialverbrauch ganz zu schweigen.

▸ Fortsetzung auf der nächsten Seite

Darüber hinaus warnen Studien, dass naiver KI-Einsatz das menschliche Denken verkümmern lässt, ähnlich wie Navi-Nutzung auf den Orientierungssinn wirkt. Forscher wünschen sich, dass Menschen bis zum Alter von 16 Jahren KI gar nicht unbegleitet und unreflektiert nutzen dürfen.

Softwareanbieter müssen aufhören, blind Trends hinterherzulaufen und überall KI einzubauen. Sie sollten reflektieren, ob ihre Tools wirklich wichtig und den Ressourceneinsatz wert sind. Denn noch sind die meisten Menschen in der Lage, selbst Ideen zu entwickeln und Antworten auf Fragen zu finden – auch wenn sie dafür vielleicht länger brauchen als die KI.

1. Markiere in verschiedenen Farben die **appellierenden**, **informierenden** und **wertenden** Textpassagen (▸ Kasten auf S. 219).
2. Diskutiert, in welchem Stil der Kommentar verfasst wurde (▸ Kasten unten).
3. Fasst die Aussageabsicht der Verfasserin zusammen.
4. Diskutiert, welche Chancen und Risiken die Nutzung von KI mit sich bringt.

Das musst du wissen

Der Kommentar

Der **Kommentar** ist eine journalistische Textsorte, in der ein Autor oder eine Autorin zu einem aktuellen Thema **Stellung bezieht** und seine/ihre **Meinung** äußert. Kommentare können **sachlich-erörternd, analytisch,** aber auch **emotional** oder **aufrüttelnd** geschrieben sein.

- Der Kommentar nimmt Bezug auf eine **Nachricht** oder ein aktuelles Ereignis und gibt dazu eine **persönliche Bewertung** ab.
- Der Autor oder die Autorin **erklärt, analysiert** und **bewertet** das Thema ausführlich – daher auch der Begriff **Meinungsartikel.**
- Ziel ist es, die **Meinung der Leserinnen und Leser** zu **beeinflussen** und Argumente für eine bestimmte Sichtweise zu liefern.
- Ein Kommentar muss als solcher **deutlich gekennzeichnet** sein, damit die Leserschaft ihn als **Meinungsbeitrag** erkennt. Der **Name des Verfassers oder der Verfasserin** wird immer genannt, um dessen/deren **Verantwortung** für die geäußerte Meinung zu verdeutlichen.
- Besonders wichtige Kommentare erscheinen als **Leitartikel** und haben einen **festen Platz** in der Zeitung oder Zeitschrift.

Sich mit medial vermittelten Inhalten auseinandersetzen

Desinformation in Bild und Text

Sonderauswertung der PISA-Studie

Viele Schüler erkennen Falschnachrichten schlecht

Was stimmt, was nicht? Mehr als die Hälfte der Schülerinnen und Schüler in Deutschland hat nach eigenen Angaben Probleme, Falschnachrichten im Internet zu erkennen. Vieles wird zudem unkritisch geteilt.

Schülerinnen und Schüler in Deutschland haben mehrheitlich keine Probleme damit, relevante Informationen online zu suchen und zu finden – doch bei der Einordnung der gefundenen Inhalte gibt es Schwächen. Wie eine aktuelle Sonderauswertung der PISA-Studie 2022 ergab, sieht sich nur knapp jeder oder jede Zweite (47 Prozent) problemlos in der Lage, die Qualität der Informationen zu beurteilen.

Wie die Analyse zeigt, fühlen sich mehr als zwei Drittel (69 Prozent) der 15-Jährigen in Deutschland kompetent, wenn sie Informationen im Internet finden wollen. Doch nur knapp 60 Prozent der Schülerinnen und Schüler in Deutschland vergleichen demnach verschiedene Quellen, obwohl 63 Prozent angaben, nicht dem zu vertrauen, was sie im Internet lesen.

Vieles wird ohne Gegencheck weiterverbreitet
Außerdem überprüft etwa ein Drittel der deutschen Jugendlichen nicht, ob Informationen korrekt sind, bevor sie diese in den sozialen Medien weiterverbreiten. Dies liege deutlich unter dem OECD-Durchschnitt von knapp 72 Prozent.

„Vielen Schülerinnen und Schülern gelingt es leider nicht ausreichend, Fake News als solche zu identifizieren", erklärte Samuel Greiff vom Zentrum für internationale Bildungsvergleichsstudien (ZIB) an der Technischen Universität München (TUM) und Leiter der PISA-Studie in Deutschland. Es gebe „einen erheblichen Nachholbedarf beim kritischen und reflektierten Umgang mit Informationen im Internet".

Nur knapp die Hälfte der befragten Jugendlichen billigt ihren Lehrerinnen und Lehrern die Kompetenz zu, digitale Geräte im Unterricht zu nutzen. Das ist deutlich weniger als im OECD-Durchschnitt (70 Prozent).

1 Nenne die zentrale Aussage der PISA-Sonderauswertung zum Umgang Jugendlicher mit Falschnachrichten.

2 Beschreibe, wie Jugendliche laut der Studie mit Internetinformationen umgehen und in welchem Widerspruch ihr Verhalten zu ihrer Selbsteinschätzung steht.

Das musst du wissen

Der Hoax

Ein **Hoax** ist eine **absichtlich verbreitete Falschmeldung**. Der Begriff leitet sich vermutlich vom Ausdruck „Hokuspokus" ab, was gut passt, da es sich um eine Art **Täuschung** oder **Irreführung** handelt.

3 Diskutiert, wie Schulen Jugendliche besser auf den Umgang mit digitalen Informationen vorbereiten können.

4 Recherchiere, warum der Begriff „Fake News" in der wissenschaftlichen Auseinandersetzung kritisch betrachtet wird, und welcher Begriff stattdessen bevorzugt wird.

5 Nenne die Ziele, welche die Verfasserinnen und Verfasser von „Fake News" verfolgen, und wie sie versuchen, diese zu erreichen.

6 **a)** Diskutiert, welche Aussagen eurer Meinung nach zutreffen und welche nicht.

b) Recherchiert in Zweierteams, ob ihr richtig lagt. Stellt eure Ergebnisse in der Klasse vor.

A Wir nutzen nur 10 % unseres Gehirns.

B Zucker macht Kinder hyperaktiv.

C Haare und Nägel wachsen nach dem Tod weiter.

D Goldfische haben nur eine 3-Sekunden-Gedächtnisspanne.

E Wenn man einen Blitzableiter berührt, während es blitzt, ist man sicher.

F Spinat enthält besonders viel Eisen.

G Antibiotika helfen gegen Viren.

H Man sollte bei einer Vergiftung Erbrechen auslösen.

I Die Zunge hat verschiedene Geschmackszonen.

J Man schluckt im Schlaf regelmäßig Spinnen.

7 Erklärt, wie man feststellen kann, ob eine Aussage vertrauenswürdig ist (► Kasten unten).

Die Glaubwürdigkeit einer Nachricht einschätzen Tipp

Die **Glaubwürdigkeit einer Nachricht** kann man besser einschätzen, nachdem man folgende Aspekte geprüft hat:

1. **Quelle:** Wer hat den Text geschrieben? Wo ist der Text erschienen? (Autor/Autorin, Impressum überprüfen!)
2. **Fakten:** Wird das Thema in anderen, vertrauenswürdigen Quellen ähnlich aufgearbeitet?
3. **Bilder:** Passen die Bilder zum Text? (Zum Überprüfen eignet sich die Rückwärts-Bildersuche.)
4. **Aktualität:** Aus welcher Zeit stammt die Information?

Du kannst eine Nachricht also als vertrauenswürdiger einstufen,

- wenn der Text von einer Autorin oder einem Autor stammt, die oder der Fachwissen hat,
- wenn die Behauptungen mit Quellen belegt werden,
- wenn dieselben Infos auch in anderen Quellen berichtet werden,
- wenn die Bilder zum Thema passen und
- wenn die Daten im Text aktuell sind.

8 Über die Faktencheck-Angebote im QR-Code könnt ihr euch über aktuelle Falschmeldungen informieren. Besucht die Seiten und diskutiert, ob ihr bereits auf die Desinformationen, von denen dort berichtet wird, gestoßen seid.

Desinformation in Bild und Ton

1 Vergleicht die beiden schwarz-weißen Bildausschnitte auf S. 237 unten mit dem Original in der Mitte. Diskutiert über die unterschiedliche Wirkung, die je nach gewähltem Ausschnitt entsteht.

2 Nennt andere Möglichkeiten der Bildmanipulation.

3 Seht euch die Fotos im QR-Code an und beschreibt, was euch auffällt.

4 Beschreibe die Karikatur und erkläre die Aussageabsicht des Zeichners.

5 **a)** Fasse zusammen, was in dem Video (▸ QR-Code) erklärt wird.
b) Beurteile, wie glaubwürdig du Inhalte wie die Beispiele in dem Video auf den ersten Blick findest.

Das musst du wissen

Der Deepfake

Ein **Deepfake** ist eine mithilfe von Künstlicher Intelligenz erstellte **Video- oder Audioaufnahme**, die sehr real wirkt – aber in Wahrheit **gefälscht** ist. Dabei werden **echte Gesichter, Stimmen oder Bewegungen nachgeahmt**. Das kann unterhaltsam sein – z. B. wenn ein Politiker ein Lied singt, das er nie aufgenommen hat. Gefährlich wird es aber, wenn Deepfakes benutzt werden, um **Falschinformationen zu verbreiten** oder **Menschen in Verruf zu bringen**.
Viele Deepfakes sind heute so gut gemacht, dass man sie nur noch **schwer von echten Aufnahmen unterscheiden** kann.

6 Teste über den QR-Code, ob du Deepfakes erkennst.

7 Bereitet eine Expertenrunde zum Thema Deepfakes vor:

a) Recherchiert, wie ein Deepfake funktioniert. Achtet auf zuverlässige Quellen (▸ Kasten auf S. 237).
Tipp: Benutzt Suchbegriffe wie z. B. „Deepfake einfach erklärt“ oder „Wie funktioniert ein Deepfake?“.

b) Nennt zwei Einsatzmöglichkeiten von Deepfakes.
Tipp: Überlegt, in welchen Bereichen Deepfakes die Menschen beeinflussen können.

c) Analysiert, wie Deepfakes Bereiche wie Politik, Bildung, Kriminalität und Film beeinflussen können und warum sie daher eine Gefahr sein können.
Tipp: Denkt an Begriffe wie „Manipulation“, „Vertrauen“, „Informationsfreiheit“ oder „Wahlbeeinflussung“.

d) Teilt euch in mehrere Gruppen auf. Jede Gruppe übernimmt eine Rolle (z. B. Technik-Experten und -Expertinnen, Ethiker und Ethikerinnen, Journalisten und Journalistinnen). Diskutiert in euren Rollen in der Klasse, ob Deepfakes generell verboten werden sollten.
Tipp: Achtet auf ein faires Gesprächsklima.

Über die Faktencheck-Angebote im QR-Code kannst du prüfen, ob das entsprechende Video echt ist oder es sich um ein Deepfake handelt.

So verhältst du dich während der Expertenrunde

Das musst du können

- **Höre jedem/jeder anderen aktiv zu.**
  Lass andere ausreden und nimm ihre Argumente ernst.
- **Sprich sachlich und respektvoll.**
  Kein persönlicher Angriff – kritisiere Argumente, nicht die Personen.
- **Melde dich, bevor du sprichst.**
  Die Lehrkraft leitet das Gespräch.
- **Bleibe bei deinem Standpunkt, aber sei offen für neue Gedanken.**
  Gute Expertinnen und Experten können ihre Meinung auch überdenken.
- **Beziehe dich auf deinen Vorredner oder deine Vorrednerin.**
  Nutze Formulierungen wie: „Ich stimme zu, weil …“, „Ich sehe das anders, denn …“ oder „Ein Beispiel dafür ist …“.

8

Zeichensetzung

Der Doppelpunkt

Die Aufgabe und Verantwortung der Medien

Medien haben eine sehr wichtige Aufgabe in unserer Gesellschaft: Sie informieren uns täglich über das, was in der Welt passiert. Unter Medien versteht man unter anderem: das Fernsehen, die Zeitungen, das Radio und das Internet. Deshalb werden sie oft als die „vierte Gewalt" bezeichnet, weil sie genauso wichtig sind wie Regierung, Polizei und Gerichte. Die Medien sollen wahrheitsgetreu berichten und uns sachliche Informationen sowie verschiedene Meinungen und Perspektiven liefern. Wenn Politiker und Politikerinnen oder Unternehmen etwas falsch machen, sollen die Medien diese Fehler aufdecken und dafür sorgen, dass alle davon erfahren. Sie sollen stets sorgfältig prüfen, ob die Berichte stimmen, und immer versuchen, fair zu berichten. So helfen sie, Missbrauch und Ungerechtigkeit zu bekämpfen.

Gute Medien zeigen verschiedene Sichtweisen auf, damit jede und jeder sich ihre/seine eigene Meinung bilden kann. Auch Jugendliche profitieren davon, weil sie die Möglichkeit haben, die Welt besser zu verstehen. Gleichzeitig tragen die Medien eine große Verantwortung: Werden falsche oder unvollständige Informationen verbreitet, können sie großen Schaden anrichten. Deshalb ist es sehr wichtig, dass sorgfältig recherchiert und objektiv berichtet wird. Nur so bleibt unsere Gesellschaft gut informiert. Gute Medien können dabei helfen, kritisch zu denken, und zeigen auf, was wirklich wichtig ist. So unterstützen sie die Demokratie und schützen vor Machtmissbrauch. Der österreichische Schriftsteller Alfred Polgar benutzte ein sprachliches Bild, um die Rolle der Medien bei der Aufdeckung von Missständen zu beschreiben: „Die Presse hat auch die Aufgabe, das Gras zu mähen, das über etwas zu wachsen droht."

1 Markiere alle Textstellen, in denen ein Doppelpunkt vorkommt.

2 Untersuche, welche Rolle der Doppelpunkt jeweils spielt (▸ Kasten unten).

3 Begründe jeweils die Groß- bzw. Kleinschreibung nach dem Doppelpunkt (▸ Kasten unten).

Der Doppelpunkt

Das musst du wissen

Der Doppelpunkt steht:

- vor **direkter (wörtlicher) Rede,**
  Um zu erklären, dass Medien oft nicht objektiv berichten, wird häufig gesagt: „Die Medien sind nicht der Spiegel der Wirklichkeit, sondern ein Filter."

- vor **wörtlich zitierten Textstellen,**
  Im Grundgesetz steht: „Jeder hat das Recht, seine Meinung in Wort, Schrift und Bild frei zu äußern und zu verbreiten und sich aus allgemein zugänglichen Quellen ungehindert zu unterrichten. Die Pressefreiheit und die Freiheit der Berichterstattung durch Rundfunk und Film werden gewährleistet. Eine Zensur findet nicht statt."

- vor **Aufzählungen,**
  Zu den Medien zählen heute nicht mehr nur Zeitungen, Radio und Fernsehen, sondern auch digitale Medien: soziale Netzwerke, Websites, Blogs, Podcasts und Online-Nachrichtendienste.

- vor Sätzen, die **das vorher Gesagte zusammenfassen, erklären oder eine Schlussfolgerung ziehen.**
  Medien werden als „vierte Gewalt" bezeichnet: Damit wird hervorgehoben, dass sie genauso wichtig sind wie die Regierung, die Justiz und die Polizei.

Für die **Groß- und Kleinschreibung nach dem Doppelpunkt** gilt:

- **Ganze Sätze** beginnen in jedem Fall mit **Großschreibung**.
- **Unvollständige Sätze** oder bloße **Aufzählungen** beginnen mit **Kleinschreibung,** sofern der erste Begriff nicht ohnehin großgeschrieben werden muss, weil er ein Nomen ist.

▸ AH, S. 84

8

Der Bindestrich, der Ergänzungsstrich und der Gedankenstrich

1 Markiere in den folgenden Aussagen über die Rolle der Medien und die Pressefreiheit alle Binde-, Ergänzungs- und Gedankenstriche.

2 Bestimme, um welchen Strich es sich jeweils handelt. Begründe deine Entscheidungen mithilfe der Informationen aus dem Kasten auf S. 243.

A „Pressefreiheit – das ist das Grundrecht, das alle anderen Grundrechte mitverteidigt."

B „Die Presse – frei, unbequem, unbestechlich – ist das Rückgrat jeder Demokratie."

C „Zensur ist das Gegenteil von Aufklärung – und Aufklärung ist der Anfang von Freiheit."

D „Die Medien – ob Print-, Funk- oder Online-Format – sind das Sprachrohr der Gesellschaft."

E „Pressefreiheit bedeutet nicht, alles sagen zu dürfen – sondern alles sagen zu können, ohne Angst."

F „Die vierte Gewalt – unabhängig, kritisch, unbequem – ist kein Luxus, sondern Notwendigkeit."

G „Medienvielfalt – das ist kein Selbstzweck, sondern Demokratie-Schutz in Reinform."

H „Die Wahrheit – so unbequem sie auch sein mag – braucht ein Mikrofon, keinen Maulkorb."

I „Pressefreiheit ist kein Schönwetter-Grundrecht – sie gilt auch bei Gegenwind."

J „Die freie Presse – sie ist das Frühwarnsystem der Gesellschaft, nicht ihr Feind."

K „Wer Medien kontrollieren will, will Meinungen kontrollieren – und damit Menschen."

Das musst du wissen

Der Bindestrich, der Ergänzungsstrich und der Gedankenstrich

Der **Bindestrich** wird in **Wortzusammensetzungen** verwendet. Er wird **unmittelbar an die beiden Wörter herangerückt.**

TV-Sender; Online-Journalismus; PR-Abteilung; Fakten-Check

Der Bindestrich sollte bei Wortzusammensetzungen nur verwendet werden, wenn sie sonst unübersichtlich sind, wenn zu viele gleiche Buchstaben oder Konsonanten aufeinandertreffen oder wenn sie Abkürzungen oder Fremdwörter enthalten.

Der **Ergänzungsstrich** steht für einen weggelassenen **Wortbestandteil.** Er wird **unmittelbar an das Wort** herangerückt, dessen Ergänzung fehlt.

Medien- und Pressefreiheit (= Medienfreiheit und Pressefreiheit)
Schriftgröße und -farbe (= Schriftgröße und Schriftfarbe)

Der **Gedankenstrich** wird häufig dort gesetzt, wo in der gesprochenen Sprache eine **deutliche Pause** gemacht wird. Er ist länger als Binde- und Ergänzungsstrich, steht frei zwischen den Wörtern und hat **davor und danach eine Freistelle.** Er kann **durch andere Satzzeichen wie Kommas ersetzt** werden.

„Gott schütze uns vor der Pressefreiheit – nichts trägt mehr zur Verwilderung der Sitten, des Geschmacks und jeder Art von geistiger Tätigkeit bei als sie.“ (Ferdinando Galiani, 1728–1787)

Genauso lang wie der Gedankenstrich ist der Bis-Strich, bei dem allerdings keine Leerräume stehen. Er ersetzt das Wort „bis“.
1728–1787;
die Bahnstrecke München–Berlin

Kommas bei Einschüben

1 **a)** Sieh dir die Dokumentation über die Rolle der Medien als vierte Gewalt an (▶ QR-Code).

b) Kreuze die Aussagen an, die auf die Dokumentation zutreffen.

- ☐ Zu Beginn der Dokumentation wird ein Überblick über die Massenmedien in Deutschland, unter anderem 600 Zeitungen, Zeitschriften und Magazine sowie 500 Fernseh und Radiosender, gegeben.
- ☐ In der Dokumentation wird behauptet, dass der Begriff „Online-Medien“ ein Synonym für „Massenmedien“, also Mittel zur Kommunikation mit einer großen und unbestimmten Zahl von Menschen, ist.
- ☐ Seit dem Beginn der Schnellpresse, also seit dem 19. Jahrhundert, ermöglichen die neuen Druckmethoden ein tägliches Erscheinen von Zeitungen in hoher Auflage.
- ☐ Durch die Entwicklung der Massenmedien, am Anfang vor allem Zeitungen, war die Verbreitung von Informationen plötzlich nicht mehr nur den politischen Machthabern vorbehalten.
- ☐ Das Fernsehen, das ab den 1950er-Jahren ein regelmäßiges Programm lieferte, konnte sich noch vor dem Radio als Massenmedium durchsetzen.

▶ Fortsetzung auf der nächsten Seite

- ☐ Das Radio feierte als Massenmedium auch zweifelhafte Erfolge, da es zum Beispiel die Propaganda der Nationalsozialisten erleichterte.
- ☐ In der Dokumentation wird erwähnt, dass in der Vergangenheit immer wieder durch Zensur, also durch Kontrolle und Verbot, versucht wurde, die Verbreitung von Informationen zu verhindern.
- ☐ Durch neue Entwicklungen des 21. Jahrhunderts, das Web 2.0 und Smartphones, ist es nun noch leichter, die Verbreitung von Informationen mitzugestalten.
- ☐ Trotz Internet und Massenmedien gibt es überall, auch in der westlichen Welt, noch sehr viel Zensur.
- ☐ Leider kennt die Informationsflut, darunter jede Menge Fake News, Verschwörungstheorien und gezielte Propaganda, keine Grenzen mehr.
- ☐ Die Menschen nutzen die Massenmedien, soziale Netzwerke mit einberechnet, heutzutage durchschnittlich zwei Stunden täglich.

2 Markiere in den Aussagen aus **Aufgabe 1b** alle Einschübe. Bestimme jeweils, ob es sich um einen Relativsatz, einen Partizipialsatz oder eine Apposition handelt (▸ **Kasten unten**).

Das musst du wissen

Kommas bei Einschüben

Einschübe sind immer **Teile von Satzgliedern** (▸ **S. 54–69, 101–103**) und werden im Satz **vorn und hinten mit Kommas abgetrennt.** Zu den Einschüben gehören **Relativsätze, Partizipialsätze** und **Appositionen.**

- **Relativsätze sind Nebensätze** (▸ **Kasten auf S. 129**), die durch ein Relativpronomen eingeleitet werden und ein Bezugswort im Hauptsatz näher bestimmen. Wie in allen Nebensätzen steht die konjugierte Verbform an letzter Satzgliedstelle.
  Das luxemburgische Online-Magazin „Reporter.lu", das auf Qualität statt auf Quantität Wert legt, veröffentlicht täglich nur einen Artikel.
- **Partizipialsätze** sind **Nebensätze** (▸ **Kasten auf S. 129**), die ein Partizip I oder II enthalten und ein Bezugswort im übergeordneten Satzteil näher bestimmen.
  Die Tageszeitung „Tageblatt", früher „Escher Tageblatt. Demokratisches Organ für die Interessen des Kantons Esch" genannt, wurde 1913 gegründet.
- **Appositionen sind Beifügungen,** bei denen ein **Nomen oder eine Wortgruppe mit Nomen ein anderes Nomen näher beschreibt oder erklärt.** Sie stehen **im gleichen Kasus** wie dieses Nomen und meistens unmittelbar danach.
  Das „Luxemburger Wort", eine Tageszeitung, gibt es seit 1848.
  Die Zeitung „Die Zeit", eine der bekanntesten deutschsprachigen Wochenzeitungen, greift fast alle wichtigen Artikel auch auf ihren Social-Media-Accounts auf.

Die Zeichensetzung bei Zitaten

Die Zeichensetzung bei Zitaten

Zitate sind **wörtlich übernommene Beiträge**. Sie müssen in einem Text durch **Anführungszeichen** gekennzeichnet sein und so in Sätze eingebaut werden, dass der Satzbau weiterhin korrekt bleibt.
Auslassungen und Veränderungen müssen mithilfe von **eckigen Klammern** gekennzeichnet werden: [...] (► Beispiele im QR-Code).

Das musst du wissen

1 Füge in den folgenden Aussagen über die Dokumentation im QR-Code auf S. 243 die fehlenden Satzzeichen ein und beachte bei Strichen die richtige Länge: Doppelpunkt, Bindestrich, Ergänzungsstrich, Gedankenstrich, Anführungszeichen, Auslassungspunkte – wende die Regeln der Kästen dieses Kapitels an.

- In der Dokumentation bekommt ein Kommunikationsexperte von der Journalistin einen Auftrag .... Er soll die Aufgabe der Medien anhand von Requisiten erklären. Prof. Dr. Carsten Reinemann .... Kommunikationswissenschaftler der LMU München .... erklärt .... Information, Hintergrund, Einordnung .... das ist eine ganz zentrale Aufgabe von Medien. ....
- Der Kommunikationswissenschaftler erklärt außerdem, die Medien hätten eine Kontrollfunktion .... eine .... Wachhund .... Funktion .... Er fügt hinzu .... Es ist in der Gesellschaft eine sehr wichtige Aufgabe für Medien, dass sie die Mächtigen kontrollieren. ....
- Es kommen zwei weitere .... etwas ungewöhnliche .... Requisiten vor .... Seifenblasen und ein Seil. Dazu sagt Prof. Dr. Reinemann, es gehe darum, in der vielfältigen Gesellschaft .... ein Band .... zu .... schaffen .... , das verhindere, ... dass man sich in diesen berühmten Filterblasen verlier .... e .... , wo man nur das wahr .... nehme .... , was man ohnehin schon kenn .... e ....
- Er sagt auch, das Mikrofon .... eine weitere, von ihm gewählte Requisite .... sei .... ein interessantes Symbol .... , denn es stehe dafür, dass .... Medien Menschen auch eine Stimme geben .... sollen ....

„Diese Gesellschaft ist unglaublich vielfältig [...], und da ein Band zu schaffen, [...] das ist ganz wichtig, und das soll auch vermeiden, dass man sich in den berühmten Filterblasen verliert, wo man nur das wahrnimmt, was man ohnehin schon kennt."

„Das Mikrofon [...] kann dafür stehen, dass Medien auch Menschen eine Stimme geben."

8

Zum Abschluss

1 Setze im folgenden Text fehlende Satzzeichen ein (Doppelpunkt, Gedankenstrich, Kommas, Anführungszeichen) und beachte bei Strichen die richtige Länge.

„Lügenpresse“ .... ein alter Vorwurf mit neuer Wucht

Der Vorwurf .... alt, aber wirkungsvoll ...., die Presse lüge, sei gekauft und arbeite im Auftrag dunkler Mächte gegen das Volk .... ein echter Klassiker. Schon um 1800 .... also in einer Zeit voller Umbrüche .... wurde diese Idee ausgearbeitet .... eine Verschwörungstheorie .... die sich hartnäckig hält.

Warum gerade damals? Weil sich die Welt .... technisch wie gesellschaftlich .... rasant veränderte. Wer sich von diesen Veränderungen bedroht fühlte, suchte nach Schuldigen .... nach einer Erklärung für alles, was ihm missfiel. Und weil die alten Verdächtigen .... Teufel, Dämonen, Hexen .... in einer zunehmend wissenschaftlich geprägten Welt nicht mehr überzeugten, mussten neue Feindbilder her .... Journalisten, Schriftsteller, Buchhändler .... kurz .... die Aufklärer.

Nach der Märzrevolution 1848 wurde ein Begriff populär, der bis heute nachhallt .... Lügenpresse .... Gemeint waren damit vor allem jüdische Journalistinnen und Journalisten .... denen man unterstellte .... sie hätten den Liberalismus, den Sozialismus, die Demokratie .... kurz .... die ganze moderne Welt .... erfunden und verbreitet. Und zwar mithilfe der Presse.

Diese antisemitische Erzählung wurde zum ideologischen Kern des Nationalsozialismus .... eine gefährliche Mischung aus Misstrauen, Hass und Manipulation.

Seit 2001 .... also nach den Terroranschlägen in den USA .... taucht der Begriff .... Lügenpresse .... wieder verstärkt auf .... diesmal in der Szene der Neonazis. Die dahinterstehende Theorie .... angepasst an die neue

Zeit .... behauptet nun, auch der israelische Geheimdienst Mossad oder eine angeblich jüdisch gesteuerte CIA würden die Medien kontrollieren.

2014 .... ein Jahr, in dem die AfD an Einfluss gewann .... wurde .... Lügenpresse .... zum Unwort des Jahres erklärt. Doch da hatte der Begriff bereits Karriere gemacht .... In rechten Kreisen war längst die Rede von .... Staatsfunk ....,.... Systemmedien ....,.... gleichgeschalteten Journalisten .... besonders dann, wenn es um Themen wie Flucht, Terror oder Integration ging.

Was dabei auffällt .... Der Begriff .... Lügenpresse .... meint nicht, dass Medien .... wie alle Menschen .... Fehler machen können. Es geht nicht darum, dass mal ein Artikel danebenliegt oder eine Sendung etwas falsch darstellt. Gemeint ist eine gezielte, systematische Manipulation durch .... die da oben ...., die angeblich das Volk belügen, um ihre Macht zu sichern.

Das ist gefährlich, denn es schafft ein klares Feindbild .... Wir gegen die! .... Wer so denkt, glaubt nicht mehr an Diskussion, an Kompromisse, an Demokratie, sondern an eine Wahrheit .... die nur .... die eigenen Leute .... kennen.

Doch wer nur noch zwischen .... Wahrheit .... und .... Lüge .... unterscheidet und keine Zwischentöne mehr zulässt, zerstört die Grundlage jeder Demokratie .... den Austausch, den Streit, den Kompromiss.

9 Neugier macht Geschichte

1 Nennt die Personen, die ihr erkennt.

2 Besprecht, durch welche Erfindungen die Personen berühmt geworden sind, und diskutiert, welche dieser Erfindungen eine Rolle in eurem Leben spielen.

3 Diskutiert, mit welchen Themen und Fragen sich die Forschung in Zukunft besonders beschäftigen soll.

In diesem Kapitel lernst du,

- eine Recherche durchzuführen,
- ein Referat zu gliedern,
- den Inhalt eines Referats zu visualisieren.

Des Weiteren wiederholst und vertiefst du

- Präpositionen mit ihren Kasus,
- die Subjekt-Verb-Kongruenz,
- Aktiv und Passiv,
- die Zeiten und die Zeitenfolge,
- den Konjunktiv und die indirekte Rede,
- Quellen auf ihre Richtigkeit zu überprüfen,
- ein Referat vorzutragen.

9

Forscherinnen im Fokus

Judith Rauch

„Werde nie eine Frau, wenn du groß bist“

Das kleine Mädchen saß aufrecht im Bett, das Kopfkissen im Rücken, die Decke hochgezogen bis zum Kinn.
Wo Papa nur blieb? Nein, sie wollte noch nicht einschlafen. Manchmal wurde es spät in der Klinik, die kranken Kinder brauchten ihn noch oder die Studenten. Aber Maria wusste genau: Wenn er nach Hause kam und sie noch wach war, würde er mit ihr spielen.
Sie hatte schon einen besonderen Vater, das wusste Maria. Und ihre Freunde und Freundinnen wussten es auch. Professor Friedrich Goeppert war gescheit. Er kannte die Tiere und die Pflanzen, das Wetter und die Sterne, und er wusste auf fast alle Fragen eine Antwort. Aber das war nicht das Besondere, gescheit waren die anderen Professorenväter in Göttingen auch. Das Besondere an Marias Vater war, dass Kinder ihn einfach ansprechen konnten, er redete gern mit ihnen, sogar lieber als mit Erwachsenen. Und er erlaubte Maria fast alles. Sie durfte allein in den Wald gehen, auf die höchsten Bäume klettern und die ganze Nacht wach bleiben, wenn sie wollte. Ja, sie durfte sogar hauen und treten und wild sein wie ein Junge, obwohl sie doch ein Mädchen war. Friedrich Goeppert war gerecht, er machte keinen Unterschied zwischen Jungen und Mädchen. „Werde nie eine Frau, wenn du groß bist.“ Das sagte er oft zu Maria, auf Spaziergängen oder beim Gutenachtsagen.
Früher, als sie noch kleiner war, hatte Maria nicht gewusst, wie er das meinte: „keine Frau“. Natürlich würde sie eine Frau werden, sie war schließlich ein Mädchen.
Papa hatte es ihr erklärt. Die meisten Frauen, hatte er gesagt, führen ein langweiliges Leben, nur Kochen, Putzen, Einkaufen und Kinderhüten. Das ist bequem für die Männer, hatte er gesagt, die lassen sich gerne bedienen. Aber es darf nicht so bleiben, die Frauen werden dumm und stumpf dabei und das schadet auf die Dauer auch den Kindern. „Du wirst einen Beruf lernen“, hatte er zu Maria gesagt. „Du wirst studieren und etwas Interessantes tun.“ Etwas Interessantes – Maria wollte nichts lieber als das. Aber was war das Interessanteste?
Die Mama war Lehrerin gewesen, Sprachlehrerin, und Klavierstunden hatte sie auch gegeben. Ob das interessant war? Wahrscheinlich nicht so sehr, denn ihre Mutter hatte das Unterrichten aufgegeben, und Klavier spielte sie nur noch, wenn Gäste da waren. Was ihr Vater machte, war da schon viel interessanter: kranke Kinder heilen und zukünftige Kinderärzte ausbilden. Aber auch dieser Beruf hatte seine dunklen Seiten. Manchmal starben die Kinder und der Vater war tagelang traurig, weil er ihnen nicht hatte helfen können.
„Ich muss damals doch irgendwann eingeschlafen sein“, überlegte Maria Goeppert-Mayer rund fünfzig Jahre später. Sie saß vor ihrem Schreibtisch in La Jolla, Kalifornien. Das schwedische Nobelpreiskomitee hatte geschrieben, sie brauchten – für

die Presse, für die Öffentlichkeit – eine kurze Lebensgeschichte der frisch gebackenen Nobelpreisträgerin für Physik 1963. Die Aufgabe hatte sie so ins Grübeln gebracht.
Maria Goeppert-Mayer wusste, worauf es der Presse ankam. Sie war die erste Frau mit einem Nobelpreis in theoretischer Physik. Sie war erst die zweite Physik-Nobelpreisträgerin nach Marie Curie, die zweite nach sechzig Jahren. Und jetzt würden alle von ihr wissen wollen: „Wie sind Sie das geworden?" Darauf eine Antwort zu geben, fiel Maria Goeppert-Mayer schwer.
Nein, eine zweite Marie Curie war sie nicht. Und eine Kämpferin, eine Pionierin, eine Frauenrechtlerin war sie auch nie gewesen. Das Besondere in ihrer Jugend war der Vater gewesen, „ein großer, sanfter Bär von Mann". Maria Goeppert-Mayer nahm einen tiefen Zug aus ihrer Zigarette und schrieb an das Nobelpreiskomitee: „Väterlicherseits bin ich die siebte Generation von Universitätsprofessoren in gerader Linie." Und unter Professoren war sie auch aufgewachsen, in einer typischen deutschen Universitätsstadt am Anfang des 20. Jahrhunderts.

Maria Goeppert wuchs in einer Zeit auf, in der Frauen für Frauen schon viel erkämpft hatten. Sie erntete die Früchte der Frauenbewegung – wie die jungen Frauen heute. Und wie heute glaubten die Mädchen ihrer Generation, es sei schon alles erreicht, es sei nichts mehr zu erkämpfen. Das machte Maria einerseits stark: „Ich kann und will alles!" Das machte sie aber auch schwach: Gegenüber der tatsächlichen Diskriminierung, die sie erwartete, war sie hilflos. Der Gedanke, sich in dieser Situation mit Frauen zusammenzuschließen, lag ihr fern. Maria Goeppert suchte vielmehr die Nähe und die Anerkennung der Männer, noch immer „saß sie lieber bei den Jungs" und tat das mit großer Selbstverständlichkeit. Dass unter diesen „Jungs" nicht lauter selbstgerechte Patriarchen waren, sondern ein paar, die sie tatsächlich anerkannten, war ihr Glück. Und das erklärt auch ein Stück ihres Erfolges.

Maria Goeppert-Mayer mit König Gustav VI. Adolf von Schweden bei der Nobelpreisverleihung

1. Beschreibe das Verhältnis zwischen Maria Goeppert-Mayer und ihrem Vater.

2. Erläutere, was der Vater mit seiner Aufforderung „Werde nie eine Frau, wenn du groß bist" (► Z. 19–20) meint.

3. Informiere dich über Maria Goeppert-Mayers berufliche Laufbahn.

9 Ein Referat vorbereiten und halten

Maria Goeppert-Mayer ist ein Beispiel dafür, wie entscheidend die Beiträge von Wissenschaftlerinnen für den Fortschritt waren und sind und wie lange sie oft unterschätzt wurden. Sie steht stellvertretend für viele weitere Frauen, die in ganz unterschiedlichen Fachbereichen Außergewöhnliches geleistet haben.

In diesem Kapitel erarbeitet ihr zu zweit ein Referat mit einem Plakat über eine dieser Frauen.

Beispiel für eine Wissenschaftlerin, die ihr für euer Referat auswählen könnt: Margaret Hamilton. Sie war eine leitende Software-Ingenieurin im Apollo-Programm der NASA in den 1960er-Jahren.

1 Bildet Zweierteams und wählt eine Wissenschaftlerin, die euch interessieren könnte. Beispiele findet ihr hinter dem QR-Code.

2 Legt für euer Referat einen Schwerpunkt fest und formuliert entsprechend das Referatsthema.
Tipp: Möglich ist zum Beispiel der Lebenslauf der Wissenschaftlerin, ihr fachlicher Beitrag, ihre Bedeutung für die Gleichstellung der Geschlechter, die historischen oder politischen Rahmenbedingungen oder der Einfluss, den ihre Forschung bis heute hat. Das Referatsthema muss den Schwerpunkt klar formulieren.

Checkliste: Ein geeignetes Referatsthema finden

	Wir haben eine Wissenschaftlerin ausgewählt, über die ausreichend Informationen verfügbar sind.
	Wir haben einen klaren Schwerpunkt (Lebenslauf oder fachlicher Beitrag oder Gleichstellung oder ...) festgelegt.
	Der Schwerpunkt passt zu der von uns ausgewählten Wissenschaftlerin.

Die Recherche und die Gliederung

Der gewählte Schwerpunkt gibt euch eine Orientierung, für euer Referat braucht ihr aber trotzdem eine breite und zuverlässige Informationsgrundlage.
Ihr müsst biografische Informationen zu eurer Wissenschaftlerin aus unterschiedlichen Quellen sammeln. Dafür könnt ihr die Schulbibliothek, Webseiten, digitale Nachschlagewerke (▸ QR-Code) und vielleicht auch Interviews oder Dokumentationen verwenden.

1 Recherchiert zur Rolle der von euch ausgewählten Wissenschaftlerin in der Gesellschaft sowie zum historischen und politischen Umfeld. Achtet dabei besonders auf Faktoren, die erklären, wie sich die Wissenschaftlerin in einer von Männern geprägten Welt durchsetzen und wie sie bekannt werden konnte.

2 Überprüft bei allen Quellen, wer dahintersteht, wie aktuell die Informationen sind und ob die Inhalte nachvollziehbar belegt werden (▸ Kasten unten).

Tipp

Informationen aus dem Internet auf ihre Glaubwürdigkeit überprüfen
Das **Informationsangebot** im Internet ist beinahe unerschöpflich. Es gibt **seriöse Seiten**, die von **Fachleuten** geführt werden, aber auch solche, die **wenig vertrauenswürdig** erscheinen. Um die **Verlässlichkeit einer Internetquelle** zu bewerten, hilft die Beantwortung einiger Fragen:
- Gibt der Autor oder die Autorin seinen bzw. ihren Namen und eine Kontaktadresse an?
- Ist der Verfasser oder die Verfasserin ein Experte bzw. eine Expertin auf dem Themengebiet?
- Stammt die Seite von einer öffentlichen Einrichtung (z. B. einer Behörde)?
- Werden die Informationen durch Quellenangaben belegt?
- Wurde die Seite, soweit dazu eine Angabe vorhanden ist, in den letzten zwölf Monaten aktualisiert?

Je mehr dieser Fragen du mit „Ja" beantworten kannst, desto mehr kannst du der Quelle vertrauen.

3 Notiert eure Ergebnisse stichwortartig auf Notizzettel.

Beispiel einer Stoffsammlung zu Maria Goeppert-Mayer:

- 1906: Geburt in Kattowitz (damals Deutsches Reich)
- 1924–1930: Physikstudium in Göttingen, Promotion
- 1930: Heirat mit Joseph Edward Mayer, Umzug in die USA
- 1930er-Jahre: Forschung an US-Universitäten, oft ohne bezahlte Professur
- Zweiter Weltkrieg: Mitarbeit an theoretischen Arbeiten zur Kernphysik, u. a. Manhattan-Projekt
- 1948: Entwicklung des Schalenmodells des Atomkerns
- 1950: Veröffentlichung wichtiger Arbeiten zum Schalenmodell
- 1960: Berufung zur Professorin an der University of California, San Diego
- 1963: Nobelpreis für Physik (mit J. Hans D. Jensen und Eugene Wigner)
- 20. Februar 1972: Tod in San Diego

4 Diskutiert, welche Inhalte ihr für euer Referat benötigt. Strukturiert diese so, dass eine klare Gliederung für euer Referat entsteht. Orientiert euch dabei an eurem in Aufgabe 2 auf S. 252 gewählten Schwerpunkt.

Checkliste: Die Recherche und die Gliederung

	Wir haben verschiedene Recherchewege genutzt, darunter die Schulbibliothek und seriöse Onlinequellen.
	Wir haben bei jeder Quelle geprüft, wer sie erstellt hat und wie verlässlich sie ist.
	Wir haben nur aktuelle und gut belegte Informationen übernommen.
	Wir haben nur Inhalte aufgenommen, die für unseren Schwerpunkt relevant sind.
	Wir haben die Informationen sortiert und thematisch geordnet.
	Die Gliederung ist logisch aufgebaut und deckt alle wichtigen Aspekte ab.

Die Visualisierung des Referats auf einem Plakat

Um euer Referat visuell zu unterstützen, sollt ihr ein ansprechendes Plakat gestalten.

1 Diskutiert, welche Form der Visualisierung (▸ Kasten unten) zu eurer Gliederung passt.

So strukturierst du ein Plakat

Das musst du können

Wenn auf einem Plakat die wichtigsten Inhalte **klar, strukturiert** und **übersichtlich** dargestellt sind, kann das Publikum diese schnell erfassen. Das Plakat ist auch eine Merkhilfe während des Vortrags.
Beachte bei der Erstellung deines Plakats folgende Aspekte:

- Wähle eine zentrale **Leitgrafik**, also ein **Schlüsselbild** oder **Symbol**, das den **Schwerpunkt** aufgreift.
- Strukturiere das Plakat so, dass ersichtlich wird, welche **Elemente zusammengehören.**
- Erstelle **Überschriften**, die den einzelnen Bereichen oder Blöcken **eindeutig zugeordnet sind.**
- Einem einzelnen Block kannst du auch ein **kleineres Symbol** oder **Bild zuordnen.**
- Lege fest, wie der **Blick des Publikums** durch das Plakat **geführt werden soll**, z. B. durch die **Anordnung** der Elemente, durch **Nummerierung** oder **Pfeile.**
- Wähle eine **Schrift**, die auch aus einer gewissen Entfernung noch **gut lesbar** ist.

Gegenüberstellung oder Vergleich:

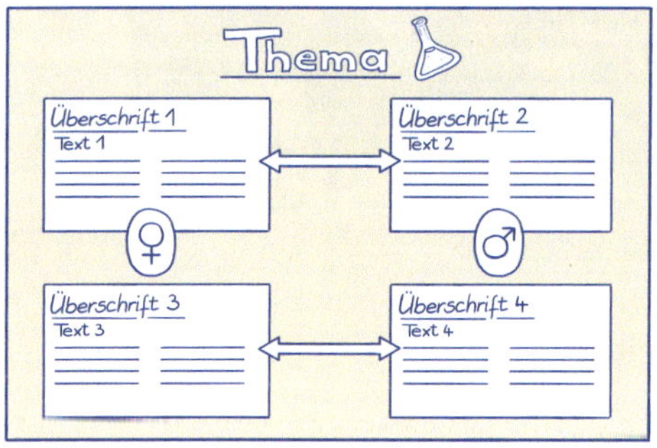

Reihenfolge mit zeitlicher Entwicklung:

Reihenfolge mit Ordnung:

Weg (mit Ziel):

2 Entscheidet euch für eine für euer Plakat geeignete Visualisierung und gestaltet euer Plakat. Nutzt passende Gestaltungsmittel (▸ Kasten unten), damit das Publikum die wichtigsten Inhalte auf einen Blick erfassen kann.

Das musst du können

So verwendest du Farben sinnvoll zur Strukturierung deines Plakats

Auf einem Plakat bietet es sich an, **verschiedene Farben** zu verwenden, aber **nicht zu viele**.

Einzelne Farben lösen beim Betrachter oder bei der Betrachterin unterschiedliche **Gefühle** aus und können ihm oder ihr dabei **helfen, sich das Gesagte zu merken**:

- Blau: seriös, professionell, erfrischend; kann auch kühl wirken.
- Rot: Gefahr, Energie, aber auch Stärke; Achtung: Knallrot ist eine Signalfarbe, die nur sparsam verwendet werden sollte.
- Grün: Harmonie, Entspannung.
- Gelb: Optimismus; kann auch Warnwirkung haben.
- Helle Farben wirken freundlicher als dunkle.

Tipp

Weißräume lassen

Wichtig auf einem Plakat sind auch die Stellen, die frei bleiben, auf denen also weder Text noch Bild oder ein sonstiges Element steht. Sie helfen dem Publikum, sich auf dem Plakat zurechtzufinden. Elemente werden besser hervorgehoben und Strukturen sichtbar.

Checkliste: Die Visualisierung des Referats

	Wir haben eine Visualisierungsform gewählt, die zu unserer Gliederung passt.
	Unsere Darstellung ist klar gegliedert und ansprechend.
	Wir haben passende Gestaltungsmittel genutzt.
	Die Schrift ist groß genug und für das Publikum gut lesbar.
	Das Plakat unterstützt unser Referat und veranschaulicht die wichtigsten Inhalte.

Die Ausarbeitung und die Präsentation

1 Notiert zu jedem Punkt eurer Gliederung aus Aufgabe 4 auf S. 254 in Stichpunkten, was ihr in eurer Präsentation dazu ausführen wollt.
Tipps: Mit erzählenden Elementen wie Anekdoten oder eigenen Erlebnissen könnt ihr bei eurem Publikum Interesse wecken. Mit rhetorischen Fragen könnt ihr es zum Nachdenken anregen (z. B.: „Hat sich ihr Einsatz gelohnt?“).

2 Ein gutes Referat hat eine Einleitung und einen abrundenden Schluss. Während die Einleitung Interesse weckt, fasst der Schluss die wichtigsten Punkte zusammen (▸ Kasten unten).
a) Formuliert stichwortartig eine kurze Einleitung, in der ihr eure Wissenschaftlerin vorstellt und deutlich macht, welchen Schwerpunkt ihr in eurem Referat setzt.
b) Formuliert stichwortartig einen Schluss, in dem ihr die zentralen Erkenntnisse zusammenfasst. Geht dabei darauf ein, welche Bedeutung die Wissenschaftlerin heute hat und welche Auswirkungen ihre Forschungsergebnisse auf die Gesellschaft hatten oder haben.

Das musst du wissen

Die Einleitung und der Schluss eines Referats

Die **Einleitung** ...
- **weckt** das **Interesse** der Zuhörerinnen und Zuhörer,
- ist **klar** und **verständlich formuliert,**
- **führt** ins Thema **ein,**
- **zeigt** den **Aufbau** des Referats (Einleitung – Hauptteil – Schluss).

Der **Schluss** ...
- **fasst** die wichtigsten Ergebnisse **zusammen,**
- **beantwortet** aufgeworfene **Fragen,**
- **knüpft** inhaltlich **an die Einleitung an,**
- **markiert** deutlich **das Ende** des Referats, häufig durch eine feststehende Schlussformel wie „Danke für eure Aufmerksamkeit“.

3 Prüft, ob Einleitung, Hauptteil und Schluss logisch aufeinander aufbauen und ein stimmiges Ganzes ergeben.

4 Erstellt aus euren Stichpunkten aus den Aufgaben 1 und 2 übersichtliche Stichwortzettel für eure Präsentation (▸ Kasten auf S. 258 oben). Verwendet dazu Karteikarten, die ihr nur auf einer Seite beschreibt. Notiert auch, wo und wie ihr euch auf euer Plakat beziehen wollt.

Das musst du können

So bereitest du deine Präsentation vor

- Notiere deine Inhalte **in Stichworten** auf Karteikarten.
- Schreibe **groß** und **gut lesbar**.
- **Markiere** Stellen, an denen du etwas auf eurem Plakat veranschaulichen möchtest, farbig oder mit einem Zeichen.
- **Nummeriere** die Stichwortzettel, damit du den **Überblick** über die Reihenfolge behältst.
- Halte dein Referat mindestens einmal **zur Probe** und miss dabei die Zeit.
- **Überarbeite es** anschließend, damit du die **vorgegebene Redezeit einhältst.**

5 Nehmt eure Präsentation mit der Handy- oder Tabletkamera auf. Filmt euch so, dass ihr euch während der Präsentation nicht selbst sehen könnt. Seht euch anschließend die Aufnahme an und notiert, was euch gelungen ist und was ihr verbessern könnt (▶ Kasten unten). Achtet besonders auf die Verständlichkeit, das Tempo und darauf, dass eure Vortragsweise dem Gesagten entspricht.

Das musst du können

So trägst du dein Referat vor

- **Informiere** deine Zuhörerinnen und Zuhörer **sachlich**, indem du **beschreibst, berichtest** oder **erklärst**.
- **Erläutere** ihnen anhand deiner **Gliederung**, was sie beim Vortrag erwartet.
- **Vermeide Füllwörter** wie also, eigentlich, halt, genau.
- **Verweise gezielt** auf dein Plakat und achte darauf, dass dieses deinen Vortrag unterstützt.
- **Halte Blickkontakt** mit deinem Publikum (▶ Kästen auf S. 253–254).
- Nutze die **Karteikarten** oder das **Plakat** nur als **Gedächtnisstütze** und **lies nicht alles wörtlich davon ab**, sondern **sprich** möglichst **frei**.

6 Haltet euer Referat vor der Klasse und beantwortet im Anschluss die Fragen eurer Mitschülerinnen und Mitschüler.

7 Lasst eure Mitschülerinnen und Mitschüler euer Referat anhand des Feedbackbogens im QR-Code bewerten.

Checkliste: Die Ausarbeitung und die Präsentation

	Unsere Stichpunkte enthalten alle Inhalte, die wir in unserem Referat ausführen wollen.
	Die Reihenfolge unserer Stichpunkte entspricht unserer Gliederung.
	Unsere Einleitung macht neugierig und leitet sinnvoll zum Hauptteil über.
	Unser Schluss zeigt, warum die Wissenschaftlerin und unser Schwerpunkt relevant sind.
	Einleitung, Hauptteil und Schluss passen logisch zusammen und wirken wie ein stimmiges Ganzes.
	Unsere Stichwortzettel helfen uns beim Vortrag, aber wir lesen nicht ab.
	Der Aufbau unseres Plakats unterstützt den Vortrag und unser Plakat wird aktiv einbezogen.
	Wir haben unseren Vortrag geübt, damit Ablauf und Timing funktionieren.
	Wir sprechen laut und deutlich und wenden uns dem Publikum zu.
	Wir planen Zeit für Rückfragen ein.

Projekt: Gallery Walk

Bei einem Gallery Walk hängen Plakate nicht nur an der Wand, sondern werden wie in einer kleinen Ausstellung präsentiert. Die Besucherinnen und Besucher bewegen sich frei durch den Raum. Sie betrachten die Arbeiten, hören sich die Präsentationen an und kommen mit den Gestalterinnen und Gestaltern der Plakate ins Gespräch. Dabei entstehen kurze Momente des Austauschs über die einzelnen Plakate.

1 Gestaltet aus euren Plakaten im Klassenraum oder in der Aula einen Gallery Walk. Bringt sie an (Stell-)Wänden an: so, dass man gut daran vorbeigehen kann, und weit genug voneinander entfernt, damit sich die Besuchergruppen nicht gegenseitig stören.

2 Bereitet eine kurze Präsentation eures Themas vor (2–3 Minuten).

3 Erstellt eine Tabelle wie die folgende, in der alle Plakate eures Gallery Walks mit ihrem jeweiligen Thema aufgeführt sind. Formuliert darin auch weitere Feedback-Fragen.

	Was hat dir besonders gut gefallen?	**Was würdest du an der Visualisierung verbessern?**	**...**
Plakat 1: „...“			
...			

4 Ladet gemeinsam mit eurer Lehrkraft eine andere Klasse zu einem Besuch eurer Gallery ein.

5 Begrüßt die Besucherinnen und Besucher. Erklärt kurz den Ablauf des Gallery Walks: Die Gäste sollen sich frei durch die Ausstellung bewegen, sich eure Präsentationen anhören, mit euch über euer Plakat ins Gespräch kommen und dieses dann in der Tabelle bewerten. Verteilt Ausdrucke eurer Tabelle.

6 Positioniert euch jeweils bei eurem Plakat und bleibt dort während des Gallery Walks. Stellt den besuchenden Gruppen euer Thema vor.
Die Besucherinnen und Besucher nutzen die Tabelle zur Orientierung und bewegen sich frei durch eure Ausstellung. Sie betrachten die Plakate, hören eure Präsentationen und halten ihre Bewertungen in der Tabelle fest.

7 Sammelt am Ende die ausgefüllten Tabellen ein und bedankt euch bei euren Gästen für den Besuch. Ladet sie ein, ein zusätzliches mündliches Feedback zu geben. Mögliche Fragen:
- Was hat euch besonders gut gefallen?
- Was können wir beim nächsten Gallery Walk verbessern?

8 Wertet das Feedback aus und tauscht euch anschließend in der Klasse über die Bewertungen aus:
- Was wurde an den Plakaten besonders positiv bewertet?
- Welche Verbesserungsvorschläge wurden häufig genannt?

Checkliste: Gallery Walk

1. Die Präsentationen vorbereiten	
	Wir haben einen kurzen Vortrag (2–3 Minuten) zu unserem Plakat vorbereitet.
	Wir haben im Zweierteam festgelegt, wer welche Inhalte erklärt.
2. Den Gallery Walk organisieren	
	Gemeinsam mit der Lehrkraft haben wir eine andere Klasse eingeladen.
	Unsere Plakate hängen weit genug voneinander entfernt, damit sich die Besuchergruppen nicht gegenseitig stören.
	Wir haben eine Tabelle erstellt, in der alle Plakate mit ihrem Thema und Feedbackfragen aufgeführt sind.
	Wir haben genügend Kopien der Tabelle für die Besucherinnen und Besucher.
3. Den Gallery Walk durchführen	
	Wir erklären, wie der Gallery Walk funktioniert.
	Wir bleiben während des Gallery Walks bei unserem Plakat.
	Wir erklären unser Plakat verständlich und ruhig.
	Wir gehen auf Fragen der Besucherinnen und Besucher ein.
4. Den Gallery Walk bewerten lassen	
	Wir sammeln die ausgefüllten Tabellen wieder ein.
	Wir laden die Besucherinnen und Besucher am Ende ein, ein zusätzliches mündliches Feedback zu geben.
	Wir bedanken uns bei der anderen Klasse für ihren Besuch.
5. Die Erfahrungen und Bewertungen reflektieren	
	Wir haben das Feedback aus den ausgefüllten Tabellen ausgewertet.
	Wir besprechen die Bewertungen und unsere Erfahrungen in der Klasse.
	Wir überlegen gemeinsam, was wir beim nächsten Gallery Walk verbessern können.

9

Grammatiktraining

Die Präpositionen mit ihren Kasus

A **Albert Einstein (1879 – 1955) – Die Relativität der Zeit**

Beschäftigt man sich **mit** den/m genialen/m Wissenschaftler Albert Einstein, denkt man sofort **an** einen/m berühmten/m Physiker. **Anstatt** eines/m strenges/n Auftritt/s bevorzugte er es, wenn er fotografiert wurde, schelmisch zu lächeln. **Jenseits** alter/n Klischees entdeckt man viele erstaunliche Seiten seines Lebens. Bereits **in** den/r frühe/en Kindheit interessierte er sich **für** dem/das Verhalten des Lichts und **für** der/die Bewegung der Planeten. Seine Lehrer erklärten ihn manchmal **zu** einen/m leistungsschwachen/m Schüler, weil er lieber **über** schwierige/en Fragen nachdachte, als Hausaufgaben zu machen. **Entgegen** aller/n Erwartungen erkannte er früh, dass Neugier wichtiger ist als Gehorsam. **Aus** die/der Sicht des jungen Einstein war das Denken eine Art Abenteuer – ein Weg, die Welt **ohne** einen/m festen/m Plan zu begreifen. **Anhand** klare/er Beispiele erklärte er später komplizierte Ideen überraschend verständlich.

B **[Fortsetzung]**

Einige Zeit lang arbeitete Einstein bei ein ___ Patentamt ___ in d ___ Schweiz ___, wo er täglich neue Ideen von begabte ___ Erfinder ___ prüfte. Während andere an alte ___ Regel ___ festhielten, stellte er sie infrage. Mit einfach ___ Gedankenexperiment ___ entwarf er Theorien, welche die Physik auf ein völlig neu ___ Niveau ___ hoben. Einstein veröffentlichte seine Arbeiten in bekannt ___ wissenschaftlich ___ Zeitschrift ___ und wurde schnell auf de ___ ganz ___ Welt ___ bekannt.
Aufgrund sein ___ jüdisch ___ Herkunft ___ und sein ___ kritisch ___ Haltung ___ gegenüber d ___ NS-Regime ___ musste er aus sein ___ Heimatland ___ Deutschland fliehen. Er reiste über d ___ Atlantik ___ und fand in d ___ Vereinigte ___ Staate ___ eine neue Heimat. Dort setzte er sich für d ___ Friede ___ und gegen d ___ Atomwaffe ___ ein. Trotz sein ___ Ruhm ___ blieb Einstein bescheiden. Dank seine ___ Geige ___ fand er oft Ruhe nach ein ___ lang ___ Tag ___ im Labor. Viele seiner Gedanken sind noch heute von groß ___ Bedeutung ___. Er selbst soll einmal erklärt haben, dass eine Stunde bei ein ___ spannend ___ Gespräch ___ kürzer scheine als eine Minute in ein ___ langweilig ___ Vortrag ___. Das ist ein typischer Einstein-Satz: klug, witzig und ein Beweis für sein ___ humorvoll ___ Sicht ___ auf d ___ Leben ___.

1 In Text A stehen bei einigen Nomen und ihren Begleitern verschiedene Endungen. Umkreise die jeweils richtige Kasusendung (▸ S. 307).
Tipp: Wenn du dir unsicher bist, dann prüfe im Kasten unten, welchen Kasus die fett gedruckten Präpositionen verlangen.

2 Ergänze in Text B die fehlenden Endungen. Markiere die Präpositionen.

3 Bestimme den Kasus, den die Präpositionen in den beiden Texten fordern. Lege dazu eine Tabelle wie die folgende an.

Genitiv	Dativ	Akkusativ	Wechselpräpositionen (▸ Kasten unten)
...	mit	...	...

4 Recherchiere zu Einstein und formuliere eigene Sätze über ihn. Verwende mindestens fünf verschiedene Präpositionen. Achte darauf, dass deine Sätze sinnvolle Informationen enthalten.
Beispiel: *Trotz vieler Zweifel blieb Einstein seiner Idee treu.*

Das musst du wissen

Die Präpositionen und der Kasus

Präpositionen bestimmen den Kasus des folgenden Wortes / der folgenden Wortgruppe (meist Nomen mit Begleiter) (▸ QR-Code).
mit seinen Freunden (Dativ), **wegen** des Experiments (Genitiv)

- **Präpositionen mit Genitiv:** anstatt, aufgrund, dank, jenseits, mittels, seitens, statt, trotz, während, wegen, zwecks.
  Trotz seines Ruhmes blieb er bescheiden.
- **Präpositionen mit Dativ:** ab, aus, bei, dank, gegenüber, mit, nach, nahe, seit, von, zu.
  Einstein arbeitete eng **mit** seinem Kollegen Grossmann zusammen.
- **Präpositionen mit Akkusativ:** durch, für, gegen, ohne, um, wider.
  Einstein forschte **ohne** einen Auftrag weiter.
- **Präpositionen mit Dativ oder Akkusativ:** an, auf, hinter, in, neben, über, unter, vor, zwischen.
  Diese Präpositionen stehen je nach Bedeutung mit dem Dativ oder dem Akkusativ. Sie werden auch Wechselpräpositionen genannt.
  – Bei der Frage „**Wo** ...?" (Ort) steht der **Dativ**.
    Er lebte **im** Ausland.
  – Bei der Frage „**Wohin** ...?" (Bewegung) steht der **Akkusativ**.
    Er reiste **ins** Ausland.

  Datumsangaben mit **am** können im **Dativ oder Akkusativ** stehen.
  Geboren wurde Einstein **am** Freitag, den/dem 14. März 1879.

Die Subjekt-Verb-Kongruenz

Alexander von Humboldt (1769–1859) – Die Erforschung Südamerikas

Alexander von Humboldt gehörte/gehörten zu den bekanntesten Naturforschern seiner Zeit. Eine große Zahl von Tagebüchern enthält/enthalten detaillierte Aufzeichnungen seiner Reise, welche die Natur Südamerikas genau schildert/schildern. Ein Teil dieser Notizen ist/sind verloren gegangen, doch der größte Teil liegt/liegen heute in Archiven.

Mit seinem Begleiter Aimé Bonpland erforschte/erforschten Humboldt Südamerika. Die steilen Wege und das schwierige Gelände war/waren dabei eine große Herausforderung. Fast jede Entdeckung, ob eine neue Pflanze, ein Tier oder eine Gesteinsart, wurde/wurden von Humboldt sorgfältig beschrieben. Nicht jede Beobachtung war/waren neu, aber die Mehrheit seiner Ergebnisse überzeugte/überzeugten die Gelehrten in Europa. Eine Reihe von Messungen wurde/wurden später bestätigt. Diese Aufzeichnungen, ein wichtiges Werk seines Lebens, beeinflusste/beeinflussten viele Generationen. Noch heute greift/greifen eine Vielzahl von Forscherinnen und Forschern auf die Beschreibungen Humboldts zurück.

1 Entscheide, ob die farbig markierten Verbformen im Singular oder Plural stehen müssen oder ob beide Formen möglich sind. Markiere in jedem Satz das Subjekt und umkreise die richtige Verbform bzw. die richtigen Verbformen.

Das musst du wissen

Die Subjekt-Verb-Kongruenz

In einem Satz muss sich **das Verb in Person und Numerus an das Subjekt anpassen (Subjekt-Verb-Kongruenz).**

- Ein Subjekt im Singular erfordert ein Verb im Singular.
  Der Forscher reist durch Südamerika.
- Ein Subjekt im Plural erfordert ein Verb im Plural.
  Die Forscher reisen durch Südamerika.

Wenn das **Subjekt aus mehreren Teilen** besteht, die mit und oder sowie verbunden sind, steht das **Verb** in der Regel im **Plural.**
Du und ich bereisen Südamerika auf den Spuren Humboldts.

Wenn auf einen **Mengenbegriff im Singular** (z. B. Anzahl, Gruppe, Hälfte, Masse, Mehrzahl, Menge, Paar, Reihe) das **Gezählte im Plural** folgt (z. B. Äpfel, Leute, Jugendliche), dann steht das **Verb gewöhnlich** im **Singular.**
Eine Reihe von Pflanzen wurde von Humboldt gesammelt.
Wenn aber die einzelnen Elemente des Gezählten betont werden sollen, kann es auch im **Plural** stehen.
Eine Reihe von Pflanzen wurden identifiziert.

Aktiv und Passiv unterscheiden

Louis Pasteur (1822–1895) – Die Entdeckung der Mikroben

(1) Louis Pasteur untersuchte im 19. Jahrhundert die Ursachen von Krankheiten. (2) Dabei entdeckte er, dass viele Infektionen durch winzige Mikroorganismen hervorgerufen werden. (3) Diese Krankheitserreger wurden von ihm unter dem Mikroskop beobachtet. (4) In seinen Experimenten stellte Pasteur verschiedene Nährlösungen her und setzte sie gezielt Mikroben aus. (5) Durch Hitze wurden zahlreiche Bakterien abgetötet. (6) Die Methode erhielt später den Namen „Pasteurisierung“. (7) Pasteur entwickelte außerdem Impfstoffe gegen Tollwut und Milzbrand. (8) Die Impfstoffe wurden an Tieren erprobt. (9) Später verabreichte man sie auch Menschen. (10) Seine Erkenntnisse beeinflussten die Medizin nachhaltig. (11) Noch heute werden Lebensmittel pasteurisiert, und viele seiner Impfmethoden werden in der modernen Forschung weiterentwickelt.

1 Markiere und bestimme die Verbformen (Numerus, Person, Tempus, Modus, Genus Verbi).

2 **a)** Formuliere die Aktivsätze mit Akkusativobjekt in Passivsätze um. Entscheide selbst, ob du den Handelnden mit **von** oder mit **durch** angeben willst.
b) Vergleiche deine Sätze im Passiv mit den Aktivsätzen im Text. Erkläre, bei welchen Sätzen du das Passiv bevorzugst.

3 Formuliere drei Passivsätze aus dem Text in Aktivsätze um. Achte darauf, dass du ein sinnvolles Subjekt einsetzt (z. B. Pasteur, die Forscher, die Ärzte).

4 Recherchiere kurz zu einem anderen Wissenschaftler, z. B. Gregor Mendel (Vererbungslehre) oder Nikola Tesla (Elektrizität). Verfasse einen ähnlichen Text wie den oben und baue sowohl Aktiv- als auch Passivsätze ein.

Das musst du wissen

▶ Tabelle auf S. 310

Aktiv und Passiv

In einem **Aktivsatz** wird der/die **Handelnde** ausdrücklich **genannt**.
In einem **Passivsatz** steht die **Handlung im Vordergrund**, der/die Handelnde wird oft nicht genannt. Wird der/die Handelnde aber genannt, dann steht davor die Präposition von oder durch.

Aktiv: Pasteur entwickelte einen Impfstoff.
Passiv: Ein Impfstoff wurde **von** Pasteur entwickelt.

Bei der Umwandlung eines Aktivsatzes in einen Passivsatz wird das Akkusativobjekt des Aktivsatzes zum **Subjekt** des Passivsatzes.

Aktiv: Er erforschte die Bakterien. (die Bakterien = **Akkusativobjekt**)
Passiv: Die Bakterien wurden (von ihm) erforscht. (Die Bakterien = **Subjekt**)

Die richtigen Tempora: die Zeitenfolge richtig anwenden

Charles Darwin (1809–1882) – Die Entstehung der Evolutionstheorie

(1) Charles Darwin (beginnen) 1831 seine Reise mit dem Forschungsschiff Beagle. (2) Während der langen Forschungsreise sammelte er zahlreiche Tiere und Pflanzen. (3) Besonders die Finken auf den Galapagos-Inseln erregten seine Aufmerksamkeit. (4) Schon bevor er die Inselgruppe (verlassen), (erkennen) er viele Unterschiede zwischen den Arten.

(5) Während Darwin seine Beobachtungen (notieren), (denken) er bereits über eine mögliche Erklärung nach. (6) Manche seiner Hypothesen konnte er sofort prüfen, andere Überlegungen notierte er sich für spätere Forschungen. (7) Einige seiner Gedanken finden auch heute noch Beachtung.

(8) Nach seiner Rückkehr nach England begann Darwin, seine Sammlungen systematisch zu ordnen. (9) Viele seiner Tiere (werden) von anderen Naturforschern untersucht. (10) Während er seine Pflanzen (beschreiben), (entwickeln) er Schritt für Schritt eine neue Theorie.

(11) Viele seiner Ergebnisse sind inzwischen bestätigt. (12) Etliche Forscher (widersprechen) ihm damals, (finden) jedoch kaum überzeugende Belege. (13) Erst nachdem weitere Forscher ähnliche Ergebnisse (präsentieren), (bekommen) Darwins Ideen Unterstützung. (14) Bevor er sein Hauptwerk (veröffentlichen), (plagen) ihn viele Zweifel. (15) Schließlich aber erschien 1859 „Über die Entstehung der Arten“ und veränderte das Denken in der Biologie nachhaltig.

(16) Noch heute (erklären) seine Aufzeichnungen viele Entwicklungen in der Biologie. (17) Und auch in Zukunft werden Forscherinnen und Forscher seine Theorien weiter diskutieren.

1 Das richtige Tempus wählen.

a) Bestimme die Tempora der fünf farbig markierten Verbformen und erkläre, warum diese Zeitform jeweils verwendet wird (▸ S. 308).

In Satz 2 wird das Präteritum verwendet, weil …

b) Setze die eingeklammerten Verben in den Sätzen 1, 9 und 16 in das richtige Tempus. Begründe bei jedem Satz deine Entscheidung.

c) Bestimme in den Sätzen 4, 5, 10, 12, 13 und 14 das jeweilige Zeitverhältnis und setze dann die Verben in Klammern in das richtige Tempus.

2 Erweitere die folgenden Sätze zu Satzgefügen (▸ Kasten auf S. 128), indem du die in Klammern angegebene Zeitenfolge mit passenden Konjunktionen ausdrückst und die Verben, wenn nötig, ins passende Tempus setzt (▸ Kasten auf S. 267). Beispiele für Konjunktionen findest du im Wortspeicher. Beachte die Kommasetzung.

- Marie Curie untersuchte die Eigenschaften von Uran. Sie entdeckte dabei die Radioaktivität. (Gleichzeitigkeit)

- Galileo Galilei baute ein Fernrohr. Er machte damit neue Himmelsbeobachtungen. (Vorzeitigkeit)
- Louis Pasteur wird einen Impfstoff entwickeln. Viele Menschen sterben an Infektionskrankheiten. (Nachzeitigkeit)
- Issac Newton führte Experimente mit Licht durch. Anschließend entwickelte er die Theorie der Farben. (Vorzeitigkeit)
- Georg Mendel zählte seine Erbsenpflanzen. Er entdeckte Regeln der Vererbung. (Gleichzeitigkeit)
- Man wird Nikola Teslas Erfindungen erst später bauen. Viele Jahre vergehen bis dahin. (Nachzeitigkeit)

Wortspeicher

Für **Vorzeitigkeit**: nachdem – sobald (= gleich, wenn)
Für **Gleichzeitigkeit**: während – als – wenn – bis – seit – seitdem
Für **Nachzeitigkeit**: bevor – ehe

Das musst du wissen

Die Zeitverhältnisse: Vorzeitigkeit, Gleichzeitigkeit, Nachzeitigkeit

Man spricht von **Vorzeitigkeit**, wenn die Handlung im **Nebensatz** zeitlich **vor** der Handlung im **Hauptsatz** liegt. In dem Fall gelten in der Regel folgende Kombinationen:

Hauptsatz	Nebensatz	Beispiel
Präsens	Perfekt	Ich erkläre den Sachverhalt, **nachdem** ich mich informiert habe.
Präteritum	Plusquamperfekt	Ich erklärte den Sachverhalt, **nachdem** ich mich informiert hatte.

Von **Gleichzeitigkeit** spricht man, wenn die Handlung in Haupt- und Nebensatz **gleichzeitig** verläuft. Dann verwendet man in der Regel in beiden Sätzen **das gleiche Tempus.**

Der Lehrer macht sich Notizen, **während** ich der Klasse Isaac Newton vorstelle.
Hauptsatz Nebensatz

Nachzeitigkeit bedeutet, dass die Handlung im **Nebensatz** zeitlich **nach** der Handlung im **Hauptsatz** liegt. Die verwendeten Tempora sind in beiden Sätzen meist **gleich.** Wenn sich die Handlung auf Zukünftiges bezieht, verwendet man **Futur.**

Ich informiere mich über Isaac Newton, **bevor** ich ihn vorstelle.
Hauptsatz Nebensatz

Ich werde mich über Newton informieren, **bevor** ich ihn vorstellen werde.
Hauptsatz Nebensatz

Der Modus der Verben: der Konjunktiv in der indirekten Rede

Alexander Fleming (1881–1955) – Die Entdeckung des Penicillins
1928 arbeitete der schottische Bakteriologe Alexander Fleming im St.-Mary's-Hospital in London. In einem Vortrag erklärte er später, er habe eigentlich nur eine Reihe gewöhnlicher Bakterienkulturen untersuchen wollen. „Ich führte täglich dieselben Versuche durch und erwartete, dass alles wie gewohnt verlaufen würde", sagte er. Fleming entdeckte, dass in einer Petrischale ein Schimmelpilz gewachsen war. Rund um den Pilz waren die Bakterien abgestorben. Fleming rief erstaunt aus: „Wie ist es möglich, dass dieser winzige Pilz eine ganze Kultur vernichtet? Sondert er vielleicht eine Substanz ab, die Bakterien tötet?" Er habe sofort vermutet, dass der Pilz eine bakterienhemmende Substanz absondere, erklärte er später.
Seine Assistenten erinnerten sich: „Fleming sagte damals mehrfach, man müsse jenen Stoff unbedingt isolieren und prüfen, ob er jemals als Medikament dienen könne." Einer von ihnen berichtete sogar: „Er fragte uns, ob wir uns vorstellen könnten, dass Ärzte eines Tages Infektionen behandeln würden, indem sie einfach jenes Mittel gäben." Fleming selbst hielt das für verfrüht: Er habe betont, die Herstellung in größeren Mengen würde wahrscheinlich äußerst schwierig sein. Diese Einschätzung erwies sich später als richtig: Erst anderen Forschern gelang es, Penicillin in größeren Mengen herzustellen.
Einige Jahre später griff die Presse die Entdeckung begeistert auf. „Das ist doch ein Wundermittel!", titelten die Zeitungen. Fleming widersprach entschieden: „Man darf das Ergebnis nicht überschätzen, und niemand soll glauben, dass sofort Millionen Menschen geheilt werden." Er habe erklärt, dass erst langwierige Forschungen beweisen müssten, ob die Substanz tatsächlich sicher und wirksam sei. Auf die Frage eines Journalisten, wann ein Medikament verfügbar sein könne, antwortete er vorsichtig: „Vielleicht wird es in einigen Jahrzehnten verfügbar sein – wenn wir Glück haben."
Rückblickend meinte er später, er sei überrascht gewesen, dass seine Entdeckung anfangs so wenig Beachtung gefunden habe. Viele Kollegen hätten erklärt, sie würden die Beobachtungen zwar für interessant, aber kaum für praktisch nutzbar halten. „Es wird die Aufgabe künftiger Generationen sein, dieses Mittel zur Reife zu bringen", sagte er. Dabei habe er hinzugefügt, er selbst könne das wohl nicht mehr erleben, sei sich jedoch sicher, dass es die Medizin eines Tages grundlegend verändern werde.

1 Suche in den **Zeilen 1 bis 10** die Sätze heraus, in denen indirekte Rede vorkommt. Erkläre, warum sie an dieser Stelle verwendet wird.

2 **a)** Formuliere die direkte Rede in den **Zeilen 1 bis 10** in indirekte Rede um.
b) Erkläre anhand der Verbformen in der indirekten Rede, wie der Konjunktiv I gebildet wird.

c) Vergleiche die indirekte Rede mit der direkten Rede in dem Text. Beschreibe die unterschiedliche Wirkung.

3 Erkläre, warum bei den farbig markierten Verbformen anstelle des Konjunktivs I der Konjunktiv II bzw. die Ersatzform mit würde + Infinitiv verwendet wurde (▸ Kasten unten).

4 Forme die direkte Rede im restlichen Text (ab Z. 11) in die indirekte Rede um. Entscheide, ob du den Konjunktiv I, den Konjunktiv II oder die würde-Ersatzform verwendest.

5 Formuliere folgende Sätze in die direkte Rede um (▸ Kasten unten).
- Er habe sofort vermutet, dass der Pilz eine bakterienhemmende Substanz absondere, erklärte er später.
- Er fügte hinzu, dass erst langwierige Forschungen beweisen müssten, ob die Substanz tatsächlich sicher und wirksam sei.
- Er meinte, er selbst könne das wohl nicht mehr erleben, sei sich jedoch sicher, dass es die Medizin eines Tages grundlegend verändern werde.

6 Was würdest du erfinden, wenn du Wissenschaftler oder Wissenschaftlerin wärest? Formuliere einen kurzen zusammenhängenden Text (6 bis 8 Sätze) im Konjunktiv II, mit denen du etwas Unwirkliches (Irreales) darstellst.
Wenn ich Wissenschaftler / Wissenschaftlerin wäre, …

Das musst du wissen

Der Konjunktiv in der indirekten Rede

Mit der indirekten Rede gibt man wieder, was eine andere Person gesagt hat. Anders als in der direkten Rede steht die konjugierte Verbform in der indirekten Rede im **Konjunktiv I:**
Direkte Rede (im Indikativ): Fleming betont: „Ich untersuche Bakterien."
Indirekte Rede (im Konjunktiv): Fleming betont, er untersuche Bakterien.

▸ Tabelle auf S. 309

Wenn sich der Konjunktiv I nicht vom Indikativ Präsens unterscheidet, verwendet man in der Regel den **Konjunktiv II bzw.** die **würde-Ersatzform:**
Direkte Rede (im Indikativ): Er sagt: „Die Pilze töten Bakterien ab."
Indirekte Rede (im Konjunktiv): Er sagt, die Pilze ~~töten~~ Bakterien ~~ab~~
▸ töteten Bakterien ab / würden Bakterien abtöten. (Konjunktiv I identisch mit Indikativ, daher Konjunktiv II bzw. Ersatzform mit würde(n) + Infinitiv)

In der **gesprochenen Sprache** wird, wenn man erkennt, dass jemand anderes spricht, auch gern der **Indikativ** verwendet.

▸ AH, S. 71–73

10 Aus der Schublade

1 Beschreibe, was man in solchen Schubladenschränken aufbewahrt.

2 Erkläre die Bedeutung der Redensart „jemanden in eine Schublade stecken“.

3 Nenne Beispiele für Schubladendenken aus deinem Alltag.

In diesem Kapitel lernst du,

- Texte systematisch zu überarbeiten,
- deine eigenen Fehlerquellen zu erkennen,
- KI-Tools als Hilfe zu nutzen.

Des Weiteren wiederholst und vertiefst du,

- eine Inhaltsangabe zu verfassen.

Inhaltsangaben zu verschiedenen Textsorten verfassen

Eine Inhaltsangabe vorbereiten

Wie fühlt sich ein Mobbingopfer?

Ich fürchtete mich vor dem Tag beim Aufstehen. Ich fürchtete mich vor dem nächsten Tag schon am späten Abend. Ich wünschte mir immer wieder, nicht mehr zu leben. Nicht mehr leben zu müssen. Wünschte sehnlich, dass mein Leben nicht existierte: diese Hölle von „Leben".

[...] Jugendliche Mobbingopfer berichten in Foren und Interviews davon, dass sie sich stark gedemütigt fühlen. Abschätzige Blicke, Getuschel im Hintergrund, laute Beschimpfungen, aber auch körperliche Angriffe und Attacken auf Sachen und Gegenstände, die ihnen gehören, machen den Opfern das Leben „zur Hölle". Dabei fühlt sich für die schikanierten Schüler jeder einzelne Tag oft wie ein ganzes Jahr an, die Zeit in der Schule scheint kein Ende nehmen zu wollen, [bis] sie endlich nach Hause gehen können, wo sie Ruhe vor ihren Angreifern haben. Viele Opfer versuchen auch, besonders nett zu sein, oft auf Anraten ihrer Eltern, um sich nicht mehr angreifbar zu machen – doch häufig ohne Erfolg. Wenn sie merken, dass ihre Verhaltensänderung wirkungslos bleibt, geraten sie leicht in die Annahme, dass sie selbst schuld daran sind, wenn sie nicht gemocht werden. Dieses Denken hat einen massiven Verlust des Selbstwertgefühls zur Folge, das sich noch viele Jahre im Denken und Handeln des Opfers festsetzt und nur schwer zu überwinden ist. Dies ist auch ein Grund dafür, warum viele Mobbingopfer keine Hilfe bei Lehrern und Eltern suchen. Sie fühlen sich völlig hilflos und haben kein Vertrauen, dass ihnen jemand helfen kann. Viele, die sich dennoch überwinden können, sich einem Lehrer anzuvertrauen, berichten von Misserfolgen, entweder dass sie sich nicht ernst genommen fühlten oder aber dass ergriffene Maßnahmen im Endeffekt doch nicht konsequent durchgeführt wurden. Andere wiederum haben erst durch die Lehrer wirkliche Hilfe gefunden.

Eine weitere „Hoffnungsquelle“ – wenn auch häufig mit Enttäuschung verbunden –, sind neue Mitschüler:

> Wenn neue Schüler in die Klasse kamen, dann habe ich sofort versucht, mich mit denen anzufreunden. Doch die Mobbergruppe hat richtig „Hetzkampagnen“ gegen mich durchgeführt. Neue Schüler wurden sofort eingeweiht. [...] Einer von den beiden neuen Schülern hat mich mit einem Schlüsselbund, der um meinen Hals hing, von hinten gewürgt, der andere versuchte sogar, mich mit allen Mitteln bei den Lehrern schlecht zu machen und machte sich besonders häufig über mich lustig.

Die Folge ist, dass die Betroffenen sich entweder stark von ihrem sozialen Umfeld zurückziehen, sich aus Angst vor den Attacken der anderen lieber in Isolation und Einsamkeit flüchten oder sich erst recht eine coole und lustige Fassade aufbauen, damit die anderen ja nicht merken, wie sehr ihr schikanierendes Verhalten sie in Wirklichkeit verletzt.

> Ich wurde in dieser Zeit immer verschlossener, wenngleich ich nach außen hin eine Fassade aufbaute, die meinen Mitschülern das Bild eines „coolen“ und mitunter lustigen Typen vermittelte. Tief im Innern war ich jedoch extrem unglücklich über meine Situation.

Derartige Erfahrungen führen dazu, dass die Wut und die Verzweiflung über die Demütigungen immer größer werden, welche die Opfer dann entweder in sich „hineinfressen“ oder ebenfalls in aggressive Energie umwandeln. Meistens baut sich jedoch im Inneren ein starkes Gefühl von Unglück, Angst und Traurigkeit auf, sodass viele Betroffene an schlimmen körperlichen Beschwerden leiden: Sie haben z. B. mit starker Übelkeit zu kämpfen, übergeben sich aus Angst vor der Schule, leiden unter starken Kopfschmerzen.

> Ich hielt das alles nicht mehr aus und wurde ziemlich heftig krank. Meine Eltern haben im Krankenhaus nach organischen Ursachen gesucht, bis ein Arzt meinte, dass es psychosomatisch sein könnte. An einem Tag dann, ich war eigentlich krank, bin ich für zwei Stunden zur Schule gegangen, um die Vergleichsarbeit in Englisch mitzuschreiben. Begrüßt wurde ich mit „Spasti“, verabschiedet mit „Hurensohn“. Am Nachmittag hat mich mein Psychiater für die restlichen 6 Wochen von der Schule befreit, damit ich wieder gesund werden kann. Nach den Ferien habe ich dann die Schule gewechselt.

An diesem Beispiel wird deutlich, dass die psychosomatischen Beschwerden sich derart verschlimmern können, dass viele Mobbingopfer nicht mehr zur Schule gehen. Die Angst vor der Schule wird so massiv, dass ihnen vielfach nur der Gang zum Psychologen oder Psychiater helfen kann, mit den Auswirkungen des Mobbings besser umzugehen.

Eine andere Dimension von Gefühlen löst das Cyber-Mobbing aus. Die im Internet bloßgestellte Person erlebt eine erhöhte Aufmerksamkeit, sie hat den ständigen Drang, im Internet zu kontrollieren, ob wieder etwas Neues über sie geschrieben wurde, und ist voller angstvoller Neugier, wie schlimm die Attacken wohl sein mögen. Dieser Drang zur Kontrolle führt dazu, dass sich die Opfer völlig ruhelos fühlen und das Bedürfnis haben, alles wissen zu müssen, was dort über sie geschrieben wird.

> Selbst wenn ich am PC gewesen bin und etwas für die Arbeit geschrieben habe, einen Bericht oder so, habe ich mich echt ertappt alle Viertelstunde oder so: „Ach, jetzt guck doch schnell nach", Mausklick, rein ins Internet geguckt: „Ah, ist nichts drin." Wieder raus und wieder mit der Arbeit weiter. Man kann sich nicht mehr konzentrieren, wenn man sich in Zehn-Minuten-Schritten immer wieder ablenken lässt.

Ein weiterer wichtiger Aspekt ist die Angst der Opfer davor, was andere Personen über sie lesen könnten. So kreisen ihre Gedanken ständig um das „schlechte Bild", das fremde Menschen nun aufgrund dieser Beschimpfungen und Verleumdungen von ihnen haben könnten; Verhaltensänderungen, die sie an anderen bemerken, deuten sie dann schnell als „Er/sie hat es auch gelesen ..." und fühlen sich bloßgestellt, auch wenn die Person es vielleicht gar nicht gelesen hat.

> Der wesentliche Unterschied ist, alles, was im Internet ist, ist eben öffentlich. [...] Das ist nun eben überall abrufbar. Man kann es überall [abrufen] und das ist natürlich ein Höchstmaß an Diffamierung. [...] Da werden viele Leute mit reingezogen, die damit überhaupt nichts zu tun haben und die dann sofort ein gewisses Bild von einem haben.

Aus den Berichten der Mobbingopfer geht deutlich hervor, wie bohrend der „soziale Schmerz" ist, den sie ertragen müssen. Sie wollen sich ständig im Griff haben, sodass sie ihren Gegnern keine erneute Angriffsfläche bieten, sie schwanken beständig zwischen cooler Außenfassade und innerer Verzweiflung, zwischen „trotzdem nett sein" und völliger sozialer Isolation und Einsamkeit. Diese Gefühle führen irgendwann zu körperlichen Erkrankungen, ihr Körper rebelliert gegen die Angst vor der Begegnung mit den Mitschülern.

1 In der mittleren Spalte der folgenden Tabelle siehst du am Beispiel der Z. 1–9 und 10–13 des Sachtextes, wie man Schlüsselwörter sinnvoll markiert. Besprecht, wie man dabei vorgehen muss.

Zeilen	Markieren der Schlüsselwörter	Aussagen/Erklärungen
1–9	Ich fürchtete mich vor dem Tag beim Aufstehen. Ich fürchtete mich vor dem nächsten Tag schon am späten Abend. Ich wünschte mir immer wieder, nicht mehr zu leben. Nicht mehr leben zu müssen. Wünschte sehnlich, dass mein Leben nicht existierte: diese Hölle von „Leben“.	– Das Mobbingopfer hat ständig Angst (dies wird betont durch die Wiederholung). – Es hat den Wunsch, nicht mehr zu leben. – Es nimmt das Leben als nicht lebenswert wahr.
10–13	Jugendliche Mobbingopfer berichten in Foren und Interviews davon, dass sie sich stark gedemütigt fühlen. Abschätzige Blicke, Getuschel im Hintergrund, laute Beschimpfungen, aber auch körperliche Angriffe und Attacken auf Sachen und Gegenstände, die ihnen gehören, machen den Opfern das Leben „zur Hölle“.	– Im Fokus steht Mobbing unter Jugendlichen. – Das Mobbing bewirkt bei den Opfern ein Gefühl der Demütigung. – Beispiele für Mobbing werden aufgezählt: …

2 Markiere die Schlüsselwörter im restlichen Text (▸ Z. 14–103).

3 Übertrage eine Tabelle wie diejenige oben in dein Heft. Notiere für jeden Absatz nur die Schlüsselwörter in die mittlere Spalte und formuliere in der rechten Spalte die Aussagen und Erklärungen dazu.

Das musst du können

So bereitest du eine Inhaltsangabe vor

- Beantworte die **W-Fragen**: Wo? Wann? Wer? Was? Warum? Wie? Mit welchen Folgen?
- **Markiere Schlüsselwörter** und wichtige Textstellen.
- Notiere die wichtigsten **Aussagen/Handlungsschritte** und **Erklärungen** dazu.
- Gliedere den Text in **Sinnabschnitte** und formuliere für jeden Sinnabschnitt eine Überschrift.

4 Ergänze zu den Sinnabschnitten des Sachtextes „Wie fühlt sich ein Mobbingopfer?“ in der folgenden Tabelle Überschriften.

Sinnabschnitt	Überschrift
beige Kästen	Erfahrungsberichte von betroffenen Jugendlichen
Z. 10–16	Die Leiden, denen die Opfer von Mobbing tagtäglich ausgesetzt sind
Z. 16–22	
Z. 23–29	
Z. 30–43	
Z. 48–54	
Z. 63–67	
Z. 68–73	
Z. 80–85	
Z. 91–103	

Die Einleitung einer Inhaltsangabe schreiben

Finn schreibt:
Der Text „Wie fühlt sich ein Mobbingopfer?“ handelt von den schwerwiegenden Konsequenzen des Mobbings für die jugendlichen Opfer.

Alma schreibt:
Im Sachtext „Wie fühlt sich ein Mobbingopfer?“ geht es um die Folgen von Mobbing für Jugendliche sowie um die Gründe für ein solches Verhalten.

1 Finn und Alma haben bereits eine Einleitung für eine Inhaltsangabe zum Sachtext „Wie fühlt sich ein Mobbingopfer?“ geschrieben.

a) Lest den folgenden Kasten und besprecht, was man an beiden Einleitungen noch verbessern und/oder ergänzen müsste.

b) Schreibt zu zweit eine Einleitung, die alle Merkmale im Kasten erfüllt.

So schreibst du die Einleitung einer Inhaltsangabe

Das musst du können

In die **Einleitung** gehören folgende Angaben:

- der vollständige **Name des Autors** oder der **Autorin,**
- die **Textsorte** (z. B.: Sachtext, Kurzgeschichte, Gedicht, Ballade ...),
- der **Titel** des Textes in **Anführungszeichen,**
- das **Jahr** der **Veröffentlichung** (sofern angegeben),
- das **Thema** des Textes (**Wer** tut **was mit welchen Folgen**?).

Der Hauptteil der Inhaltsangabe folgt der Einleitung in einem neuen Absatz.

Formulierungshilfen für die Einleitung:

Tipp

Im Sachtext „...“ **geht es um** ...
Die Kurzgeschichte „...“ **handelt von** ...
Der Autor oder die Autorin **beschreibt** in der Satire „...“, wie ...
Die Kurzgeschichte „...“, **die im Jahr 1954 veröffentlich wurde,** handelt von ...

2 Lies den Sachtext „Wenn Mobbing in der Schule zum Schlimmsten führt“ im Zusatzmaterial (▸ QR-Code) und verfasse eine Einleitung für eine Inhaltsangabe dazu.

Den Hauptteil einer Inhaltsangabe schreiben

Theo Schmich

Geier

Geier waren wir.
Unser Opfer war Harold.
Manchmal kommt mir alles im Traume wieder. Wir hocken auf dem Rand unserer Büroschränke. Mit kahlen, hässlichen, lauernden Geierköpfen.
Unter uns, an seinem Schreibtisch, Harold.
Mit seiner Beförderung zum Prokuristen hatte Harolds Ende begonnen.
Er strahlte an diesem Tage, schritt energiegeladen durch die Flure. Siegessicher. Er hatte es geschafft, er würde es weiterhin schaffen. Wir, seine Kollegen, waren jenseits allen Neides. Längst schon hatte er uns überrundet, hatte seine Beförderung sich abgezeichnet. Unseren Neid hatten wir hinter uns gebracht, zu einem früheren

Zeitpunkt. Und resigniert angesichts Harolds Energie. Jetzt standen wir auf. Nicht gegen Harold, sondern um aus sicherem Abstande seinen Kampf zu beobachten.
„Ob er es schafft?"
„Kaum. Zu viel Arbeit. Und es wird noch mehr, verlasst euch darauf!"
„Abwarten. Harold ist zäh."
Die Geier bezogen ihre Posten. Schon bald nach seiner Beförderung erschien Harold verändert. Betont freundlich war er bisher gewesen, frei von Launen. Nun wurde er gereizt, fuhr seine Untergebenen an. Meist zwar fand er hinterher eine Entschuldigung. Doch war dies nur ein Beweis dafür, wie schwer ihm bereits die Kontrolle über sich selbst fiel. „Was habe ich gesagt? Es wird zu viel für ihn." Vielsagend zwinkerten wir uns zu. Harolds rechtes Augenlid begann zu zucken. Bemerkt Harold es nicht? Jedenfalls sah er uns beim Gespräch unbefangen an, während wir Mühe hatten, ihm nicht ins Gesicht zu lachen. Es war zu komisch, dies zuckende Augenlid! Dann wurde Harold wieder stiller. Nicht eigentlich, dass er seine Gereiztheit überwand. Nur ihre „Wogen" schlugen weniger hoch. Harold verlor an Energie. „Er schafft es nicht", urteilten wir einmütig und wiegten dabei unsere Köpfe. Keine schadenfrohe Feststellung! Ein leidenschaftsloses Urteil. Harold hetzte von einer Aufgabe zur anderen, konnte aber nie etwas vollständig erledigen, da sich hinter jeder dringenden Arbeit noch eine dringendere versteckte. Seine Gesichtszüge wurden schlaffer. Die Mundpartie bekam etwas Raubtierhaftes. Der Glanz seiner Augen wurde matter. Doch gleichzeitig verengten sie sich zu lauernden Spalten. „Urlaub!", sagte einer von uns. Mit geringschätzigem Staunen sahen wir ihn an. Erkannte er die Situation nicht? Einen Urlaub konnte Harold sich nicht leisten. Zwar seinen Posten erobern hätte keiner von uns vermocht. Aber wir hätten seine Stellung erschüttert während seiner Abwesenheit, ihm Befugnisse entrissen und Entscheidungen angemaßt. Geier, die auf eine Schwäche ihres Opfers warteten.

„Mein Arm schmerzt, meine Schulter", klagte Harold. Für einen Augenblick empfanden wir Mitleid. Ein klagender Harold, das war neu, das war ungewohnt. Alarmierend! Schmerzen im Arm, in der Schulter. Herz.
„Zum Arzt", sagten wir.
Harold sah uns an, durch uns hindurch. Nickte schließlich langsam, als hätte er begriffen, und ging müde zurück an seinen Schreibtisch. Und er hatte begriffen! „Ruhe!", würde der Arzt anordnen. Teure Medikamente, jedes Medikament hätte Harold sich leisten können. Aber keine Ruhe. Eines nur gab es: durchhalten, die Stellung festhalten, ausbauen. Dann vielleicht: Ruhe. Andere drängten nach, auch wir. Eine Schwäche von ihm hätte uns gestärkt. Harold wusste das. An einem Freitag sahen wir ihn zum letzten Male. Samstags war er zusammengebrochen. Er hatte noch gelebt, als man ihn ins Krankenhaus schaffte. So jedenfalls hörten wir, als wir montags darauf zur gewohnten Arbeit erschienen.

1 Beantworte die W-Fragen zu der Kurzgeschichte.

Loïc hat für eine Inhaltsangabe zu der Kurzgeschichte eine Einleitung und einen Hauptteil verfasst:

Einleitung: Der Text „Die Geier“ von Theo Schmich handelt von Stress und Druck am Arbeitsplatz. Aus der Perspektive eines Mitarbeiters wird der Karriereaufstieg Harolds beschrieben, gefolgt von der Schilderung, wie Harold unter dem zunehmenden Druck leidet und am Ende zusammenbricht.

Hauptteil: Bereits zu Beginn des Textes betont der Erzähler, dass Harold zum Opfer seiner Arbeitskollegen wird und dass sie von Anfang an mit seinem Scheitern rechnen und es sich herbeiwünschen wie Geier, die auf tote Beute warten. Der Erzähler schildert die Entwicklung Harolds von dem Moment an, als Harold eine Beförderung erhält und alle neidischen Mitarbeiter darauf warten, dass er dem beruflichen Druck nicht standhält. Tatsächlich ändert sich Harolds Verhalten seinen Mitarbeitern gegenüber und er wirkt zunehmend gestresst. Auch sein Körper sendet Alarmsignale. Es wird offensichtlich, dass Harold Urlaub braucht, doch der Druck auf ihn erhöht sich, denn seine Position ist gefährdet, wenn er abwesend ist. Auch eine Behandlung durch einen Arzt kommt nicht infrage, weil er in diesem Fall eine Krankschreibung riskieren würde und befürchten müsste, dass seine Mitarbeiter diese Auszeit nutzen, um seine Stellung am Arbeitsplatz zu schwächen. Am Schluss erwähnt der Erzähler teilnahmslos, dass Harold zusammenbricht und ins Krankenhaus muss. Während es unklar bleibt, ob Harold überhaupt überlebt, nimmt der Alltag seiner Mitarbeiter wie gewohnt seinen Gang.

2 **a)** Vergleicht zu zweit den Originaltext „Geier“ von Theo Schmich mit Loïcs Inhaltsangabe. Achtet dabei besonders auf die Merkmale des Hauptteils einer Inhaltsangabe (▸ Kasten unten).

b) Besprecht, was Loïc gut umgesetzt hat und was er noch verbessern könnte.

Das musst du können

So schreibst du den Hauptteil einer Inhaltsangabe

Im Hauptteil wird die Handlung **knapp**, aber **vollständig** zusammengefasst.

- Gib die **wichtigsten Ereignisse in der richtigen Reihenfolge** wieder.
- Beschränke dich auf **Informationen, die für das Verständnis des Verlaufs** der Geschichte **oder der Zusammenhänge** des Sachtextes **notwendig** sind.
- Gib den Inhalt **in eigenen Worten** wieder, übernimm keinesfalls den Originaltext Wort für Wort.
- Verwende keine direkte Rede, sondern ersetze sie durch die **indirekte Rede** (▸ S. 27–34).
- Fasse den Inhalt **objektiv** zusammen, d. h., ohne deine eigene Meinung einzubringen.
- Formuliere **sachlich**, d. h. verzichte auf spannungsaufbauende Wörter wie plötzlich oder auf einmal oder emotional geprägte Formulierungen wie z. B. unglücklicherweise oder tragischerweise.
- Formuliere im **Präsens** (und nutze für die Vorzeitigkeit das Perfekt).

Eine Inhaltsangabe hat in der Regel **keinen Schlussteil**.

10 Die indirekte Rede in einer Inhaltsangabe formulieren

Marc-Uwe Kling

Die Känguru-Chroniken
[Auszug]

Ein Komiker teilt sich eine Wohnung mit einem kommunistischen, hochintelligenten Känguru. Was folgt, ist eine Mischung aus Humor, bissigem Wortwitz und scharfzüngiger Gesellschaftskritik. Gemeinsam erleben sie seltsame Alltagssituationen und entlarven oft auf satirische Weise die Absurditäten der modernen Gesellschaft.

Orientierung und Werte

Runter ...

und hoch ...

„Spielste schon wieder Jo-Jo?“, fragt das Känguru.

„Seit zwei Stunden“, sage ich.

„Ist das nicht langweilig?“

„Kommt drauf an“, sage ich.

„Auf was?“

„Mit was man es vergleicht.“

„Verstehe“, sagt das Känguru. „Verglichen mit ‚ein gutes Buch lesen‘?“

Runter ...

und hoch ...

„Ziemlich langweilig“, sage ich.

„Im Internet surfen?“

Runter ...

und hoch ...

„Etwa gleich.“

„Arbeiten gehen?“, fragt das Känguru.

„Besser.“

Runter ...

und hoch ...

Das Känguru schweigt. Friedlich beobachten wir, wie das Jo-Jo immer wieder hoch und runter läuft.

Runter ...

und hoch ...
Runter ...
und hoch ...
„Viele Leute sind unglücklich“, sage ich plötzlich. Das Känguru nickt.
Runter ...
und hoch ...
„Weil: Man macht so viele blöde Sachen im Leben“, fahre ich fort. „Und weißte warum?“
Runter ...
und hoch ...
Das Känguru schüttelt den Kopf.
„Weil uns modernen Menschen die Orientierung fehlt, weil wir kein Wertesystem mehr haben. Wir haben nichts mehr, das uns Halt gibt“, sage ich.
Das Känguru nickt leicht benommen.
Runter ...
und hoch
Runter ...
und hoch ...
„Deswegen werde ich in meinem Leben jetzt die Jo-Jo-Skala einführen“, sage ich. „Dabei setze ich Jo-Jo-Spielen gleich eins. Man könnte sagen, Jo-Jo-Spielen ist für mich ab sofort der Eichwert, an dem sich alles messen lassen muss.“
Runter ...
und hoch ...
„Also in etwa ... Klavier spielen: 8 Jo-Jos, Steuererklärung machen: 0,1 Jo-Jos.“
Runter ...
und hoch ...
„Laut Lieder mitsingen, deren Text man nicht wirklich kennt: 4 Jo-Jos. Leuten, die Lieder singen, deren Text sie nicht wirklich kennen, zuhören müssen: 0,5 Jo-Jos.“
Runter ...
und hoch ...
„Schlafen: 10 Jo-Jos. Software-Lizenzvereinbarungen durchlesen: null Komma Periode null Jo-Jos.“
Runter ...
und hoch ...
„Nichts tun: 1,01 Jo-Jos. Abspülen: 0,2.“
„Ich hab’s schon beim ersten Beispiel kapiert“, unterbricht mich das Känguru.
Runter ...
und hoch ...
„Und alles, was auf meiner Skala weniger als einem Jo-Jo entspricht, werde ich einfach nicht mehr machen“, sage ich.
Runter ...
und hoch ...

Runter ...
und hoch ...
Runter ...
und hoch ...
„Darf ich auch mal?“, fragt das Känguru.
„Hier“, sage ich. „Ich hab noch ein zweites.“
„Wie muss man das ...?“
Runter ...
und hoch ...
„Du musst dich einfach locker machen.“
„So?“
Runter.
„Spür die Schwingungen.“
„So?“
Runter.
„Nee. Nicht so verkrampft. Überlass dem Jo-Jo die Führung!“
Runter ...
und hoch ...
„So?“
„Ja. Genau so.“
Runter ... runter ...
und hoch ... hoch...
Runter ... runter ...
und hoch... hoch ...
Runter ... runter ...
und hoch ... hoch ...

1 Bestimme, welche der folgenden Aussagen auf das Gespräch zwischen dem Ich-Erzähler und dem Känguru zutreffen:

- ☐ Der Ich-Erzähler erklärt, wie ein Jo-Jo funktioniert.
- ☐ Das Jo-Jo-Spiel wird vom Ich-Erzähler als langweilig dargestellt.
- ☐ Das Gespräch handelt von der Sinnsuche im Leben.
- ☐ Das Jo-Jo-Spiel nutzt der Ich-Erzähler als Mittel der Orientierung im Alltag.
- ☐ Der Erzähler möchte mithilfe des Jo-Jo-Spiels die Lebensqualität messen.
- ☐ Der Spielende muss sich der Bewegung des Jo-Jos anpassen und entspannen.
- ☐ Das Känguru scheitert am Jo-Jo-Spiel.

2 Direkte Rede in Texten muss man in einer Inhaltsangabe umformulieren. Sie sollte in eigenen Worten wiedergegeben werden. Wichtig ist zudem, sie so knapp wie möglich zusammenzufassen.

a) Vergleiche in der folgenden Tabelle den Originaltext mit der Textverkürzung: Worin unterscheidet sich die Textverkürzung vom Original?

b) Fasse den Inhalt des restlichen Textauszugs mittels Textverkürzung zusammen (► Kästen auf S. 275, 277 und 279).

Zeilen	Originaltext	Textverkürzung
1–22	Runter ... und hoch ... „Spielste schon wieder Jo-Jo?“, fragt das Känguru. „Seit zwei Stunden“, sage ich. „Ist das nicht langweilig?“ „Kommt drauf an“, sage ich. „Auf was?“ „Mit was man es vergleicht.“ „Verstehe“, sagt das Känguru. „Verglichen mit ‚ein gutes Buch lesen‘?“ Runter ... und hoch ... „Ziemlich langweilig“, sage ich. „Im Internet surfen?“ Runter ... und hoch ... „Etwa gleich.“ „Arbeiten gehen?“, fragt das Känguru. „Besser.“ Runter ... und hoch ... Das Känguru schweigt. Friedlich beobachten wir, wie das Jo-Jo immer wieder hoch und runter läuft.	*Während beide das wiederholte Auf- und Absteigen des Jo-Jos beobachten, fragt das Känguru, ob das Spiel langweilig sei. Der Ich-Erzähler meint, das hänge vom Vergleich ab. Das Känguru nennt Alternativen. Arbeiten zu gehen, hält der Ich-Erzähler für langweiliger.*

3 Der vorliegende Textauszug aus Marc-Uwe Klings „Känguru-Chroniken“ nutzt wenig unterschiedliche Verben aus dem Wortfeld „sagen“. Wählt aussagekräftigere Verben aus, um die indirekte Rede in einer Inhaltsangabe einzuleiten.

Das musst du können

So formulierst du direkte Rede um

Bei der indirekten **Wiedergabe von direkter Rede** mit einem **dass-Satz** können die Verben sowohl im **Konjunktiv I** (▸ Kasten auf S. 269) als auch im **Indikativ Präsens** stehen.
Enthält der Nebensatz **kein dass**, so muss der **Konjunktiv** verwendet werden.
Bei beiden Möglichkeiten werden **Haupt- und Nebensatz** durch ein **Komma** getrennt.
Das Känguru fragt: „Spielste schon wieder Jo-Jo?“ (direkte Rede)
Das Känguru fragt, ob er schon wieder Jo-Jo spiele. (Umformulierung mit Konjunktiv)

Um direkte Rede **knapp zusammenzufassen,** kannst du sie auch in eigenen Worten mit einem **Infinitiv** wiedergeben.
Der Ich-Erzähler meint als moderner Mensch weder Wertesystem noch Halt zu haben.

Pronomen, Zeit- und Ortsangaben müssen bei allen diesen Arten der Umformulierung angepasst werden.
Er behauptet: „**Morgen** gehe **ich hier** zur Arbeit.“
Er behauptet, **am folgenden Tag** gehe **er an diesem Ort** zur Arbeit.

4 Schreibe eine Einleitung für eine Inhaltsangabe zu dem Textauszug (▸ Kasten auf S. 277 oben).

5 Formuliere den Hauptteil deiner Inhaltsangabe (▸ Kasten auf S. 279). Nutze Konjunktionen, um deinen Text flüssiger zu formulieren (▸ Kasten unten).

Tipp

Konjunktionen verwenden

Verwende Konjunktionen, um **Sätze miteinander zu verbinden** und deinen Text **flüssiger und verständlicher** zu formulieren.
Manche Konjunktionen (▸ QR-Code) setzen die Satzteile in ein besonderes **Verhältnis** zueinander. Die folgenden beiden Hauptsätze können beispielsweise durch die Konjunktion aber sinnvoll verbunden werden:
Das Känguru meint, das Jo-Jo-Spiel sei langweilig. Der Ich-Erzähler weist darauf hin, das hänge vom Vergleich ab.
▸ Das Känguru meint, das Jo-Jo-Spiel sei langweilig, **aber** der Ich-Erzähler weist darauf hin, das hänge vom Vergleich ab.

Eine Inhaltsangabe zu einem Gedicht schreiben

Rainer Maria Rilke

Ich fürchte mich so vor der Menschen Wort

Ich fürchte mich so vor der Menschen Wort.
Sie sprechen alles so deutlich aus:
Und dieses heißt Hund und jenes heißt Haus,
und hier ist Beginn und das Ende ist dort.

Mich bangt auch ihr Sinn, ihr Spiel mit dem Spott,
sie wissen alles, was wird und war;
kein Berg ist ihnen mehr wunderbar;
ihr Garten und Gut grenzt grade an Gott.

Ich will immer warnen und wehren: Bleibt fern.
Die Dinge singen hör ich so gern.
Ihr rührt sie an: Sie sind starr und stumm.
Ihr bringt mir alle die Dinge um.

Rainer Maria Rilke
(geb. 1875 in Prag;
gest. 1926 bei Montreux)

1 Bereite eine Inhaltsangabe zu dem Gedicht vor:
a) Beschreibe die Situation und die Atmosphäre, die vermittelt wird.
b) Markiere die Schlüsselwörter.
c) Fasse den Inhalt jeder Strophe in eigenen Worten zusammen.
d) Nenne Veränderungen, die im Verlauf des Gedichts deutlich werden.

2 Verfasse eine Inhaltsangabe zu dem Gedicht:
a) Schreibe die Einleitung (▸ Kasten auf S. 277 oben).
b) Verfasse in eigenen Worten einen zusammenhängenden Hauptteil (▸ Kasten auf S. 279) auf der Grundlage deiner Vorbereitung in Aufgabe 1.

Die Inhaltsangabe zu einem Gedicht schreiben Tipp

- Fasse als Vorarbeit den **Inhalt jeder Strophe** kurz und in eigenen Worten zusammen.
- Beachte die **Situation** und **Gefühle des Sprechers oder der Sprecherin** (lyrisches Ich).
- Gehe auf **Veränderungen** in der Situation oder der Handlung im Gedicht ein.
- Schreibe deine Inhaltsangabe als **zusammenhängenden Text**.

10

Texte überarbeiten

Eine Inhaltsangabe überarbeiten

Gabriele Wohmann

Schöne Ferien (1965)

Schöne Ferien, zum ersten Mal wieder, seit ich mit Asmus zusammen bin. Die unveränderte Bucht gefiel mir neuerdings. Wie lang hatte ich nicht mehr etwas wie Waten im Wasser genossen. Alle Augenblicke fiel mir ein, dass ich aufatmen konnte, und ruhig sein, ruhig sein. Keine Zankereien mit den Cousinen, im Gegenteil. Vor dem Café Rose saßen friedlich die Großeltern, und mich machte es nicht nervös, wenn sie uns unaufhörlich zu Tee und Wespennestern einluden: Spezialität der Rose. Auch mit Lutz legte Asmus sich nicht an. Lutz drehte sein Radio so laut, wie es ihm passte, und Asmus pfiff sogar mit. Natürlich badete Lutz wieder kein einziges Mal, Asmus aber äußerte sich einfach nicht dazu, womit ein Zustand erreicht wäre, den ich immer angestrebt habe. Asmus verhielt sich entweder aus Rücksicht auf mich so, oder er war ausgeglichener geworden – jetzt irre ich mich gründlich. Asmus war ja diesen Sommer nicht mit. Stattdessen Heinz Pfitzner. Der Zufall verschlug uns ins gleiche Hotel. Nach der ersten Woche sagten wir nicht mehr Sie, und er wollte Nelson genannt werden. Der Familie gegenüber zeigte er sich zugänglich. Die ließ uns auf langen Spaziergängen allein. Ihre Großzügigkeit sah aber nicht nach Opfer aus, und zum ersten Mal freute ich mich ohne schlechtes Gewissen an dieser wirklichen Freiheit. Es machte mir auch Spaß, der Familie so einen netten Mann zu verschaffen, wenn auch nur für kurz. Oft forderte Nelson Lutz auf, sich uns anzuschließen. Weil Lutz, wie jedermann, Nelson mochte, sagte er zu. So nahm Lutz am Ausflug zum Vogelschutzgebiet teil. Nelson redet gern mit Jüngeren, er bringt sie dazu, dass sie aus sich herausgehen. Bei Lutz ein Wunder, er hat nichts als seine Schlager und zwei Diskjockeys. Jetzt hatte er Nelson. Schön für ihn, schön für uns alle. Von Nelson geht Ruhe aus, daran liegt es. Ich werde mich im Verlauf dieser Ferien erholen. Sogar Nelson zu lieben strengt kaum an.

Die Fingernägel schneide ich mir häufig, damit erinnere ich mich an Asmus. Selbstverständlich denke ich oft an ihn, mein Frieden nimmt daraufhin zu. Asmus kann nicht über meine verkorksten Fingernägel schimpfen. Auch nicht über Barfußlaufen bei kaltem Wetter. Während ich meine rotgefrorenen Fußzehen begutachte, denke ich daran, wie gern jetzt Asmus über sie in Wut geriete. Mein Haar kann er ebenfalls nicht überprüfen. Ich lasse es jeden Tag beim Baden in der Bucht nass werden. Schon nächsten Sommer werde ich wieder auf die Kommandos von Asmus Rücksicht nehmen müssen, also übertreibe ich es jetzt mit der Unvernunft. Überall fehlt Asmus, und seine erhobene, nicht hotelmäßige Stimme zürnt mir in meinem Gedächtnis, nur da.

Nelson ist liebenswürdig. Den Cousinen schnitt er vorgestern die Haare. Meinem Großvater rasierte er den flaumigen runzligen Nacken aus. Mit meiner Großmutter unterhielt er sich geduldig über die Triebwelt der Ameisen, wiedermal hatte sie sich einen Koffer voll Tierbücher mitgebracht, ihre Passion. Auf alles ging Nelson ein. Ich selber musste mich dämpfen, damit meine Freude über unseren allgemeinen Einklang mich nicht laut machte. So ruhig sein wie Nelson, das war mein Programm. Gelassen zuhören bei törichten Äußerungen über Wetterabhängigkeit vom Mondwechsel: Lieblingstheorie meines Großvaters. Lächeln zur Behauptung, P. Huber, der 1810 die Sitten der einheimischen Ameise untersucht hat, sei kein Franzose gewesen: Die Großmutter will es so. Auch die Cousinen und Lutz, alle stellten dauernd die üblichen Anlässe her, gegen die Asmus auf die Barrikaden ging. Es kommt aber vor, dass ich aus heiterem Himmel erschrecke; dreh dich nicht um, sage ich mir, Asmus steht hinter dir. Ich halte den Atem an und warte ab. Irgendjemand von der Familie ruft mir dann zu: Was ist los mit dir? Schläfst du am hellen Tag? Und sie lachen miteinander – aber ohne Nelson. Sie hat die Augen zu, seht nur! Auch Asmus lacht nicht mit. Für Launen hat er nichts übrig. Jetzt rufen sie: Hallo Asmus, kümmere dich gefälligst mal um deine Frau, weck sie auf, los! Ich lasse die Augen zu. Bei geschlossenen Lidern, ruhig, ruhig, verwöhnt mich Nelson, meine Erfindung.

1 Die Klasse hat als Einleitung für eine Inhaltsangabe zu der Kurzgeschichte mehrere Einleitungssätze verfasst. Bei den folgenden Einleitungssätzen hat der jeweilige Schüler oder die Schülerin ein oder mehrere Bestandteile vergessen oder falsch angegeben. Außerdem haben sich stilistische Fehler eingeschlichen.

a) Ermittelt in Zweierteams die Fehler. Besprecht und verbessert die Einleitungssätze.

b) Verfasst eine vollständige Einleitung (▸ Kasten auf S. 277 oben).

ACHTUNG FEHLER!

A In der Kurzgeschichte „Schöne Ferien“ von Gabriele Wohmann aus dem Jahr 1965 handelt es sich um eine Feriensituation, in der die Ich-Erzählerin eine harmonische Zeit mit ihrer Familie und einem Mann namens Nelson verbringt.

B Die Geschichte „Schöne Ferien“ von Gabriele Wohmann (1965) geht um eine Frau, die sich vorstellt, ihr Mann Asmus wäre abwesend und sie würde harmonische Ferien mit ihrer Familie und einem Mann namens Nelson verbringen.

C In der Kurzgeschichte von Gabriele Wohmann aus dem Jahr 1965 geht es um eine Frau, die sich vorstellt, ihr Mann wäre weg und würde sie nicht mehr nerven. Stattdessen ist jetzt Nelson da und kümmert sich um die Familie. Am Ende stellt sich heraus, dass es sich nur um einen Tagtraum handelt.

D In der Kurzgeschichte „Schöne Ferien“, geschrieben 1965 von Gabriele Wohmann, wird eine Feriensituation skizziert, in der die Ich-Erzählerin eine harmonische Zeit mit ihrer Familie und Nelson verbringt, während Asmus abwesend scheint. Am Ende stellt sich heraus, dass sie verrückt ist.

10

2 Alma hat den Hauptteil der Inhaltsangabe verfasst.
a) Überprüfe den Text anhand der Checkliste zur Inhaltsangabe im QR-Code.
b) Überprüfe die Form und Rechtschreibung und markiere Fehler.
c) Überprüfe den Inhalt und markiere Fehler.
d) Besprecht die Fehler, die euch aufgefallen sind, in Zweierteams. Überarbeitet dann die Inhaltsangabe, indem ihr sie neu schreibt.

ACHTUNG FEHLER!

Die Ich-Erzählerin befindet sich mit ihrer Familie – den Großeltern, den Cousinen und Lutz, wahrscheinlich ihrem Sohn – in einem Ferienort an einer Bucht. Sie genießt die Ruhe dieser Ferien, da es keine Streitereien gibt, und sie wird nicht nervös, wenn die Großeltern sie zu Tee und Wespennestern einladen, der Spezialität des Cafés Rose. Zunächst scheint Asmus sich freundlich zu verhalten, doch dann stellt die Erzählerin plötzlich klar, dass Asmus diesen Sommer gar nicht mit gekommen sei.

Jedoch hat sie Heinz Pfitzner kennengelernt. Der Zufall verschlägt sie ins gleiche Hotel. Nach der ersten Woche sagen sie nicht mehr sie, und er will Nelson genannt werden. Der Familie gegenüber zeigt er sich zugänglich. Nelson erweist sich als liebenswürdiger und ausgeglichener Mann, ganz Anders als Asmus. Er versteht sich gut mit der Familie, die der Erzählerin auf langen Spaziergängen zeit mit Nelson lässt. Nelson bindet Lutz in gemeinsame Unternehmungen ein und bringt den sonst verschlossenen Jungen dazu, aus sich herauszugehen. Asmus ärgert sich immer, wenn Lutz nicht badet, das tut Nelson nicht. Die Erzählerin glaubt, dies werde ihr ermöglichen, sich zu erholen.

Dennoch denkt sie ständig an Asmus, der sie sonst wegen Kleinigkeiten kritisiert – er ärgert sich über ihre Fingernägel, das Barfußlaufen oder nasse Haare. Das ist ein unangemessenes Verhalten von Asmus. Er hat überhaupt nicht das Recht, einer erwachsenen Frau solche Vorschriften zu machen. Nun erlaubte sie sich bewusst diese Freiheiten, auch wenn sie seine wütende Stimme in ihrer Erinnerung hörte. Nelson hingegen ertrug geduldig das Kaffeetrinken mit den Großeltern, schnitt den Cousinen die Haare und unterhielt sich mit der Großmutter über ihr wirklich langweiliges Hobby. Außerdem rasiert er dem Großvater den flaumigen und runzligen Nacken. Trotz der Harmonie erschrack die Erzählerin immer wieder und hatte das Gefühl, Asmus stehe hinter ihr.

Am Ende wird sie brutal aus ihrem Tagtraum zurückgeholt. Die Familie ruft ihr zu: „Was ist los mit dir? Schläfst du am hellen Tag?" Sie fordern Asmus scherzhaft auf, das er sich gefälligst um seine Frau kümmern und sie aufwecken soll. Aber wieso sollte die Ich-Erzählerin in ihren Ferien nicht ein Nickerchen machen? Die Erzählerin hält die Augen geschlossen und stellt fest, dass Nelson nur in ihrer Vorstellung existiert – ein Wunschtraum von einem harmonischen Leben.

Textproduktionen überarbeiten

Kein Text ist beim ersten Schreibversuch perfekt. Selbst erfahrene Autoren und Autorinnen überarbeiten ihre Texte mehrfach, bevor sie zufrieden sind. Das Überarbeiten (▸ Kasten unten) ist ein wichtiger Teil des Schreibprozesses.

1 Wähle einen selbstverfassten Text aus, den du überarbeiten willst.

a) Prüfe in drei Schritten:
- den Inhalt und den Aufbau,
- die Sprache und den Stil
- sowie die Rechtschreibung und die Grammatik.

b) Überarbeite den Text, indem du die Fehler, die dir aufgefallen sind, verbesserst.

Das musst du können

So überarbeitest du Textproduktionen

1. Schritt – Inhalt und Aufbau prüfen
- Nutze eine Checkliste, um die wichtigsten Merkmale deiner Textsorte zu überprüfen. Für solche Checklisten kannst du auch KI nutzen (▸ S. 290).
- Markiere Stellen, die überarbeitet werden müssen, und notiere fehlende Aspekte stichwortartig am Rand neben dem Text.

2. Schritt – Sprache und Stil prüfen
- Lies deinen Text laut vor. Manchmal fallen dir dabei holprige Formulierungen auf.
- Markiere problematische Stellen. Typische Fehlerquellen sind Wiederholungen, zu lange oder verschachtelte Sätze und Umgangssprache.

3. Schritt – Rechtschreibung und Grammatik prüfen
- Verbessere deinen Text in mehreren Durchläufen. Konzentriere dich dabei jeweils auf eine typische Fehlerquelle.
- Typische Fehlerquellen sind die Groß- und Kleinschreibung, die Zusammen- und Getrenntschreibung, die Tempuswahl, die Deklination der Nomen, Pronomen und Adjektive sowie die Kommasetzung.

4. Schritt – Text überarbeiten
- Schreibe deinen Text neu, indem du die markierten Stellen überarbeitest und deine Fehler verbesserst.

Tipp: Du kannst für die Überarbeitung von Texten auch KI als Helfer nutzen (▸ folgende Seiten).

10

KI als Helfer nutzen

1 Hattest du bei der Überarbeitung des Textes Schwierigkeiten? Wusstest du manchmal nicht, ob dein Stil passend war oder wie man einen Satz anders formulieren kann? Du kannst in dem Fall KI als Helfer nutzen.
Markiere in deinem überarbeiteten Text aus Aufgabe 1 auf S. 289 Stellen, die dir Schwierigkeiten bereitet haben. Nutze die Hinweise im folgenden Kasten, um dir von der KI helfen zu lassen.

Das musst du können

So nutzt du KI beim Überarbeiten von Texten

Künstliche Intelligenz (KI) kann dir beim Überarbeiten eines Textes helfen, aber sie ersetzt nicht dein eigenes Denken. Die KI gibt dir Vorschläge – die Entscheidung, was du verbesserst, triffst du selbst. Du solltest nicht den ganzen Text von der KI schreiben lassen oder ihr einfach die Anweisung, deinen Text zu verbessern, geben. Nutze sie stattdessen, um dir deine Fehler aufzeigen und erklären zu lassen.

So nutzt du KI sinnvoll:

- **für Checklisten – Beispielprompts:**
  „Erstelle mir eine Checkliste zur Überarbeitung einer Inhaltsangabe."
  „Was muss ich bei einer Zusammenfassung eines Sachtextes beachten?"
- **für Erklärungen – Beispielprompts:**
  „Erkläre mir den Unterschied zwischen direkter und indirekter Rede."
  „Was ist der Konjunktiv I und wann verwende ich ihn?"
- **für Korrekturhilfen – Beispielprompts:**
  „Ist dieser Satz grammatisch korrekt: [dein Satz]"
  „Gibt es in diesem Absatz Stilfehler, die ich vermeiden sollte? [Der jeweilige Absatz]"

2 Tauchen in deinem Text verschiedene Fehler immer wieder auf?

a) Führe eine Verbesserungsliste mit Formulierungen und Wörtern, die du in Zukunft gerne richtig schreiben möchtest, und unterstreiche, worauf du besonders achten musst.

b) KI kann dir helfen, die Ursachen für deine Fehler zu erkennen und gezielt daran zu arbeiten. Zur Selbstreflexion eignen sich Prompts wie:
Welche Fehler kommen in meinem Text besonders häufig vor?
Wie kann ich sie vermeiden?
Teste diese Prompts anhand deines Texts aus Aufgabe 1 auf S. 289. Notiere auch die Fehler, welche die KI dir nennt, auf deiner Liste.

3 Nutze KI, um dich gezielt zu verbessern. Formuliere passend zu deiner Verbesserungsliste aus Aufgabe 2 einen KI-Prompt (▸ Kasten unten), um geeignete Übungen zu erhalten.

Fehler sind Helfer – nur anders buchstabiert.

Das musst du können

So erstellst du einen KI-Prompt

Je genauer deine **Frage** oder dein **Auftrag** ist, desto hilfreicher wird die Antwort der KI. Gehe bei der Erstellung eines **Prompts** folgendermaßen vor:

Schritt	Beispiel
1. Gib der KI **Kontext**: Wer bist du?	Ich bin ein 15-jähriger Gymnasialschüler und möchte mein Deutsch verbessern.
2. Definiere dein **Ziel**: Was genau möchtest du erreichen?	Ich möchte die Deklination der Nomen und Adjektive üben.
3. Lege die **Rolle der KI** fest: In welcher Funktion soll sie agieren?	Du bist eine erfahrene Lehrkraft und gibst mir Übungen und motivierendes Feedback. Du erklärst mir genau, was meine Fehler sind und wie ich sie vermeiden kann.
4. Formuliere eine erste **Anweisung**: Was willst du tun?	Nenne mir Sätze, die Fehler bei der Deklination von Nomen und Adjektiven beinhalten. Meine Aufgabe ist es, die von dir vorgegebenen Sätze zu verbessern. Du gibst Rückmeldung, ob es Fehler gibt, ohne anzugeben, bei welchem Wort. Sobald ich den Satz korrekt geschrieben habe, gibst du den nächsten Satz vor. Wenn ich einen Fehler mache, erklärst du mir, worin der Fehler liegt.
5. Lege **Formalitäten** fest, z. B. das Thema.	Nutze bei den Aufgaben Themen wie Fußball oder aktuelle Trends.

Anhang

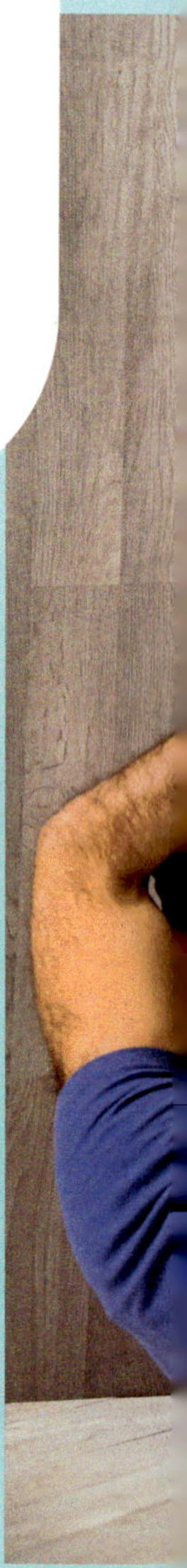

Im Anhang findest du:

Grammatik zum Nachschlagen

Die Deklination der Nomen und Artikel

Die Deklination der Artikel

Maskulinum, Singular

	bestimmter Artikel	unbestimmter Artikel	Frage
Nominativ	der	ein	Wer oder was?
Genitiv	des	eines	Wessen?
Dativ	dem	einem	Wem?
Akkusativ	den	einen	Wen oder was?

Femininum, Singular

	bestimmter Artikel	unbestimmter Artikel	Frage
Nominativ	die	eine	Wer oder was?
Genitiv	der	einer	Wessen?
Dativ	der	einer	Wem?
Akkusativ	die	eine	Wen oder was?

Neutrum, Singular

	bestimmter Artikel	unbestimmter Artikel	Frage
Nominativ	das	ein	Wer oder was?
Genitiv	des	eines	Wessen?
Dativ	dem	einem	Wem?
Akkusativ	das	ein	Wen oder was?

Maskulinum, Femininum, Neutrum, Plural

	bestimmter Artikel	unbestimmter Artikel	Frage
Nominativ	die	–	Wer oder was?
Genitiv	der	–	Wessen?
Dativ	den	–	Wem?
Akkusativ	die	–	Wen oder was?

Das musst du wissen

Kein Artikel

Im **Plural** steht **vor unbestimmten Personen** oder **Dingen** kein Artikel:
Leute, kauft Kämme! Kinder, malt Bilder!

Die Deklination der maskulinen Nomen

Zu den maskulinen Nomen gehören: männliche Personen und Tiere, Wochentage, Monate, Jahres- und Tageszeiten, Wetter, Himmelsrichtungen, männliche Berufsbezeichnungen, Wörter auf -ismus, -ling, -or und die meisten Wörter auf -er.

	Maskuline Nomen, die im Genitiv Singular auf -(e)s enden				
Singular	**Nominativ**	der/ein	Mann	Berg	Wer oder was?
	Genitiv	des/eines	Mann -es	Berg -es	Wessen?
	Dativ	dem/einem	Mann	Berg	Wem?
	Akkusativ	den/einen	Mann	Berg	Wen oder was?
Plural	**Nominativ**	die/–	Männ -er	Berg -e	Wer oder was?
	Genitiv	der/–	Männ -er	Berg -e	Wessen?
	Dativ	den/–	Männ -ern	Berg -en	Wem?
	Akkusativ	die/–	Männ -er	Berg -e	Wen oder was?

Singular	**Nominativ**	der/ein	Motor	Lehrer	Wer oder was?
	Genitiv	des/eines	Motor -s	Lehrer -s	Wessen?
	Dativ	dem/einem	Motor	Lehrer	Wem?
	Akkusativ	den/einen	Motor	Lehrer	Wen oder was?
Plural	**Nominativ**	die/–	Motor -en	Lehrer	Wer oder was?
	Genitiv	der/–	Motor -en	Lehrer	Wessen?
	Dativ	den/–	Motor -en	Lehrer -n	Wem?
	Akkusativ	die/–	Motor -en	Lehrer	Wen oder was?

Singular	**Nominativ**	der/ein	Füller	Wagen	Wer oder was?
	Genitiv	des/eines	Füller -s	Wagen -s	Wessen?
	Dativ	dem/einem	Füller	Wagen	Wem?
	Akkusativ	den/einen	Füller	Wagen	Wen oder was?
Plural	**Nominativ**	die/–	Füller	Wagen	Wer oder was?
	Genitiv	der/–	Füller	Wagen	Wessen?
	Dativ	den/–	Füller -n	Wagen	Wem?
	Akkusativ	die/	Füller	Wagen	Wen oder was?

Das musst du wissen

Der Genitiv Sg. mit -(e)s bei maskulinen Nomen
- **Mehrsilbige Nomen** bilden den Genitiv Sg. nur mit -s (des Autohändlers).
- **Einsilbige Nomen** und **Nomen auf** -s, -ss, -ß, -x, -z, -tz bilden den Genitiv Sg. mit **-es** (des Fuß**es**, des Fluss**es**, des Komplex**es**)

Das musst du wissen

Die Endung der maskulinen Nomen mit Genitiv Sg. auf -(e)n
Maskuline Nomen, deren Genitiv Sg. auf -(e)n endet, haben **in allen Deklinationsformen außer dem Nominativ Sg.** die Endung -(e)n.
Im Plural ändert sich die Stammsilbe nie.
Nom. Sg. der Affe ▸ Gen. Sg. des Affen ▸ Nom. Pl. die Affen

Maskuline Nomen, die im Genitiv Singular auf -(e)n enden

a) Alle maskulinen Nomen auf -e

Singular	**Nominativ**	der/ein	Affe		Wer oder was?
	Genitiv	des/eines	Affe -n		Wessen?
	Dativ	dem/einem	Affe -n		Wem?
	Akkusativ	den/einen	Affe -n		Wen oder was?
Plural	**Nominativ**	die/–	Affe -n		Wer oder was?
	Genitiv	der/–	Affe -n		Wessen?
	Dativ	den/–	Affe -n		Wem?
	Akkusativ	die/–	Affe -n		Wen oder was?

b) Alle maskulinen Nomen auf -and, -ant, -ent, -et, -ist

Singular	**Nominativ**	der/ein	Elefant	Komet	Wer oder was?
	Genitiv	des/eines	Elefant -en	Komet -en	Wessen?
	Dativ	dem/einem	Elefant -en	Komet -en	Wem?
	Akkusativ	den/einen	Elefant -en	Komet -en	Wen oder was?
Plural	**Nominativ**	die/–	Elefant -en	Komet -en	Wer oder was?
	Genitiv	der/–	Elefant -en	Komet -en	Wessen?
	Dativ	den/–	Elefant -en	Komet -en	Wem?
	Akkusativ	die/–	Elefant -en	Komet -en	Wen oder was?

c) Maskuline Nomen (meist Berufsbezeichnungen), die aus dem Griechischen abgeleitet sind (-loge, -krat, -mat, -at, -graf, -soph), und der Satellit, der Architekt, der Monarch, der Katholik

Singular	Nominativ	der/ein	Biologe	Fotograf	Wer oder was?
	Genitiv	des/eines	Biologe -n	Fotograf -en	Wessen?
	Dativ	dem/einem	Biologe -n	Fotograf -en	Wem?
	Akkusativ	den/einen	Biologe -n	Fotograf -en	Wen oder was?
Plural	Nominativ	die/–	Biologe -n	Fotograf -en	Wer oder was?
	Genitiv	der/–	Biologe -n	Fotograf -en	Wessen?
	Dativ	den/–	Biologe -n	Fotograf -en	Wem?
	Akkusativ	die/–	Biologe -n	Fotograf -en	Wen oder was?

d) Außerdem: der Herr, der Bauer, der Bär, der Nachbar, der Narr, der Prinz, der Rebell, der Fürst, der Graf, der Held, der Kamerad, der Mensch

Singular	Nominativ	der/ein	Herr	Prinz	Wer oder was?
	Genitiv	des/eines	Herr -n	Prinz -en	Wessen?
	Dativ	dem/einem	Herr -n	Prinz -en	Wem?
	Akkusativ	den/einen	Herr -n	Prinz -en	Wen oder was?
Plural	Nominativ	die/–	Herr -en	Prinz -en	Wer oder was?
	Genitiv	der/–	Herr -en	Prinz -en	Wessen?
	Dativ	den/–	Herr -en	Prinz -en	Wem?
	Akkusativ	die/–	Herr -en	Prinz -en	Wen oder was?

Singular	Nominativ	der/ein	Bauer	Nachbar	Wer oder was?
	Genitiv	des/eines	Bauer -n	Nachbar -n	Wessen?
	Dativ	dem/einem	Bauer -n	Nachbar -n	Wem?
	Akkusativ	den/einen	Bauer -n	Nachbar -n	Wen oder was?
Plural	Nominativ	die/–	Bauer -n	Nachbar -n	Wer oder was?
	Genitiv	der/–	Bauer -n	Nachbar -n	Wessen?
	Dativ	den/–	Bauer -n	Nachbar -n	Wem?
	Akkusativ	die/–	Bauer -n	Nachbar -n	Wen oder was?

AUSNAHMEN: Maskuline Nomen, die im Genitiv Singular auf -ns enden: der Buchstabe, der Gedanke, der Name, der Glaube sowie das Neutrum das Herz.

Singular	**Nominativ**	der/ein	Buchstab -e		Wer oder was?
	Genitiv	des/eines	Buchstab -ens		Wessen?
	Dativ	dem/einem	Buchstab -en		Wem?
	Akkusativ	den/einen	Buchstab -en		Wen oder was?
Plural	**Nominativ**	die/–	Buchstab -en		Wer oder was?
	Genitiv	der/–	Buchstab -en		Wessen?
	Dativ	den/–	Buchstab -en		Wem?
	Akkusativ	die/–	Buchstab -en		Wen oder was?

Singular	**Nominativ**	das/ein	Herz		Wer oder was?
	Genitiv	des/eines	Herz -ens		Wessen?
	Dativ	dem/einem	Herz -en		Wem?
	Akkusativ	das/ein	Herz		Wen oder was?
Plural	**Nominativ**	die/–	Herz -en		Wer oder was?
	Genitiv	der/–	Herz -en		Wessen?
	Dativ	den/–	Herz -en		Wem?
	Akkusativ	die/–	Herz -en		Wen oder was?

Das musst du wissen

Besonderheiten beim Plural maskuliner Nomen

Sg. der Atlas ▸ Pl. die Atlasse/Atlanten
Sg. der Bus ▸ Pl. die Busse
Sg. der Kaktus ▸ Pl. die Kakteen
Sg. der Rhythmus ▸ Pl. die Rhythmen
Sg. der Zirkus ▸ Pl. die Zirkusse

Die Deklination der femininen Nomen

Zu den femininen Nomen gehören: weibliche Personen und Tiere, viele Pflanzen, weibliche Berufsbezeichnungen, Wörter auf -ung, -heit, -keit, -schaft, -ion, -ei, -ur und die meisten Wörter auf -e.

Singular	**Nominativ**	die/eine	Frau	Tante	Wer oder was?
	Genitiv	der/einer	Frau	Tante	Wessen?
	Dativ	der/einer	Frau	Tante	Wem?
	Akkusativ	die/eine	Frau	Tante	Wen oder was?
Plural	**Nominativ**	die/–	Frau -en	Tante -n	Wer oder was?
	Genitiv	der/–	Frau -en	Tante -n	Wessen?
	Dativ	den/–	Frau -en	Tante -n	Wem?
	Akkusativ	die/–	Frau -en	Tante -n	Wen oder was?

Singular	**Nominativ**	die/eine	Mutter	Haut	Wer oder was?
	Genitiv	der/einer	Mutter	Haut	Wessen?
	Dativ	der/einer	Mutter	Haut	Wem?
	Akkusativ	die/eine	Mutter	Haut	Wen oder was?
Plural	**Nominativ**	die/–	Mütt -er	Häut -e	Wer oder was?
	Genitiv	der/–	Mütt -er	Häut -e	Wessen?
	Dativ	den/–	Mütt -ern	Häut -en	Wem?
	Akkusativ	die/–	Mütt -er	Häut -e	Wen oder was?

Singular	**Nominativ**	die/eine	Freundin		Wer oder was?
	Genitiv	der/einer	Freundin		Wessen?
	Dativ	der/einer	Freundin		Wem?
	Akkusativ	die/eine	Freundin		Wen oder was?
Plural	**Nominativ**	die/–	Freundin -nen		Wer oder was?
	Genitiv	der/–	Freundin -nen		Wessen?
	Dativ	den/–	Freundin -nen		Wem?
	Akkusativ	die/–	Freundin -nen		Wen oder was?

Besonderheiten beim Plural femininer Nomen

Das musst du wissen

- Sg. -in ▸ Pl. -innen (Freundin ▸ Freundinnen)
- Sg. die Firma ▸ Pl. die Firmen; Sg. die Pizza ▸ Pl. die Pizzas/Pizzen

Die Deklination der sächlichen Nomen (Neutrum)

Zu den sächlichen Nomen gehören die Wörter auf -chen, -lein, die meisten Wörter auf -um und -ment sowie nominalisierte Verben im Infinitiv und nominalisierte Adjektive.

Singular	**Nominativ**	das/ein	Flugzeug	Kind	Wer oder was?
	Genitiv	des/eines	Flugzeug -s	Kind -es	Wessen?
	Dativ	dem/einem	Flugzeug	Kind	Wem?
	Akkusativ	das/ein	Flugzeug	Kind	Wen oder was?
Plural	**Nominativ**	die/–	Flugzeug -e	Kind -er	Wer oder was?
	Genitiv	der/–	Flugzeug -e	Kind -er	Wessen?
	Dativ	den/–	Flugzeug -en	Kind -ern	Wem?
	Akkusativ	die/–	Flugzeug -e	Kind -er	Wen oder was?

Singular	**Nominativ**	das/ein	Auto	Ende	Wer oder was?
	Genitiv	des/eines	Auto -s	Ende -s	Wessen?
	Dativ	dem/einem	Auto	Ende	Wem?
	Akkusativ	das/ein	Auto	Ende	Wen oder was?
Plural	**Nominativ**	die/–	Auto -s	Ende -n	Wer oder was?
	Genitiv	der/–	Auto -s	Ende -n	Wessen?
	Dativ	den/–	Auto -s	Ende -n	Wem?
	Akkusativ	die/–	Auto -s	Ende -n	Wen oder was?

Singular	**Nominativ**	das/ein	Bündnis		Wer oder was?
	Genitiv	des/eines	Bündnis -ses		Wessen?
	Dativ	dem/einem	Bündnis		Wem?
	Akkusativ	das/ein	Bündnis		Wen oder was?
Plural	**Nominativ**	die/–	Bündnis -se		Wer oder was?
	Genitiv	der/–	Bündnis -se		Wessen?
	Dativ	den/–	Bündnis -sen		Wem?
	Akkusativ	die/–	Bündnis -se		Wen oder was?

Besonderheiten bei sächlichen Nomen

Das musst du wissen

- Nominativ Sg. -is ▸ Genitiv Sg. -isses und Pl. -isse
  (Zeugn**is** ▸ des Zeugn**isses**/der Zeugn**isse**)
- Bei **mehrsilbigen** Nomen endet der Genitiv Sg. mit -s
  (des Instrument**s**, des Training**s**)
- Bei **einsilbigen** Nomen und Nomen auf -s, -ss, -ß, -x, -z, -tz endet der Genitiv Sg. mit **-es** (des Glas**es**, des Gesetz**es**)
- Dativ Pl. immer -(e)n, außer bei Nomen, die im Plural auf -s enden
  (die Auto**s**, die Büro**s**)
- Fremdwörter auf **-ium** bilden den Plural auf **-ien**
  (das Gymnasium – die Gymnas**ien**, das Aquarium – die Aquar**ien**)
- Sg. das Thema ▸ Pl. die Themen
  Sg. das Komma ▸ Pl. die Kommas/Kommata
  Sg. das Museum ▸ Pl. die Museen
  Sg. das Virus ▸ Pl. die Viren
  Sg. das Album ▸ Pl. die Alben
  Sg. das Lexikon ▸ Pl. die Lexika

Weitere Besonderheiten

Einzelne Nomen können je nach Genus oder Mehrzahlbildung unterschiedliche Bedeutungen haben.

Zusammengesetzte Nomen

Das musst du wissen

Bei zusammengesetzten Nomen (= **Komposita**) richtet sich das **Genus** (**Maskulinum, Femininum, Neutrum**) immer **nach dem letzten Nomen:**
der Garten + das Haus = **das** Garten**haus**
der Sommer + die Wiese = **die** Sommer**wiese**
das Auto + der Schlüssel = **der** Auto**schlüssel**

Nomen mit a, o, u, au im Plural

Das musst du wissen

Bei Nomen, egal ob männlich, weiblich oder sächlich, werden a, o, u und **au** im Plural oft (aber nicht immer!) zu ä, ö, ü und **äu** (der Pass ▸ die Pässe, aber z. B. die Frau ▸ die Frauen).

Die Deklination der Adjektive

Adjektivdeklination I

Folgende Adjektivdeklination wird genutzt,
- wenn **der bestimmte Artikel** vorausgeht
- oder wenn ein **Begleiter** vorausgeht, **der die Endung des bestimmten Artikels übernimmt,** wie z. B.: dieser, diese, dieses; jeder, jede, jedes; mancher, manche, manches; welcher, welche, welches; **der**jenige, **die**jenige, **das**jenige; **der**selbe, **die**selbe, **das**selbe; Plural: **alle.**

Die **Endungen** für das Adjektiv sind bei dieser Deklination: **-e/-en**

Adjektivdeklination I: -e/-en

		Maskulinum	Femininum	Neutrum
Singular	**Nominativ**	der junge Mann	die junge Frau	das junge Pferd
	Genitiv	des jungen Mann**s**	der jungen Frau	des jungen Pferd**s**
	Dativ	dem jungen Mann	der jungen Frau	dem jungen Pferd
	Akkusativ	den jungen Mann	die junge Frau	das junge Pferd
Plural	**Nominativ**	die jungen Männer	die jungen Frauen	die jungen Pferde
	Genitiv	der jungen Männer	der jungen Frauen	der jungen Pferde
	Dativ	den jungen Männer**n**	den jungen Frauen	den jungen Pferde**n**
	Akkusativ	die jungen Männer	die jungen Frauen	die jungen Pferde

Folgende Tabelle visualisiert die verschiedenen Endungen farbig.

<table>
<tr><th></th><th>Maskulinum</th><th>Femininum</th><th>Neutrum</th><th>Plural m./f./n.</th></tr>
<tr><td>Nominativ</td><td colspan="3">-e</td><td></td></tr>
<tr><td>Genitiv</td><td colspan="4" rowspan="2">-en</td></tr>
<tr><td>Dativ</td></tr>
<tr><td>Akkusativ</td><td></td><td colspan="2">-e</td><td></td></tr>
</table>

Adjektivdeklination II

Folgende Adjektivdeklination wird genutzt,

- wenn **der unbestimmte Artikel** vorausgeht,
- wenn ein **Possessivpronomen** vorausgeht: mein, meine, mein; dein, deine, dein; ...
- oder wenn ein **Begleiter** vorausgeht, **der die Endung des unbestimmten Artikels übernimmt,** wie z. B.: k**ein**, k**eine**, k**ein**; irgend**ein**, irgend**eine**, irgend**ein**.

Die **Endungen** bei dieser Adjektivdeklination sind: **-er/-e/-es/-en**

Adjektivdeklination II: -er/-e/-es/-en

		Maskulinum	Femininum	Neutrum
Singular	**Nominativ**	ein junger Mann	eine junge Frau	ein junges Pferd
	Genitiv	eines jungen Manns	einer jungen Frau	eines jungen Pferds
	Dativ	einem jungen Mann	einer jungen Frau	einem jungen Pferd
	Akkusativ	einen jungen Mann	eine junge Frau	ein junges Pferd
Plural	**Nominativ**	keine jungen Männer	keine jungen Frauen	keine jungen Pferde
	Genitiv	keiner jungen Männer	keiner jungen Frauen	keiner jungen Pferde
	Dativ	keinen jungen Männern	keinen jungen Frauen	keinen jungen Pferden
	Akkusativ	keine jungen Männer	keine jungen Frauen	keine jungen Pferde

Folgende Tabelle visualisiert die verschiedenen Endungen farbig.

	Maskulinum	Femininum	Neutrum	Plural m./f./n.
Nominativ	-er	-e	-es	
Genitiv		-en		
Dativ				
Akkusativ		-e	-es	

Die Adjektivdeklination, wenn der Artikel oder Begleiter fehlt

Folgende Adjektivdeklination wird genutzt,
- wenn **kein Artikel oder Begleiter** vorausgeht,
- nach **Kardinalzahlen** (zwei, drei …) und nach **unbestimmten Zahlwörtern,** wie andere, einige, etliche, folgende, mehrere, verschiedene, viele, wenige. Dies gilt nur für den Plural.

In dieser Deklination **übernimmt das Adjektiv die Endung des bestimmten Artikels** (vgl. Adjektivdeklination I). Eine **Ausnahme** bildet der Genitiv Singular (Maskulinum und Neutrum), wo das Adjektiv die Endung -en bekommt.

Deklination ohne Artikel: -er/-en/-em/-e/-es

		Maskulinum	Femininum	Neutrum
Singular	**Nominativ**	frischer Apfel	frische Torte	frisches Brot
	Genitiv	frischen Apfels	frischer Torte	frischen Brots
	Dativ	frischem Apfel	frischer Torte	frischem Brot
	Akkusativ	frischen Apfel	frische Torte	frisches Brot
Plural	**Nominativ**	frische Äpfel	frische Torten	frische Brote
	Genitiv	frischer Äpfel	frischer Torten	frischer Brote
	Dativ	frischen Äpfeln	frischen Torten	frischen Broten
	Akkusativ	frische Äpfel	frische Torten	frische Brote

Nominativ	De**r** saure Saft schmeckt mir. ▸ Saure**r** Saft schmeckt mir.
Genitiv	**Achtung:** Ich rieche den Geruch d**es** starken Feuers. ▸ Ich rieche den Geruch starken Feuers.
Dativ	Bei d**em** starken Regen bleiben wir zu Hause. ▸ Bei stark**em** Regen bleiben wir zu Hause.
Akkusativ	Sie essen gerne d**en** französischen Käse. ▸ Sie essen gerne französisch**en** Käse.

Die Deklination der Pronomen

Die Deklination der Personalpronomen

	1. Person	
	Singular	**Plural**
Nominativ	ich	wir
Genitiv	meiner	unser
Dativ	mir	uns
Akkusativ	mich	uns

2. Person	
Singular	**Plural**
du	ihr
deiner	euer
dir	euch
dich	euch

	3. Person			
	Singular Maskulinum	**Singular Femininum**	**Singular Neutrum**	**Plural**
Nominativ	er	sie	es	sie
Genitiv	seiner	ihrer	seiner	ihrer
Dativ	ihm	ihr	ihm	ihnen
Akkusativ	ihn	sie	es	sie

Die Deklination der Possessivpronomen

		Maskulinum	Femininum	Neutrum
Singular	**Nominativ**	mein Geburtstag	meine Angst	mein Gefühl
	Genitiv	meines Geburtstags	meiner Angst	meines Gefühls
	Dativ	meinem Geburtstag	meiner Angst	meinem Gefühl
	Akkusativ	meinen Geburtstag	meine Angst	mein Gefühl
Plural	**Nominativ**	meine Geburtstage	meine Ängste	meine Gefühle
	Genitiv	meiner Geburtstage	meiner Ängste	meiner Gefühle
	Dativ	meinen Geburtstagen	meinen Ängsten	meinen Gefühlen
	Akkusativ	meine Geburtstage	meine Ängste	meine Gefühle

Die Deklination der Reflexivpronomen

		Personalpronomen	Reflexivpronomen
Singular	1. Person	ich	mich
	2. Person	du	dich
	3. Person	er/sie/es	sich
Plural	1. Person	wir	uns
	2. Person	ihr	euch
	3. Person	sie	sich

Die Deklination der Demonstrativpronomen

	Singular Maskulinum	Singular Femininum	Singular Neutrum	Plural
Nominativ	dieser	diese	dieses	diese
Genitiv	dieses	dieser	dieses	dieser
Dativ	diesem	dieser	diesem	diesen
Akkusativ	diesen	diese	dieses	diese

Die Deklination der Relativpronomen

	Singular Maskulinum	Singular Femininum	Singular Neutrum	Plural
Nominativ	der	die	das	die
Genitiv	dessen	deren	dessen	deren
Dativ	dem	der	dem	denen
Akkusativ	den	die	das	die

Die Deklination der Indefinitpronomen

Nominativ	jemand	niemand
Genitiv	jemandes	niemandes
Dativ	jemand(em)	niemand(em)
Akkusativ	jemand(en)	niemand(en)

Die Präpositionen

Präpositionen geben an, in welcher Beziehung Lebewesen, Dinge, Gegenstände, Orte usw. zueinander stehen. Sie bestimmen dabei auch, in welchem Kasus (Genitiv, Dativ, Akkusativ) das nachfolgende Nomen oder Pronomen steht. Man unterscheidet zwischen Präpositionen mit festem Kasus und Präpositionen mit wechselndem Kasus.

Präpositionen mit festem Kasus

- **Präpositionen, die den Genitiv erfordern:**
  abseits, angesichts, anhand, anstatt, anstelle, aufgrund, außerhalb, binnen, diesseits, infolge, innerhalb, jenseits, kraft, mangels, oberhalb, statt, trotz, ungeachtet, unterhalb, während, wegen, zeit, zuzüglich, zwecks

- **Präpositionen, die den Dativ erfordern:**
  ab, aus, außer, bei, binnen, entsprechend, entgegen, gegenüber, gemäß, mit, nach, nebst, samt, seit, von, zu

- **Präpositionen, die den Akkusativ erfordern:**
  durch, für, gegen, ohne, um, wider

Präpositionen mit wechselndem Kasus

- **Präpositionen mit Dativ oder Akkusativ:**
  an, auf, hinter, in, neben, über, unter, vor, zwischen
  Bei **lokaler** Bedeutung: Wo? ▸ Dativ
  (Das Haus steht auf **dem Berg**. Das Auto parkt neben **einem Verbotsschild**.)
  Bei Angabe einer **Richtung**: Wohin? ▸ Akkusativ
  (Peter steigt auf **den Berg**. Ich stelle den Korb neben **die Haustür**.)
  Bei **temporaler** Bedeutung: Wann? ▸ Dativ
  (Anna war vor **ihrem Vater** zu Hause. An **diesem Morgen** war die Hölle los.)

- **Präposition mit Akkusativ, Dativ oder Genitiv:**
  entlang: dem Nomen nachgestellt
  Wohin? (parallele Bewegung) ▸ Akkusativ
  (Wir radeln **die Mosel** entlang. Das Auto fährt **den Feldweg** entlang.)
  Wo? ▸ Dativ
  (Der Weg verläuft **am Zaun** entlang.)
  entlang: dem Nomen vorangestellt
  Wo? ▸ Genitiv
  (Entlang **des Rheins** gibt es viele Burgen.)

Die Konjugation der Verben

Die Tempusformen im Indikativ Aktiv

Zeitform im Indikativ	Bildung bei schwachen Verben		Bildung bei starken Verben		Anwendung
Präsens (Gegenwart)	ich lerne du lernst er/sie/es lernt wir lernen ihr lernt sie lernen		ich fahre du fährst er/sie/es fährt wir fahren ihr fahrt sie fahren		• Zustand oder Handlung in der Gegenwart • Handlung in der Zukunft, die bereits vereinbart ist
Perfekt (Vorzeitigkeit zum Präsens)	ich habe du hast er/sie/es hat wir haben ihr habt sie haben	gelernt	ich bin du bist er/sie/es ist wir sind ihr seid sie sind	gefahren	• abgeschlossene Handlungen in der Vergangenheit, die noch einen Bezug zur Gegenwart haben
Präteritum (Vergangenheit)	ich lernte du lerntest er/sie/es lernte wir lernten ihr lerntet sie lernten		ich fuhr du fuhrst er/sie/es fuhr wir fuhren ihr fuhrt sie fuhren		• Zustand oder abgeschlossene Handlung in der Vergangenheit • in Erzählungen und Berichten
Plusquamperfekt (Vorzeitigkeit zum Präteritum)	ich hatte du hattest er/sie/es hatte wir hatten ihr hattet sie hatten	gelernt	ich war du warst er/sie/es war wir waren ihr wart sie waren	gefahren	• Handlung vor einem bestimmten Zeitpunkt in der Vergangenheit
Futur I (Zukunft)	ich werde du wirst er/sie/es wird wir werden ihr werdet sie werden	lernen	ich werde du wirst er/sie/es wird wir werden ihr werdet sie werden	fahren	• Zustand oder Handlung in der Zukunft
Futur II (Vorzeitigkeit zum Futur I)	ich werde du wirst er/sie/es wird wir werden ihr werdet sie werden	gelernt haben	ich werde du wirst er/sie/es wird wir werden ihr werdet sie werden	gefahren sein	• Vermutung über etwas, das bis zu einem bestimmten Zeitpunkt in der Zukunft geschehen sein wird

Die Tempusformen im Konjunktiv

Zeitform im Konjunktiv	Bildung bei schwachen Verben		Bildung bei starken Verben	
Konjunktiv Präsens (K I)	ich lerne du lernest er/sie/es lerne wir lernen ihr lernet sie lernen		ich fahre du fahrest er/sie/es fahre wir fahren ihr fahret sie fahren	
Konjunktiv Präteritum (K II)	ich lernte du lerntest er/sie/es lernte wir lernten ihr lerntet sie lernten		ich führe du führest er/sie/es führe wir führen ihr führet sie führen	
Konjunktiv I der Vergangenheit	ich habe du habest er/sie/es habe wir haben ihr habet sie haben	gelernt	ich sei du seist er/sie/es sei wir seien ihr seiet sie seien	gefahren
Konjunktiv II der Vergangenheit	ich hätte du hättest er/sie/es hätte wir hätten ihr hättet sie hätten	gelernt	ich wäre du wärest er/sie/es wäre wir wären ihr wärt sie wären	gefahren
Konjunktiv der Zukunft	ich werde du werdest er/sie/es werde wir werden ihr werdet sie werden	lernen	ich werde du werdest er/sie/es werde wir werden ihr werdet sie werden	fahren

Die Tempusformen im Indikativ Aktiv und Passiv

Zeitform im Indikativ	Aktiv		Passiv	
Präsens (Gegenwart)	ich fahre du fährst er/sie/es fährt wir fahren ihr fahrt sie fahren		ich werde du wirst er/sie/es wird wir werden ihr werdet sie werden	gefahren
Perfekt (Vorzeitigkeit zum Präsens)	ich bin du bist er/sie/es ist wir sind ihr seid sie sind	gefahren	ich bin du bist er/sie/es ist wir sind ihr seid sie sind	gefahren worden
Präteritum (Vergangenheit)	ich fuhr du fuhrst er/sie/es fuhr wir fuhren ihr fuhrt sie fuhren		ich wurde du wurdest er/sie/es wurde wir wurden ihr wurdet sie wurden	gefahren
Plusquamperfekt (Vorzeitigkeit zum Präteritum)	ich war du warst er/sie/es war wir waren ihr wart sie waren	gefahren	ich war du warst er/sie/es war wir waren ihr wart sie waren	gefahren worden
Futur I (Zukunft)	ich werde du wirst er/sie/es wird wir werden ihr werdet sie werden	fahren	ich werde du wirst er/sie/es wird wir werden ihr werdet sie werden	gefahren werden
Futur II (Vorzeitigkeit zum Futur I)	ich werde du wirst er/sie/es wird wir werden ihr werdet sie werden	gefahren sein	ich werde du wirst er/sie/es wird wir werden ihr werdet sie werden	gefahren worden sein

Das Vorgangs- und das Zustandspassiv

	Aktiv	Vorgangspassiv	Zustandspassiv
Präsens (Gegenwart)	Er **reinigt** den Kühlschrank.	Der Kühlschrank **wird** (von ihm) **gereinigt.**	Der Kühlschrank **ist gereinigt.**
Perfekt (Vorzeitigkeit zum Präsens)	Er **hat** den Kühlschrank **gereinigt.**	Der Kühlschrank **ist** (von ihm) **gereinigt worden.**	Der Kühlschrank **ist gereinigt gewesen.**
Präteritum (Vergangenheit)	Er **reinigte** den Kühlschrank.	Der Kühlschrank **wurde** (von ihm) **gereinigt.**	Der Kühlschrank **war gereinigt.**
Plusquamperfekt (Vorzeitigkeit zum Präteritum)	Er **hatte** den Kühlschrank **gereinigt.**	Der Kühlschrank **war** (von ihm) **gereinigt worden.**	Der Kühlschrank **war gereinigt gewesen.**
Futur I (Zukunft)	Er **wird** den Kühlschrank **reinigen.**	Der Kühlschrank **wird** (von ihm) **gereinigt werden.**	Der Kühlschrank **wird gereinigt sein.**
Futur II (Vorzeitigkeit zum Futur I)	Er **wird** den Kühlschrank **gereinigt haben.**	Der Kühlschrank **wird** (von ihm) **gereinigt worden sein.**	Der Kühlschrank **wird gereinigt gewesen sein.**
	Wer führt eine Tätigkeit aus? ► Er ► Er ist das Subjekt und ist **aktiv.**	Hier wird der Kühlschrank zum Subjekt. Er ist nicht selbst aktiv, sondern passiv. Mit ihm wird etwas gemacht: Er wird gereinigt. Das **Vorgangspassiv** beschreibt den **Ablauf eines Ereignisses.** Bildung: **Hilfsverb** werden **+ Partizip Perfekt des Vollverbs**	Hier ist der Vorgang des Reinigens beendet. Das **Zustandspassiv** zeigt das **Ergebnis eines Ereignisses.** Bildung: **Hilfsverb** sein **+ Parizip Perfekt des Vollverbs**

Die Tempusformen der Modalverben im Indikativ und Konjunktiv

	Indikativ Präsens	Konjunktiv Präsens (K I)	Indikativ Präteritum	Konjunktiv Präteritum (K II)	Partizip Perfekt
können	ich kann du kannst er/sie/es kann wir können ihr könnt sie können	ich könne du könnest er/sie/es könne wir können ihr könnet sie können	ich konnte du konntest er/sie/es konnte wir konnten ihr konntet sie konnten	ich könnte du könntest er/sie/es könnte wir könnten ihr könntet sie könnten	gekonnt
mögen	ich mag du magst er/sie/es mag wir mögen ihr mögt sie mögen	ich möge du mögest er/sie/es möge wir mögen ihr möget sie mögen	ich mochte du mochtest er/sie/es mochte wir mochten ihr mochtet sie mochten	ich möchte du möchtest er/sie/es möchte wir möchten ihr möchtet sie möchten	gemocht
dürfen	ich darf du darfst er/sie/es darf wir dürfen ihr dürft sie dürfen	ich dürfe du dürfest er/sie/es dürfe wir dürfen ihr dürfet sie dürfen	ich durfte du durftest er/sie/es durfte wir durften ihr durftet sie durften	ich dürfte du dürftest er/sie/es dürfte wir dürften ihr dürftet sie dürften	gedurft
müssen	ich muss du musst er/sie/es muss wir müssen ihr müsst sie müssen	ich müsse du müssest er/sie/es müsse wir müssen ihr müsset sie müssen	ich musste du musstest er/sie/es musste wir mussten ihr musstet sie mussten	ich müsste du müsstest er/sie/es müsste wir müssten ihr müsstet sie müssten	gemusst
sollen	ich soll du sollst er/sie/es soll wir sollen ihr sollt sie sollen	ich solle du sollest er/sie/es solle wir sollen ihr sollet sie sollen	ich sollte du solltest er/sie/es sollte wir sollten ihr solltet sie sollten	ich sollte du solltest er/sie/es sollte wir sollten ihr solltet sie sollten	gesollt
wollen	ich will du willst er/sie/es will wir wollen ihr wollt sie wollen	ich wolle du wollest er/sie/es wolle wir wollen ihr wollet sie wollen	ich wollte du wolltest er/sie/es wollte wir wollten ihr wolltet sie wollten	ich wollte du wolltest er/sie/es wollte wir wollten ihr wolltet sie wollten	gewollt

Autoren- und Quellenverzeichnis

191 Ausländer, Rose: Das Schönste, aus: Mir träumte, du bleibest mir gut, Liebesgedichte, hrsg. v. Matthias Reiner, Insel-Bücherei, Berlin 2020, S. 9
109 Böll, Heinrich: Die Toten parieren nicht mehr, aus: Auch Kinder sind Zivilisten, aus: ders.: Erzählungen, Kiepenheuer & Witsch, Köln 2006, S. 183
121–124 Böll, Heinrich: Mein Onkel Fred, aus: ders.: Werke, Romane und Erzählungen 1, 1947–1952, hrsg. v. Bernd Balzer, Kiepenheuer und Witsch, Köln 1977, S. 805–809
106–108 Borchert, Wolfgang: Nachts schlafen die Ratten doch, aus: ders.: Das Gesamtwerk, Rowohlt Taschenbuch (1949), Reinbek 1991, S. 216–219
110–112 Borchert, Wolfgang: Das Holz für morgen, aus: ders.: Die traurigen Geranien und andere Geschichten aus dem Nachlass, hrsg. v. Peter Rühmkorf, Rowohlt, Reinbek 1967
115 Borchert, Wolfgang: Draußen vor der Tür – Ein Stück, das kein Theater spielen und kein Publikum sehen will, hrsg. v. K.-M. Guth, Hofenberg, Berlin 2022, S. 59 f.
118 f. Borchert, Wolfgang: Die Küchenuhr, aus: ders.: Das Gesamtwerk, Rowohlt Taschenbuch (1949), Reinbek 1991, S. 201 ff.
23 f., 27 Brecht, Bertolt: Wenn die Haifische Menschen wären, aus: ders.: Werke, Große kommentierte Berliner und Frankfurter Ausgabe, Bd. 14, Berlin/Weimar/Frankfurt am Main 1993, S. 385 f.
193 f. Connor, Sarah / **Plate**, Peter / **Sommer**, Ulf (Text, (OT)): Vincent © Miss Cee Publishing GmbH / Sony / ATV Music Publishing (Germany) GmbH, Berlin / Partitur Musikverlag GbR, Berlin
18 f. Dan, Danger (Text, (OT)): Das ist alles von der Kunstfreiheit gedeckt © Pongratz, Daniel
141–144 Durgun, Tahsim: Mama, lern bitte Deutsch – Unser Eingliederungsversuch in eine geschlossene Gesellschaft, Knaur, München 2025, S. 189–193
208 Engelmann, Julia: Keine Ahnung, ob das Liebe ist, aus: dies.: Keine Ahnung, ob das Liebe ist, Goldmann, München 2018, S. 29–32
29 f. Fink, Günter: Niemals auf Kosten der Kleinen, © WELT AM SONNTAG vom 7.10.2012, https://www.welt.de/regionales/hamburg/article109657116/Comedy-Duo-Niemals-auf-Kosten-der-Kleinen.html, zuletzt aufgerufen am 21.04.2026
191 Fried, Erich: Was es ist, aus: ders.: Es ist was es ist, Wagenbach, 1983
233 f. Friedrich, Greta: Kommentar: Stoppt die sinnfreie KI-Schwemme!, aus: https://www.heise.de/meinung/Kommentar-Stoppt-die-sinnfreie-KI-Schwemme-10438505.html, zuletzt aufgerufen am 21.04.2026
168 Frisch, Max: Biedermann und die Brandstifter – Ein Lehrstück ohne Lehre, Mit einem Nachspiel, Suhrkamp, Frankfurt/Main 1958/1996, S. 6 ff.
170 Frisch, Max: ebd., S. 27 ff., 50
172 f. Frisch, Max: ebd., S. 7 f.
174–178 Frisch, Max: ebd., S. 41 ff.
180 f. Frisch, Max: ebd., S. 53 f.
183 Frisch, Max: ebd., S. 41
184 f. Frisch, Max: ebd., S. 41
186 f. Frisch, Max: ebd., S. 55
188 Frisch, Max: ebd., S. 68 f.
188 f. Frisch, Max: ebd., S. 73
72 Goethe, Johann Wolfgang von: Zitat, aus: Johann Peter Eckermann: Gespräche mit Goethe in den letzten Jahren seines Lebens, hrsg. v. Otto Schönberger, Reclam, Stuttgart 1994, S. 234
199 Goethe, Johann Wolfgang von: Willkommen und Abschied, aus: ders.: Werke in vier Bänden, Bd. 3, Caesar Verlag, Salzburg 1983, S. 33 f.
201 Goethe, Johann Wolfgang von: Gefunden, aus: Goethes Werke, Bd. 1, textkritisch durchgesehen und kommentiert v. Erich Trunz, C. H. Beck, München 1993, S. 254
148–151 Gülegen, Enis: Fremdheit überwinden – Brücken bauen: Fremdseinserfahrungen in Zeiten des gesellschaftlichen Wandels, abgerufen unter: https://www.agah-hessen.de/fileadmin/Dokumente/Themen/Integration/181101_Guelegen_Fremdheit_ueberwinden-Bruecken_bauen.pdf, zuletzt aufgerufen am 21.04.2026

26 Härtling, Peter: Wenn jeder …, aus: ders.: Werke, Bd. 8, Kiepenheuer & Witsch, Köln 1999

191 Hepburn, Katharine: Zitat, nach: https://www.zitate7.de/14540/Liebe-ist-nicht-das-was-man.html, zuletzt aufgerufen am 21.04.2026

190 Hippo, Augustinus von: Zitat, nach: https://www.buboquote.com/de/zitat/708-augustinus-von-hippo-soviel-in-dir-liebe-wachst-soviel-wachst-die-schonheit-in-dir-denn-die-liebe-ist-die, zuletzt aufgerufen am 21.04.2026

198 Hofmannsthal, Hugo von: Die Beiden, aus: Das große deutsche Gedichtbuch, hrsg. v. Karl Otto Conrady, Athenäum, Frankfurt/Main 1987, S. 541

15 Kästner, Erich: Sinn und Wesen der Satire, aus: Kästner für Erwachsene, hrsg. v. Rudolf Walter Leonhardt, S. Fischer, Frankfurt/Main 1966, S. 382 f.

34 Kästner, Erich: Besuch vom Lande, aus: Potsdamer Platz, Drehscheibe der Welt, hrsg. v. Günther Bellman, Ullstein, Berlin 1997, S. 119 f.

202 Kästner, Erich: Sachliche Romanze, aus: Doktor Erich Kästners Lyrische Hausapotheke, Gedichte für den Hausbedarf der Leser, dtv, München 1999, S. 45

191 King, Martin Luther: Zitat, nach: https://zitatezumnachdenken.com/martin-luther-king/1988, zuletzt aufgerufen am 21.04.2026

206 Klimeck, Perdita: lieb(los), aus: https://www.literatpro.de/gedicht/170516/lieblos, zuletzt aufgerufen am 21.04.2026

280–282 Kling, Marc-Uwe: Die Känguru-Chroniken, Ullstein, Berlin 2009, S. 118–121

196 Kunze, Rainer: Die liebe, aus: ders.: Brief mit blauem Siegel, Reclam, Leipzig 1973, S. 10

38–40 Linke, Dorit: Wir sehen uns im Westen, Carlsen, Hamburg 2019, S. 37–43

41–44 Lobrecht, Felix: Sonne und Beton, Ullstein, Berlin 2024, S. 93–97

22 Loriot: Bundestagsrede, aus: Loriots dramatische Werke, Diogenes, Zürich 1983, S. 171 ff.

139 Mentz, Luna Josefine (Text, (OT)): Deutscher Akzent © Kick the Flame Publishing GmbH, Leipzig / Sony Music Publishing (Germany) GmbH, Berlin

35–37 Nielsen, Maja: Der Tunnelbauer – Nach einer wahren Geschichte, Gerstenberg, Hildesheim 2023, S. 159–162

207 Poulharidou, Rea Revekka: ich <3 dich, aus: https://www.rea-poulharidou.de/index.php?action=0000002065&uact=0000002065&id_kat=0000000100&id_gedicht=0000000435, zuletzt aufgerufen am 21.04.2026

250 f. Rauch, Judith: Werde nie eine Frau, wenn du groß bist, aus: Nicht nur Madame Curie … Frauen, die den Nobelpreis bekamen, hrsg. v. Charlotte Kerner, Beltz, Weinheim/Basel 1999, S. 214–218, 246 f.

8 Reus, Wolfgang J.: Zitat, nach: https://www.aphorismen.de/zitat/34943, zuletzt aufgerufen am 21.04.2026

192 Revolverheld: Das Größte; Text, (OT): **Hünecke**, Kristoffer / **Strate**, Johannes © Hünecke, Kristoffer / Strate, Johannes

285 Rilke, Rainer Maria: Ich fürchte mich so vor der Menschen Wort, aus: https://www.deutschelyrik.de/ich-fuerchte-mich-so-vor-der-menschen-wort.html, zuletzt aufgerufen am 21.04.2026

72 Schlegel, August Wilhelm: Zitat, aus: Kritische Schriften und Briefe, hrsg. v. Edgar Lohner, Bd. 4, Stuttgart 1965, S. 216, 218

277 f. Schmich, Theo: Geier, aus: Texte aus der Arbeitswelt seit 1961, hrsg. v. Theodor Karst, Reclam, Stuttgart 1974, S. 81 ff.

220–222 Seifert, Anna: Social-Media-Atlas 2025 – Jugendliche verbringen 31 Stunden pro Woche mit sozialen Medien, 2.6.2025 © Frankfurter Allgemeine Zeitung GmbH, Frankfurt. Alle Rechte vorbehalten; https://www.faz.net/aktuell/gesellschaft/gesundheit/jugendliche-31-stunden-pro-woche-online-social-media-atlas-2025-110510847.html, zuletzt aufgerufen am 21.04.2026

215 Sethe, Paul: Zitat, nach: https://www.spiegel.de/politik/frei-ist-wer-reich-ist-a-9100aa3e-0002-0001-0000-000046413915, zuletzt aufgerufen am 21.04.2026

191 Sinatra, Frank: Zitat, nach: https://goethe-und-so.de/zitat/liebe-ist-wenn-man-tag-und-nacht-singen-moechte-ohne-honorar-und/, zuletzt aufgerufen am 21.04.2026

71 Storm, Theodor: Meeresstrand, aus: ders.: Sämtliche Werke in vier Bänden, Bd. 1, Aufbau Verlag, Berlin/Weimar 1978, S. 112 f.
72 Storm, Theodor, Zitat: aus: ders.: Eine zurückgezogene Vorrede aus dem Jahre 1881, in: Theodor Storm, Sämtliche Werke, Bd. 8, hrsg. v. Albert Köstner. Leipzig 1920, S. 122–23
73, 75 Storm, Theodor: Der Schimmelreiter – Novelle, Anm. v. Hans Wagner, Reclam, Stuttgart 2001, S. 3–9
77–80 Storm, Theodor: ebd., S. 9–14, 17–19
82–85 Storm, Theodor: ebd., S. 104–108
86–88 Storm, Theodor: ebd., S. 141–144
206 Tschorn, Kathrin: Kommunikationslos, aus: https://www.lyrikmond.de/gedichte-thema-14-141.php, zuletzt aufgerufen am 21.04.2026
16 Tucholsky, Kurt: Was darf Satire? aus: ders.: Gesammelte Werke, Bd. 1, Rowohlt, Reinbek 1961, S. 63
20 f. Tucholsky, Kurt: Ratschläge für einen schlechten Redner, aus: Kurt Tucholsky – Gesamtausgabe, hrsg. v. Sascha Kiefer, Bd. 13, Rowohlt, Reinbek 2003, S. 464–467
72 Vischer, Theodor, Zitat: aus: ders.: Über Roman und Novelle, in: Theorie der Novelle, hrsg. v. Herbert Krämer, Reclam, Stuttgart 2005, S. 36
286 f. Wohmann, Gabriele: Schöne Ferien, aus: dies.: Ländliches Fest – Erzählungen, dtv, München 1971, S. 46–48
13 f. Zwerenz, Gerhard: Nicht alles gefallen lassen ..., aus: ders.: Nicht alles gefallen lassen, Schulbuchgeschichten, S. Fischer, Frankfurt/Main 1977

Ohne Autor/-in:
159 f. Aus einem Interview aus dem Jahr 2025 mit Frau M. Mansour: fiktives Interview
51 Berlintour für Jugendliche, nach: https://www.top10berlin.de/de/cat/freizeit-268/besondere-stadtfuehrungen-775/berlin-tour-fuer-jugendliche-276, zuletzt aufgerufen am 21.04.2026
155–156 Der Weg zum Pass: Wie wird man eigentlich Luxemburger? © 2026 Mediahuis Luxembourg S.A. – Contacto & Luxemburger Wort – Filipa Matias Pereira & Teddy Jaans – April 2023 – Alle Rechte vorbehalten – Nutzungsrechte sind über www.luxorr.lu erhältlich
230–232 Jugendmedientag im SWR Mainz – Interview: „Social Media ist die Welt der Kinder“, aus: https://www.swr.de/swraktuell/rheinland-pfalz/nachrichten-swr-jugend-medientag-fake-news-interview-nettelmann-100.html, zuletzt aufgerufen am 21.04.2026
144–146 Luxemburg – Vom Auswanderungsland zum Einwanderungsland, nach: Vom Auswanderungs- zum Einwanderungsland, in: duerchbléck! Nr. 3 – Ween ass Lëtzebuerg?, 3. Aufl. 2024, Herausgeber: Zentrum fir politesch Bildung (ZpB), Luxembourg, S. 28/29, https://zpb.lu/wp-content/uploads/2024/09/ZpB_Duerch-bleck3_2024_DE.pdf, zuletzt aufgerufen am 21.04.2026; aktuelle Bevölkerungszusammensetzung: STATEC 2026/www.statec.lu
10 Mit spitzer Feder, aus: Landeszentrale für politische Bildung Baden-Württemberg (Hrsg.), Mit spitzer Feder – Karikaturen zu zehn Themenfeldern, Politik&Unterricht, 3/4 2017, S. 2
235 Sonderauswertung der PISA-Studie – Viele Schüler erkennen Falschnachrichten schlecht, aus: https://www.tagesschau.de/inland/gesellschaft/pisa-falschnachrichten-100.html, zuletzt aufgerufen am 21.04.2026
220 Studie – Junge Leute vertrauen eher Social Media als Nachrichtenseiten © dpa Deutsche Presseagentur, Viele junge Leute vertrauen vor allem Social Media v. 11.06.2025, https://www.faz.net/aktuell/gesellschaft/menschen/junge-leute-vertrauen-eher-social-media-als-nachrichtenseiten-110529955.html, zuletzt aufgerufen am 21.04.2026
272–274 Wie fühlt sich ein Mobbingopfer?, aus: https://www.bpb.de/lernen/angebote/grafstat/mobbing/46559/m-02-05-wie-fuehlt-sich-ein-mobbingopfer/, zuletzt aufgerufen am 21.04.2026
127–137 Wie sieht das Land bei Kriegsende aus? und weitere Texte, nach: Gestern war noch Krieg – Die Zeit um 1945 in Sachtexten und Erzählungen von Gudrun Pausewang, Christine Nöstlinger u.a., hrsg. v. Dr. Jürgen Hübner und Martin Verg, Thienemann, Stuttgart 2020, S. 120, 176–178 f.

Bildnachweis

AdobeStock / Zerbor – S. 219; akg-images – S. 113 (2); - / Bildarchiv Pisarek – S. 127, 136; - / holzmann-bildarchive.de, HDB – S. 128; Alamy Stock Photo / Abaca Press – S. 97; - / Artexplorer – S. 264; - / IanDagnall Computing – S. 133; - / imageBROKER.com – S. 282; - / Masterton Iain – S. 62; - / PA Images – S. 89; - / Panther Media Global – S. 117; - / Pictorial Press Ltd – S. 95; - / USFWS Photo – S. 99; Dorit Linke: Wir sehen uns im Westen © 2019, Carlsen Verlag GmbH, Hamburg – S. 38; Centre de Documentation sur les Migrations Humaines (CDMH), Düdelingen, Luxemburg – S. 144; 2024 Gerstenberg Verlag, Hildesheim – S. 35; Getty Images Plus / DigitalVision Vectors, sonmez karakurt – S. 238; - / E+, eyecrave productions – S. 261; - / E+, HRAUN – S. 260; - / iStock Editorial, Antanovich Aliaksandr – S. 156; - / iStock Editorial, hapabapa – S. 291; - / iStock Editorial, HStocks – S. 206; - / iStock Editorial, Nuture – S. 92; - / iStock Editorial, pressureUA – S. 221; - / iStock Editorial, Thoenen Markus – S. 101; - / iStock Editorial, Zolotov Vladislav – S. 46; - / iStockphoto, Abryutin Andrey – S. 196; - / iStockphoto, alexandrshevchenko – S. 288; - / iStockphoto, AndreyPopov – S. 277; - / iStockphoto, Basinski Maxim – S. 212; - / iStockphoto, belander – S. 164; - / iStockphoto, Biliavskyi Ihor – S. 192; - / iStockphoto, blueenayim – S. 286; - / iStockphoto, bluejayphoto – S. 67; - / iStockphoto, Borka Kiss – S. 154; - / iStockphoto, dan_germanboy – S. 50; - / iStockphoto, den-belitsky – S. 57; - / iStockphoto, Dima Berlin – S. 272; - / iStockphoto, Doenitz claudiio – S. 190; - / iStockphoto, dzika_mrowka – S. 185; - / iStockphoto, Egoitz Bengoetxea Iguaran – S. 274; - / iStockphoto, f11photo – S. 54; - / iStockphoto, frantic00 – S. 153; - / iStockphoto, franz12 – S. 51; - / iStockphoto, fuchs-photography – S. 146; - / iStockphoto, GeorgeRudy – S. 293; - / iStockphoto, hamzehsh12 – S. 160; - / iStockphoto, Dirk Hoffmann – S. 102; - / iStockphoto, Horz Christian – S. 239; - / iStockphoto, Iefym Turkin – S. 207; - / iStockphoto, JackF – S. 256; - / iStockphoto, jacoblund – S. 151; - / iStockphoto, JavierCJ – S. 240; - / iStockphoto, jittawit.21 – S. 149; - / iStockphoto, Kalawin – S. 163; - / iStockphoto, KateLeigh – S. 283; - / iStockphoto, kckate16 – S. 167; - / iStockphoto, kieferpix – S. 204; - / iStockphoto, Krull Reinhard – S. 111; - / iStockphoto, Narai Chal – S. 91; - / iStockphoto, PamWalker68 – S. 167; - / iStockphoto, Rawf8 – S. 270, 271; - / iStockphoto, SAKhanPhotography – S. 59; - / iStockphoto, Salivanchuk Semen – S. 21; - / iStockphoto, SIphotography – S. 214, 247; - / iStockphoto, Stadtratte – S. 158; - / iStockphoto, Steimle – S. 102; - / iStockphoto, tiero – S. 233; - / iStockphoto, travelview – S. 61, 68; - / iStockphoto, Wagner Frank – S. 70; - / iStockphoto, Wavebreakmedia – S. 278; - / iStockphoto, wernerimages – S. 191; - / iStockphoto, Wirestock – S. 70, 280; - / iStockphoto, Zigic Drazen – S. 219; - / OJO Images, Bradbury Paul – S. 242; Felix Lobrecht, Oljanna Haus, Sonne und Beton © 2021 hanserblau in der Carl Hanser Verlag GmbH & Co. KG, München – S. 45; imago images / Allstar – S. 168; - / Funke Foto Services – S. 209; - / opale.photo – S. 262; - / Votos-Roland Owsnitzki – S. 40; - / Photo12 – S. 105; - / Reinhard Schultz– S. 105; - / Eckhard Stengel – S. 17; Institut National des Langues Luxembourg – S. 159; iStockphoto / Goodboy Picture Company – S. 194; Jugendstil Management GmbH – S. 138, 139; Udo Krause / Uckermärkische Bühnen Schwedt – S. 166, 171, 173, 175, 177, 181, 183, 189; Mario Lars, Gneven – S. 11; Christian Malsch von Stockhausen – Cover; Mauritius Images / Science Source, NASA – S. 252; - / Science Source, Wellcome Images – S. 268; Claude Moyen, Diekirch – S. 224, 226, 227; NEL cartoons / www.nelcartoons.de – S. 8; Photothèque de la Ville de Luxembourg, Pol Ashman – S. 145 (2); picture-alliance / akg-images – S. 16, 34, 37, 113, 116, 133, 202, 266; - / akg-images, Hilbich – S. 133; - / akg-images, Ursula Litzmann – S. 130; - / ASSOCIATED PRESS, ITSUO INOUYE – S. 237; - / dpa – S. 37; - / dpa, Willi Antonowitz– S. 113; - / dpa, Goebel – S. 15; - / dpa, Alexander Heinl– S. 148; - / dpa, Ruddies – S. 22; - / Fotoarchiv für Zeitgeschichte – S. 121; - / Jazzarchiv, Jazz Archiv, Michi Reimers – S. 19; - / NTB, Moen, Jørn H. – S. 38; - / Sammlung Richter – S. 104; - / ÖNB-Bildarchiv, picturedesk – S. 285; Pressebild.de / Bertold Fabricius – S. 29; Jens Rusch – S. 75, 76, 79, 83, 84, 86; Nooline Scholtes, Medernach – S. 213; Shutterstock / Eva Erdem– S. 143; - / Andy Hoech – S. 42, 43; - / monticello – S. 292; - / Rawpixel.com – S. 265; - / Supertrooper – S. 166; - / VGV MEDIA – S. 218; silkrock GmbH / Verlagsgruppe Droemer Knaur GmbH & Co. KG – S. 141 (2); Smithsonian Institution Archives, Accession 90–105, Science Service Records, Image No. SIA2008-1866 – S. 251; STERO / Stefan Roth – S. 11, 13; © Suhrkamp Verlag, Berlin – S. 168; SWR – S. 230; - / Jürgen Pollack – S. 230; ullstein bild – S. 114; - / bpk, Hilmar Pabel – S. 109; Felix Lobrecht: Sonne und Beton © 2017 Ullstein Buchverlage GmbH, Berlin – S. 41; Verlagsgruppe Droemer Knaur – S. 140; Youtube / Sommers Weltliteratur to go – S. 187.

Mediencodes

picture-alliance / akg-images, Forgács Károly – S. 124 (13669-065); picture-alliance / akg-images – S. 201 (13669-107); AdobeStock / ThomBal (1); Getty Images Plus / iStockphoto, CAHKT (6); Getty Images Plus / iStockphoto, LianeM (2); Mauritius Images / Alamy Stock Photos, Arndt Sven-Erik, Arterra Picture Library (4); Mauritius Images / Alamy Stock Photos, Zoonar, Kay Augustin, Zoonar GmbH (3); Shutterstock / AlexWolff68 (5) – S. 73 (13669-040).

Sachwortregister

Wie du Arbeitsaufträge richtig verstehen und lösen kannst

Die Verben in den Arbeitsaufträgen haben eine festgelegte Bedeutung, damit du genau weißt, was du zu erledigen hast. Man nennt diese Verben auch Operatoren.

Operator	**Definition**
NENNEN	Beim **NENNEN** gibst du einzelne Informationen aus dem Text wieder.
ZUSAMMENFASSEN/ WIEDERGEBEN	Beim **ZUSAMMENFASSEN/WIEDERGEBEN** formulierst du Informationen aus dem Text in eigenen Worten. Du kannst auch die Absicht des Autors ausdrücken.
BESCHREIBEN	Beim **BESCHREIBEN** musst du Personen, Vorgänge und Situationen genau darstellen, ohne deine Meinung auszudrücken.
UNTERSUCHEN	Beim **UNTERSUCHEN** musst du den Text nach vorgegebenen Merkmalen durchsuchen und die Resultate beschreiben.
HERAUSARBEITEN	Beim **HERAUSARBEITEN** musst du aus dem Text bestimmte Informationen herleiten, die nicht direkt genannt sind.
ERKLÄREN/ERLÄUTERN	Beim **ERKLÄREN/ERLÄUTERN** musst du Zusammenhänge im Text erkennen. Du kannst auch auf Wissen zurückgreifen, das über den Text hinausgeht.
BEGRÜNDEN	Beim **BEGRÜNDEN** musst du schreiben, warum du eine bestimmte Meinung vertrittst.
VERGLEICHEN	Beim **VERGLEICHEN** sollst du nach vorgegebenen Punkten Gemeinsamkeiten, Unterschiede oder Ähnlichkeiten herausfinden und wiedergeben, entweder innerhalb eines Textes oder zwischen verschiedenen Texten.